PC-II-282

Pratique de la ville

Dans la même collection

L'économie française, par M. Baleste *(4ᵉ édition).*
L'espace rural français, par R. Calmès, A. Delamarre, F. Durand-Dastès, J. Gras, J.P. Peyon *(à paraître).*

L'économie de l'URSS, par P. Carrière *(2ᵉ édition).*
Le Marché Commun, par Cl. Berthaud.
L'économie des États-Unis, par J. Soppelsa.

Les espaces naturels tropicaux, par J. Demangeot.
Les villes d'Afrique tropicale par P. Vennetier.

Introduction à la géographie générale de l'agriculture, par G. Gilbank.
Géographie mondiale de l'énergie, par D. W. Curran.
Géographie de la métallurgie de transformation, par Cl. Thouvenot et M. Wittmann.
Pratique de la ville, par M. J. Bertrand.

Le document géographique, par P. Barrère et M. Cassou-Mounat.
Climatologie pratique, par G. Escourrou *(1ᵉʳ trimestre 1978).*
Introduction aux méthodes statistiques en géographie, par le Groupe Chadule.

Épistémologie de la géomorphologie, par A. Reynaud.

Collection Géographie

Pratique de la ville

par

Michel-Jean Bertrand

MASSON
Paris New York Barcelone Milan
1978

MASSON S.A.	120, Bd Saint-Germain, 75280 Paris Cedex 06
MASSON PUBLISHING USA Inc.	14 East 60th Street, New York, N.Y. 10022
TORAY MASSON S.A.	Balmes 151, Barcelona 8
MASSON ITALIA EDITORI, S.p.A.	Via Giovanni Pascoli 55, 20133 Milano

Tous droits de traduction, d'adaptation et de reproduction par tous procédés réservés pour tous pays.

La loi du 11 mars 1957 n'autorisant, aux termes des alinéas 2 et 3 de l'article 41, d'une part, que les « copies ou reproduction strictement réservées à l'usage privé du copiste et non destinées à une utilisation collective » et, d'autre part, que les analyses et les courtes citations dans un but d'exemple et d'illustration, « toute représentation ou reproduction intégrale, ou partielle, faite sans le consentement de l'auteur ou de ses ayants droit ou ayants cause, est illicite » (alinéa 1er de l'article 40).
Cette représentation ou reproduction, par quelque procédé que ce soit, constituerait donc une contrefaçon sanctionnée par les articles 425 et suivants du Code pénal.

© *Masson Paris, 1978*
ISBN : 2-225-48202-0
ISSN : 0338-2664

Imprimé en France

Table des matières

Introduction 7

Chapitre 1. **Espace humain, espace urbain** 11
        La variété de la notion de quartier 18

Chapitre 2. **Vivre son quartier** 30
        Le quartier vécu résidentiel 30
        L'espace de vie quotidien 50

Chapitre 3. **Structures harmoniques** 64
        Les points forts du tissu urbain 66
        La ville fractionnée 72

Chapitre 4. **Organisation et desserte** 88
        La physionomie de l'organisation urbaine 88
        La desserte commerciale ou la diversité de l'offre. 96
        L'usager normalisé 110

Chapitre 5. **Les rythmes et les lieux** 125
        Habitudes et consommations 125
        Les rythmes de fréquentation : familiarité et complémentarité. 135
        L'espace de travail 150

Chapitre 6. **La quête d'une cité idéale** 164
        Des niveaux de centralité 164
        La qualification des quartiers 174

Chapitre 7. **Urbanisation régionale. Les espaces et le temps** 181

Conclusion 209

Introduction

La qualité de la vie, slogan électoral et publicitaire, souci politique, quotidien, est plus qu'une mode. Comme la grande peur de la fin des temps précéda l'an Mil, à l'approche de l'échéance du deuxième millénaire après l'optimisme de l'ère industrielle, naît la crainte du manque d'espace vital ! La population se multiplie, les moyens techniques permettent de maintenir cet accroissement sur une surface dont on prend soudain conscience qu'elle est immuablement limitée. La science fait prévoir, sinon dater les hypothèses de la disparition des conditions de vie actuelles. Jamais les moyens n'ont été aussi puissants, jamais on a autant parlé de changement : pourtant la réalité ne répond pas aux aspirations, pouvoir reculer les limites du possible n'empêche pas d'engendrer la peur. La rapidité du progrès enlèverait-elle toute confiance en lui? Le doute s'insinue aussi dans la mesure où le coût et l'immensité des besoins ne permettent plus de répondre à toutes les demandes.

A l'échelle modeste de la vie citadine de chaque jour, ces rapports de l'espace et du temps, en s'accélérant, sont devenus sensibles. La ville est passionnée, assimilée à un organisme vivant dont on analyse les fonctions et dissèque le cœur, aucun autre objet géographique ne suscite des opinions plus subjectives. Chacun expose sa conception, et si tout le monde est convaincu du changement, les avis quant à ses causes et aux solutions à apporter diffèrent à l'infini. De ses techniciens à ses poètes, de ses habitants à ses peintres, amoureux ou détracteurs, la ville est faite plus d'idées que de pierre ou de béton.

Depuis qu'est née la science des villes jamais plus que maintenant la réflexion a primé la sensibilité, qu'il s'agisse de la conception humaniste se référant à un âge d'or villageois ou de l'urbanisme technocratique volontiers « scientifique » pour assurer le bonheur des citadins. Les contacts avec la population sont éludés, l'étude sociologique reste superficielle bien qu'on ressente couramment la disparition du rêve, de la poésie quotidienne. En s'atrophiant, le milieu urbain suscite l'indifférence pour la gestion de la ville même si les réactions restent virulentes et affectives : l'anonymat des individus détruit la conscience collective, le découragement devant les forces d'argent et l'Administration détourne le citoyen d'une Cité sur laquelle il se sent privé d'emprise, laissant à des élus-techniciens le soin de décider, de contrôler un cadre de vie où il ne se sent plus « actif ». La ville issue de la société industrielle se présente comme un puzzle accolant des espaces de moins en moins polyvalents que définissent strictement les critères de rentabilité. Chacun d'eux, programmé par rapport aux capacités économiques des habitants, des entreprises – (des fonctions) – se présente comme une entité homogène prédéterminée, incapable d'adaptation. Les plans d'urbanisme, de transport entérinent a postériori toute contradiction et, finalement, renforcent les processus de la hiérarchisation spatiale du *zoning*. La paresse sociale, culturelle accompagne ce morcellement : embrigadé, rendu incapable de s'intéresser par lui-même, le citadin attend d'autres qu'ils donnent un sens à sa propre vie, qu'ils la meublent et endossent ses responsabilités.

A travers les effets de cette forme de croissance essentiellement quantitative, nous avons voulu montrer les possibilités de correction au moment où la définition même du fait urbain hésite, unité urbaine, bassin de main-d'œuvre, agglomération ou zone de peuplement... Les murailles médiévales étaient un critère morphologique et juridique qui distinguait simplement la ville de sa campagne et de ses faubourgs; jamais plus avec la « ville ouverte », l'espace bâti ne coïncidera avec les limites mouvantes sans cesse dépassées. Les rapports se sont inversés, la campagne subsistait dans la cité (vastes vergers, élevage); on assiste au déversement rapide des formes et des modèles urbains dans le milieu rural. Certes, l'image du cancer citadin contaminant le sage agriculteur virgilien est une image facile, mais le gardien de la Nature assimile des modes d'existence qu'il accentue par la répercussion de ses propres intérêts de production et de commercialisation. La « rurbanisation » traduit une politique d'ensemble, elle n'est pas un terme d'une alternative, étant due autant au rural qu'au pouvoir citadin; les échanges sont constants à l'intérieur d'un système.

L'étude des rapports entre les humains et les lieux est le fondement des sciences humaines. Le déterminisme naturel d'une pensée universitaire cloisonnée soumet son objet à une réduction conceptuelle. La ville n'a ni réalité ni raison d'être en soi, elle n'existe que dans la mesure où les hommes l'envahissent, sinon elle ne sera que ce que Gandhi disait de Delhi : des ruines entretenues. L'habitant n'est pas un facteur neutre simplement juxtaposé aux autres; il est partie intégrée d'un milieu qu'il voit, perçoit, connaît, utilise, transforme en le subissant. Le « vécu » n'est pas, non plus, une panacée excluant les autres thèmes de recherche dont il peut contribuer à l'amélioration, à l'enrichissement par-delà des querelles d'école ou de génération. Tenter de comprendre une organisation – la ville – le pourquoi de ses pratiques en demandant l'appui d'autres spécialistes est une tentation naturelle, sans prétention excessive pour l'urbaniste, le géographe, l'architecte. Dans ses intentions et ses imperfections, un tel travail se prête à la critique. D'abondantes informations ont été recueillies au cours des enquêtes, mais dans la mesure du possible, nous avons essayé de maintenir une certaine cohérence, toutefois une idée directrice étant de montrer le foisonnement des phénomènes qui s'imbriquent les uns dans les autres et dont les liens, les influences réciproques sont extrêmement complexes, les choix se sont portés sur ce qui paraît le plus urgent : la détérioration du cadre de vie et des personnalités par les contraintes spatiales et temporelles excessives.

Les résultats présentés ici marquent une étape dans les travaux, encore souvent ponctuels, qui doivent beaucoup à la confrontation d'idées entre les participants à la RCP 354 « Espace vécu » créée en 1974 par le CNRS et à l'aide que m'ont apportée Madame Beaujeu-Garnier et Monsieur Labasse. L'important reste d'affirmer que la ville n'est pas, d'abord, un système ou un modèle économique, qu'elle n'est rien sans ses habitants.

1. Espace urbain, espace humain

Lorsque l'urbanisme s'institutionnalisa en devenant une compétence gouvernementale imposée généralement par les nécessités de la reconstruction après la seconde guerre mondiale, et que la profession s'identifia par rapport à l'architecture et à la géographie, se développait une théorie – ou plutôt une idéologie – de l'espace dont témoignent les écrits de Robert Auzelle ou de Ionel Schein. Prétendant à la science, l'urbaniste qui utilise les concepts et les résultats de disciplines constituées (démographie, économie politique, sociologie, géographie) vise, au-delà de son inter-disciplinarité, à la constitution d'une épistémologie délimitant un secteur du savoir, réflexion humaniste capable de créer le langage théorique d'une science de l'espace aussi bien à l'échelle de la société qu'à celle, locale, de l'habitation. Isolé du contexte social et politique, cet espace devient une donnée objective purement formelle garantissant sa neutralité; innocent, il relève de la logique; incontestable et implacable, il s'impose à tous. La Charte d'Athènes marquait cette conception fonctionnelle en définissant et classant les besoins à satisfaire, en les normalisant.

Les conceptions des « fabricants d'espace » reposent alors sur des formules d'économie – qui ne sont pas le fait du seul système capitaliste – : la fonction détermine le tout. Un quartier de bureaux, une zone d'ateliers, une base de loisirs ne sauraient être que cela si on se réfère uniquement à la loi du profit maximum immédiat. Un établissement commercial est un lieu de vente avant que d'être l'occasion de rencontres; les études de chalandise se fourvoient en analysant seulement l'intensité d'une attraction polarisée quand le problème est celui d'une géographie des pratiques locales de la population. Il faut s'appliquer à définir une « globalisation » d'un espace, une fonction étant mise en rapport avec des structures générales à l'intérieur desquelles les interactions, les changements de flux sont constants.

L'évolution sociale et politique des pays industrialisés, les transformations des pays en voie de développement, la prise de conscience que le globe terrestre est un monde limité ni exploitable ni extensible à l'infini, amenèrent à considérer que l'espace de l'aménageur est, aussi, politique et stratégique, peuplé d'idéologies, hétérogène et, surtout, en perpétuel mouvement. Produit de l'histoire, la ville reflète les organisations humaines qui ont contribué à la créer, elle se situe dans le temps, se transforme, s'étend, s'atrophie; elle vit. Entre l'espace tel qu'il est conçu et l'espace tel qu'il est vécu, le hiatus met en évidence que la conception fonctionnelle ne peut suffire à faire surgir une structure interne, une force capable de satisfaire – au-delà des besoins – des désirs variés de création, de liberté, de rythme, de connaissance... aspirations subjectives qui procurent un « supplément d'âme ».

La conceptualisation systématique du paysage fut tardive, après les travaux de l'école béhavioriste durant l'entre deux-guerres, prolongés par ceux de Pierre Janet et de Maurice Merleau-Ponty, nombre de disciplines vont s'intéresser non sans déterminisme, aux comportements de l'être humain, utilisateur et acteur d'un milieu. Ce souci s'oppose à la manipulation d'un citadin passif qui ne serait qu'un objet d'expérience soumis aux pouvoirs, techniciens et artistes au service du financier. Si l'urbanisme ne peut être qu'autorité, il s'applique à des usagers pour qui la ville ne serait alors qu'une marchandise qu'on leur imposerait; la plupart des opinions recueillies auprès des habitants des quartiers neufs traduisent cette crainte.

A la planification des moyens matériels et financiers s'ajoute une dimension qui est à la fois spatiale et temporelle, prenant en compte les répartitions, les combinaisons des réseaux, des flux et de leurs pôles générateurs, en les situant dans la continuité de l'histoire. Cette prise de conscience du temps (après 1975), ne caractérise pas que l'urbanisme, et fait éclater les limites de disciplines qu'isolaient les cadres universitaires. Aux principes formels et logiques de la méthodologie il faut intégrer les contradictions dialectiques de la société et des pratiques sociales.

Cette transformation est symptomatiquement associée à une rétrospective sacralisante de la Nature, rejoignant les idéaux romantiques d'un Jean-Jacques Rousseau, d'un Bernardin de Saint-Pierre, voire des physiocrates. La nostalgie du retour dans le passé des joies simples et saines, vers une vraie nature perdue veut certainement rassurer à l'époque où les éléments naturels les plus banals, les plus vitaux perdent leur qualité, disparaissent quand, étant maitrisée, la « nature » se dégrade laissant entrevoir son anéantissement... Sommes-nous à la veille de devoir fabriquer les conditions élémentaires de la vie? La vision apocalyptique de la perversion technologique moderne sert la récupération mercantile de « l'environnement », produit et placement à long terme de la société de consommation. Elle justifie aussi qu'on privilégie les estimations quantitatives sur les appréciations qualitatives.

La planification peut prétendre à la morale en déterminant les besoins minima à satisfaire selon l'option fonctionnelle qui repose sur des théories déductives, sur des modèles qui structurent l'espace à diverses échelles. Mais la complexité devient incommensurable d'une réalité que chacun perçoit et utilise différemment. Le secours de nouvelles méthodes de calcul et de conception, le recours à la linguistique, l'effort des sciences sociales principalement depuis Durkheim ne parviennent pas à répondre à une angoisse que propage le matraquage par les moyens d'information. « Si l'instabilité du fait urbain n'est ni contestable ni contestée, l'accord cesse quand il s'agit de dire les raisons de ces changements [1] ». De même l'on constate l'écart croissant entre la schématisation théorique et la réalité vécue.

Le rôle de l'individu, que ce soit l'habitant selon M. Le Lannou ou le producteur selon M. George, n'est abordé par l'aménagement que par son poids dans les besoins des groupes. Se constituant discipline universitaire dans le temps du réalisme et du positivisme, d'Elysée Reclus à Emmanuel de Martonne, la géographie s'est posée comme la science de la vie à la surface du globe, privilégiant une vision naturaliste des rapports humains qui l'a quelque peu cloisonnée par rapport à d'autres sciences humaines, bien que l'espace géographique soit « à la fois le support biologique des groupes humains et le théâtre de leurs activités [2] ». C'était déjà là une préoccupation des analyses régionales inspirées par le point de vue phénoménologique à la suite de Paul Vidal de la Blache; après 1950, l'impulsion vint de deux courants parallèles s'intéressant, l'un aux formes du paysage urbain, l'autre aux attitudes face aux équipements commerciaux, administratifs... De ce point de vue, les actes de chacun sont aussi importants que les comportements collectifs qu'on ne peut considérer comme des valeurs moyennes.

M. Kevin Lynch fut l'instigateur de nombreuses études concernant ce premier thème en voulant ajouter aux analyses fonctionnelles habituelles, la connaissance des structures du paysage, puis sa perception et sa mémorisation par le citadin utilisateur.

« Les images de l'environnement sont le résultat d'une opération de va et vient entre l'observateur et son milieu. L'environnement suggère des distinctions et des relations, et l'observateur - avec une grande capacité d'adaptation et à la lumière de ses propres objectifs - choisit, organise et charge de sens ce qu'il voit. L'image ainsi mise en valeur limite et amplifie alors ce qui est vu, tandis qu'elle même est mise à l'épreuve des impressions sensorielles filtrées, en un processus constant d'interaction. Aussi l'image d'une réalité donnée peut présenter des variations significatives d'un observateur à un autre [3] ». La méthode par questionnaires et cartes testée à Boston, à Jersey City et à Los Angeles étant aisément transposable, aida l'élaboration de nombreuses orientations de recherches analogues. On relève toutefois chez Kevin Lynch une source de confusion dans l'amalgame de la perception à la connaissance, voire à la pratique : la valeur des facteurs visuels est exagérée par sa conception essentiellement figurative de l'*imagibilité*. Celle-ci est, « pour un objet physique, la qualité grâce à laquelle il a de grandes chances de provoquer une forte image chez n'importe quel observateur. C'est cette forme, cette couleur ou cette disposition qui facilitent la création d'images mentales de l'environnement vivement identifiées, puissamment structurées et d'une grande utilité ».

---

1. Lavedan P., *Géographie des villes,* Gallimard 1936, Paris (page 13).
2. Claval P., *L'espace en géographie humaine-* Le Géographe Canadien, 1970 (page 110). Une section de « Sciences naturelles et géographiques » n'est créée qu'en 1883 dans le Comité des travaux historiques et scientifiques institué par le Ministre de l'Instruction publique, Guizot, en 1834.
3. Lynch K., *L'Image de la Cité-* traduction française, Dunod 1969 (pages 7 et 11).

Regardé comme un réseau de relations de cause à effets, le paysage est compris différemment par chacun; la lecture de ces signifiants, les recherches sur les signifiés dépendent de multiples systèmes de référence dont Mme Françoise Choay a montré l'imbrication. Les implications géographiques des comportements ont été finalement peu abordées même si les architectes, les urbanistes américains préfèrent mettre en parallèle les activités économiques et le milieu physique ou bâti selon une préoccupation de psycho-sociologie des groupes qu'on retrouve dans les études plus spécifiques du « vécu » dues à des sociologues comme R.W. Kates [4]. En France, M. Raymond Ledrut, les chercheurs du Centre de Sociologie Urbaine essaient plutôt de retrouver dans les formes urbaines, le message ou les intentions de ceux qui les ont conçues [5].

La pratique d'une ville sans cesse en transformation présente souvent un hiatus avec les espoirs des planificateurs; elle ne s'appuie pas obligatoirement sur des critères économiques ou logiques mais sur une connaissance pragmatique ou expérimentale des cadres de vie. Trouvant sa matière dans le présent, la géographie du quotidien ne bénéficie pas d'un recul historique pour juger de la valeur des événements qu'elle enregistre : il est difficile de discerner le permanent de l'occasionnel dans des attitudes qu'influencent, sur des rythmes de plus en plus accélérés, les modes et les idées toutes faites qui sont, simultanément, l'expression et un moyen de pression des groupes dans une société morcelée.

Tout l'espace urbain est caractérisé par des éléments de nature diverse mais spécifiques qui constituent sa personnalité. Ces éléments sont perçus par leur nature propre, leur forme qui les identifie dans le tissu urbain et par leur répétition, leurs liens géographiques et fonctionnels qui assurent l'homogénéité du cadre de vie dont la connaissance n'est que partielle, individu et groupe se référant à leur culture, à leurs conditions sociales et économiques. Chacun perçoit ce qui l'intéresse, ce qu'il est habitué à voir, comprenant selon sa culture apprise et ses réflexes socio-culturels hérités. Une nouvelle sélection peut modifier voire mène à contester l'héritage et l'appris en étendant ou rétrécissant le champ de la connaissance du milieu; ces sélections ont leur origine dans les codes de communication plus ou moins compris et, réciproquement, elles agissent sur ces codes en valorisant des aspects précis. On essaie alors de faire correspondre l'espace enseigné avec l'espace imaginé; les élaborations mentales individuelles

---

4. Parr AE., *Mind and milieu*, Sociological Inquirney n° 107, 1963 - « The Thild on the City - Urbanity and the urbain scene », in *Landscape* n° 16, 1967 - Manning P. « Human Consequence of bailding design decision » in *Architect's Journal*, n° 142, 1965.
Langdon F.J., « The social and physical environnement : a social scientist'view », in *Journal of the Royal Institute of British Architects*, n° 73, 1966.
Sommer R., *Personal space : the behavioral basis of design*, Prentice Hall, 1969, New York.
Lowenthal D., *Environmental perception and behavioral*, Université de Chicago, 1967.
Kates RW., *Hazard and Choice perception in flood plain management*, Université de Chicago, paper 78, 1962. « Human perceptions of the environment », in *International social Science Journal*, n° 22, 1970.
5. C.S.U. - Soucy C., *L'attraction du Centre* (Lyon et Marseille) 1967, 1968; *Aspects symboliques du centre de ville*, 1969 : *la promotion du Centre*, 1971. Haumont et Raymond, *L'habitat pavillonnaire*, 1966.

Espace urbain, espace humain

ou collectives concernent autant les paysages que les archétypes sociaux, comme le « nègre » personnage complexe des littératures moralisantes, romantiques et coloniales du XIXe siècle.

Cette appréhension différenciée se fonde sur la répartition des équipements en des espaces d'usage monofonctionnels, hétérogènes ou variés :

1 = espace résidentiel
2 = espaces d'approvisionnements
   (en biens comme en services)
3 = espaces de loisirs et de culture.
4 = espace de travail
5 = espace de transport...

Parties du paysage, ces espaces fonctionnels contiennent de nombreux éléments qui ne sont pas utilisés, voire pas perçus par tous. Si les quatre premiers se présentent comme des plaques plus ou moins continues qui se juxtaposent et s'imbriquent, les espaces de transports ont une configuration très particulière. Leur facteur essentiel est l'espace-temps, linéaire et chronologique, qui se compose et se détruit au fur et à mesure que s'effectue le déplacement. Les éléments de la chronologie linéaire seront riches selon l'attention qu'on applique au trajet; le comportement dans un véhicule individuel diffère de celui dans les transports en commun.

Les espaces d'usage sont les composants du paysage « réel » dit parfois « objectif », qui est la somme
− des éléments physiques, visibles (les arbres, le climat, le sol, les constructions...)
− des éléments induits, mécanismes d'organisation, de fonctionnement (prix des terres, géographie de la législation de l'aménagement et de la construction).

On peut essayer de l'analyser par des méthodes statistiques, cartographiques, par la photo-interprétation, pour lesquelles se posent la question de « l'objectivité » de l'analyste et de ses critères dans le choix des éléments signifiants.

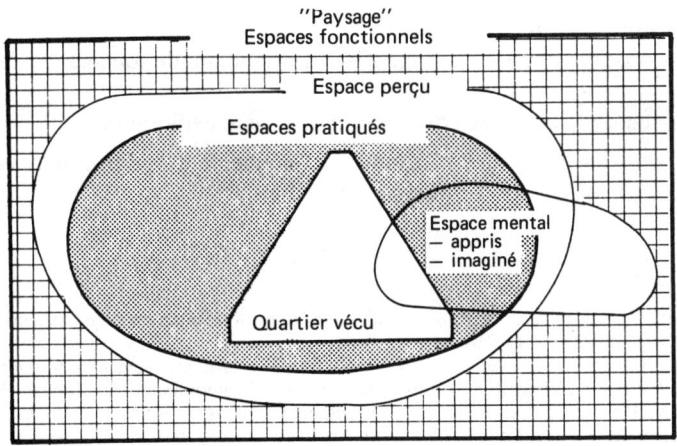

Dans cette superposition de puzzles, le « quartier » a une place bien distincte qui tient à la valeur que l'habitant attribue à son cadre de vie, dans une acception plus large que seulement architecturale. Il suppose une prise de possession du paysage qui est sécurisante psychiquement et socialement, étant la projection extérieure du nid familial selon l'expression de Gaston Bachelard, son prolongement immédiat fréquenté sans aide mécanisée. Intervient l'espace social défini, suivant les sociologues, par la répartition des individus ayant les mêmes aspirations, dans lequel le « quartier » s'inscrit avec des frontières psychiques très fortes, comme l'ont montré de nombreux travaux dont ceux de H. Coing dans le XIIIe arrondissement de Paris.

D'après J. Dreyfus [6] : « D'une façon plus précise, parler d'environnement ou de cadre de vie revient à dire que l'homme ou plutôt chaque homme est pris comme le centre de « quelque chose » : une aire, laquelle est limitée. C'est cette aire qui définit le cadre de vie; elle est élevée au rang d'objet en entendant par là qu'elle se trouve dotée de propriétés spécifiques, c'est-à-dire encore que l'on admet l'existence d'une relation fonctionnelle entre elle et l'homme ». La géographie prend naturellement en compte ces aires appréhendées par chacun différemment selon son âge, ses activités, ses préoccupations, sa culture : à travers la diversité des réponses individuelles transparaissent les attitudes de groupes très imbriquées. Sous l'influence de la psychologie, des sociologues, dont Abraham Moles et Joseph Sonnenfeld [7] schématisent cette appropriation par des aires concentriques, des « coquilles », définies par une échelle des intensités de spontanéité et de connaissance, bien qu'il n'y ait pas correspondance obligée entre ces valeurs de nature différente. De plus, l'emboîtage qui sous-entend une hiérarchie du centre vers la périphérie conduit à négliger des relations de complémentarité, des faisceaux de flux entre des zones non limitrophes et, à l'intérieur de chaque couronne, entre des pôles d'attrait varié. La classification d'Abraham Moles reconduit un schéma classique des architectes en se fondant sur le degré d'intimité à partir de l'opposition intérieur-extérieur :

1. – Sphère du geste immédiat : mobilier.
2. – Sphère d'appropriation individuelle : appartement.
3. – Sphère de la spontanéité : quartier.
4. – Territoire de chasse : ville.
5. – Région, domaine où l'homme devient dépendant de son agenda de rendez-vous.
6. – Espace de projets, la zone de voyages et d'exploration.

La proposition en quatre niveaux de J. Sonnenfeld rejoint mieux ce qu'ont montré les enquêtes sur les quartiers vécus :

---

6. Dreyfus J., *Le rouge et le jaune*. Publication de la Société amicale des anciens élèves de l'Ecole polytechnique, 1971, Paris.
7. Moles Abraham, *Les coquilles de l'homme,* Architecture, mouvement, continuité, (p. 13), 1968; *Psychologie de l'espace* (avec Elisabeth Rohmer), Castermann 1972/ Sonnenfeld Joseph, « Geography, Perception and Behavioral environment », in *Man, Space and Environment* (ed. par English et May-field), Oxford University Press 1972.

1. – *L'environnement géographique.* Identique pour tous, il est le milieu mensurable et quantifiable par quelques rapports d'échelles et d'unités de mesure choisies en fonction des phénomènes étudiés (objectif).

2. – *L'environnement opérationnel.* Cadre de vie, il diffère pour chaque individu : il comprend les éléments du « milieu » qui influencent les comportements et permettent d'agir.

3. – *L'environnement perçu.* Cette dimension de la sensibilité et de la perception repose sur des critères subjectifs, symboliques de la ville, qui traduisent une échelle de valeurs établie par les groupes de résidents.

4. – *L'environnement du comportement.* C'est la part du « cadre de vie dont les facteurs provoquent une réponse consciente de la part de l'habitant pour utiliser ou transformer l'environnement géographique.

Séduisant *a priori*, ce schéma ne montre finalement que le souci de partager la recherche entre les disciplines universitaires intéressées par ces questions, la géographie étant l'étude des milieux naturels.

Les enquêtes sur le quartier vécu montrent une organisation beaucoup plus complexe, en puzzle, où chaque facteur intervient par ses caractéristiques propres et en réagissant sur tous les autres. Des théories concentriques on retiendra que les réactions personnelles prédominent dans la pratique du quartier résidentiel, s'amoindrissant au-delà de ses limites au profit des préjugés sociaux et des comportements de groupe. Un « espace réel » qui serait le paysage, à la fois milieu et cadre de vie, comprenant les éléments physiques perceptibles et les éléments induits (mécanismes de fonctionnement, d'organisation, de production), englobe les espaces fonctionnels dans lesquels chacun opère une sélection (espaces d'usage ou pratiques) puis les espaces résultant d'une imbrication de connaissances diverses (espaces social, mental, perçu).

Si l'appropriation de la ville ne se compose pas obligatoirement d'aires concentriques, elle est toutefois égocentrique, la « dimension humaine imposant une distance définie mesurée à partir des capacités de l'individu.

L'ouvrage d'Edward T. Hall (*La dimension cachée,* le Seuil, 1966) met en relief la complicité de structure des rapports de cause à effet constamment variables, en insistant sur les notions de distances et d'enveloppes ressenties. De même que les « niveaux de lisibilité » des formes urbaines sont graduées, les notions d'homogénéité et d'hétérogénéité des structures changent selon l'échelle des perceptions et des références. Géographiquement, ces distorsions se traduisent par les différences des descriptions et des attitudes de l'habitant, du visiteur, du planificateur.

La vie citadine se déroule dans un cadre rigide, spatial et chronologique qui enserre les choix des individus dans des limites relativement étroites où les effets d'attraction et de barrière sont particulièrement forts. Par les enquêtes menées dans l'agglomération parisienne, il est possible d'établir une première typologie des facteurs de structures que les études en cours s'efforcent de préciser.

Se situant de manière originale dans la pratique que le citadin a de sa ville, le « quartier » au lieu de résidence présente les caractéristiques individuelles les plus prononcées.

Ce quartier résidentiel est vécu intensément, d'abord parce qu'il est regardé comme la prolongation de l'habitat offrant les services les plus immédiats fréquentés quotidiennement (commerces, écoles, transports, promenade...). Les composants de ces espaces sont les mieux connus et par cela, sont bien acquis, possédés mentalement.

Communauté territoriale, c'est là que l'habitant parvient à s'intégrer à la société, ou à la supporter : ses limites comprises comme une frontière protectrice épargnant un effort de représentation, inspirent une certaine sécurité par rapport aux normes sociales et au reste de la cité peu ou mal connu. Ce quartier privilégié apparaît nettement plurifonctionnel, aussi varié que peuvent l'être les péripéties de chaque jour de la vie familiale. La pratique des autres secteurs de l'agglomération résulte d'un partage, elle ne peut se comprendre que par référence à lui.

La variété de la notion du quartier

Si le terme de « quartier » est un des plus communément utilisés jusque dans la vie courante, il est aussi un des plus imprécis qu'aient à manier le sociologue, l'urbaniste, le géographe. Quels liens peuvent unir le « quartier des affaires » défini sur des bases économiques et le quartier que vit quotidiennement la ménagère, le travailleur, l'enfant ? L'étude de l'espace géographique conduit à découper un certain nombre d'ensembles selon des critères permettant d'établir, entre chacun d'eux, des comparaisons et des corrélations... Entre la ville prise dans son total et le niveau d'éparpillement individuel – foyer, immeuble – le quartier paraît offrir les avantages d'un espace assez vaste mais encore bien particularisé avec ses caractères propres.

Le quartier, quatrième partie d'un tout, désigne par extension une portion d'un ensemble divisé en un nombre indifférent de parties. L'étymologie est respectée par l'administration publique dans la subdivision des arrondissements parisiens, encore que l'usage fasse numéroter de 1 à 80 ces quartiers qui sont l'une des meilleures bases pour l'élaboration des statistiques par l'Institut national de la Statistique et des Etudes économiques. Depuis toujours, le quartier représente « une partie de la ville », une zone en général sans référence à une partition mathématique comme l'indiquent des expressions : « Les commerçants du quartier », « je n'habite pas le quartier ». Dans les grandes métropoles, les ports, le « Quartier réservé » est un système de rues aux limites très strictes où sont établis les prostituées, les trafiquants de drogue etc. Cet espace informel a trouvé toutefois un contenu juridique qui le définit dans la pratique des « quartiers francs » octroyés aux représentants diplomatiques dans les pays à capitulation non chrétiens. S'il peut s'étendre à toute une région (le quartier maritime) ce nom désigne encore le logis où l'on se met à l'abri, où l'on se sent en sécurité : le quartier est, en Belgique, synonyme du logement en France où il désigne aussi une caserne; par abstraction il signifie en conséquence « vie sauve » dans l'expression « faire – ou donner – quartier à quelqu'un ».

Des découpages autres qu'administratifs sont dessinés pour répondre aux besoins divers des sciences humaines, dès lors le mot «quartier» retrouve son sens populaire de secteur urbain, ses limites n'étant pas fixes mais variant selon le moment en fonction de l'évolution des éléments étudiés : composition démographique, composition sociale, types d'habitat, fréquentation commerciale.

Les sociologues devaient être naturellement les premiers à s'intéresser au quartier qui, « tout comme le voisinage ou la collectivité territoriale est une réalité sociologique ou n'est pas. Ceci veut dire que le quartier n'est pas une pure délimitation topographique ou administrative [8] ».

Ce quartier sociologique, qui est le plus élaboré, est fondé sur la notion de proximité, de voisinage, car les phénomènes de partition sociale, politique ou économique rassemblent dans des types d'habitat caractérisés, dans certains îlots ou groupes d'îlots, des personnes appartenant à des catégories socialement proches ou complémentaires. Cette définition peut être professionnelle : le quartier des marchands, des changeurs, des divers artisans se limite parfois à une seule rue, la rue des Lombards dans le Paris médiéval, le Ponte Vecchio à Florence. Elle peut être religieuse et ethnique quand le quartier catholique s'oppose au quartier protestant dans les villes d'Irlande; on cite le ghetto de Varsovie, la rue des Rosiers et le quartier arabe de la Goutte d'Or à Paris, le quartier noir de Harlem à New York. Elle peut être sociale avec les quartiers ouvriers des Courtilles de Belleville, et de Ménilmontant, les « beaux quartiers » d'Auteuil et de Passy, les bidonvilles de Champigny ou de Nanterre.

Le quartier en sociologie se définit à partir de la qualité de ses habitants qui vivent dans des logements, qui entretiennent des relations avec leurs voisins, aussi les sociologues ont-ils dégagé plusieurs niveaux de fréquentation selon l'éloignement géographique qui sépare ou unit les habitants et suivant la fréquence des relations. A plus grande échelle, l'Unité de voisinage est le groupement des personnes dont les résidences sont spatialement rapprochées, permettant des rythmes continus de fréquentation et d'entraide [8]. C'est ce que Gaston Bardet nomme l'*Echelon patriarcal* ou « groupe élémentaire où *les voisins s'assistent et s'entraident*[9] ».

La rue, le café, l'épicier, l'immeuble, l'escalier... sont autant de niveaux d'intimité et de familiarité : dans les vieux quartiers comme dans les ensembles neufs, les classes populaires surtout semblent sensibles à des liens de voisinage qu'obligent les contacts forcés par les postes d'eau ou les w-c hors du logement, sur le palier. Faute de relations socialement larges, on se fréquente géographiquement dans un même milieu, le cercle des connaissances est réduit et tout

---

8. Ledrut R., *Sociologie urbaine,* PUF 1968, pages 104 et 106.
9. Bardet G., *L'Urbanisme,* PUF 1963, page 66.

le monde sait tout sur tout le monde, ainsi se constitue un microcosme étriqué mais rassurant où on se méfie des gens « fiers »[10]. La valeur accordée à chacun de ces niveaux dépend du caractère de l'individu, de son âge, de ses goûts, du nombre d'enfants et du mode de vie du ménage, mais la proximité engendre des liens de familiarité qui dégénèrent aisément en promiscuité. Les habitants tendent à satisfaire aussi sur place leurs besoins économiques, culturels... et contrairement à celui des familles bourgeoises qui peuvent mieux profiter de toutes les facilités qu'offre la ville, le réseau des relations est dense mais spatialement limité.

Une agglomération serait donc composée d'une juxtaposition ou d'une chaîne de ces unités de voisinage plus ou moins vastes, plus ou moins lâches selon l'intensité des relations, la densité des habitants, et interrompues par ceux qui n'ont aucune relation avec leurs voisins. Les limites de ces réseaux sont floues reposant sur des situations individuelles que ne peuvent découvrir que des enquêtes directes appropriées. Le domaine de la micro-sociologie des collectivités locales a déjà fait l'objet de nombreuses études empiriques.

Le quartier sociologique est différent de l'unité de voisinage qui en est un élément constituant formé d'un enchaînement *(nexus)* de relations sociales constitué sur la base de la proximité résidentielle. Il ne se réduit pas à un système de rapports sociaux primaires et informels, il peut même avoir des limites politiques et administratives qui contribuent à l'organiser, à donner une conscience et une personnalité collectives. Qualitativement, il est plus complexe et plus complet que l'unité de voisinage.

Le quartier a d'abord une réalité géographique qui apparaît souvent dans un nom, un lieu dit. A Paris on est de Belleville ou de Ménilmontant, de la Bastille ou de la Chapelle, mais psychologiquement cette appartenance fait que sortir de son quartier devient pour certains une aventure, toujours un dépaysement. Pour la ménagère, faire un achat ou une visite « dans le quartier » ou « en ville » n'a pas la même valeur psychosociale, les comportements, la manière de s'habiller ne sont pas les mêmes surtout pour les classes populaires, les plus captives de leur milieu. Nombre d'habitants ignorent les autres quartiers de leur cité et cette connaissance diffère selon qu'il s'agit de l'homme ou de la femme. Dans les grandes villes où aires de résidence et aires d'activité sont dissociées – problèmes des villes dortoirs et des migrations alternantes –, la femme organise la vie résidentielle et domine dans la conception mentale du quartier. « La tendance à la différenciation du tissu urbain et à la constitution de quartier se fonde sur l'éloignement ressenti, vécu »[8].

Le quartier, secondement, a une réalité socio-administrative par la polarisation qu'exercent des équipements; la demande que suscite l'éloignement vécu va entraîner la création de services divers et accentuer l'individualisation, l'autarcie, du quartier dans la ville, le modelant dans l'intensité de son organisation

---

10. Coing H., *Rénovation urbaine et changement social*, Editions Ouvrières, 1966, page 65.

et dans sa forme géographique. Les services de plus en plus nombreux réclamés au monde urbain moderne ne sont pas tous distribués à domicile, certains sont dispensés par des établissements localisés dans l'espace en fonction des habitants-clients :
– écoles, église, services extérieurs des administrations locales et nationales,
– commerces, établissements de services divers et de loisirs, médecins et services de santé...
– espaces de jeux et de loisirs, promenade.

L'organisation de l'espace est donc liée aux comportements de consommateur des résidents qui habitent, mangent, lisent, se distraient... Le rôle de l'église a été longtemps prépondérant, le quartier de l'église, l'orme du parvis, est un lieu de réunion facteur de cohésion sociale qui peut dépasser les limites du « quartier » alentour, voire celles de la cité [11]. Mais tous les secteurs possédant des noyaux d'équipement ne forment pas des communautés réelles bien qu'une certaine autonomie de la consommation aide l'affirmation d'une individualité locale.

Les équipements, les infrastructures dont est doté un quartier intéressent une fraction plus ou moins large des habitants du quartier d'une part et d'autre part de l'ensemble des citadins. Les économistes américains récemment, ont insisté sur la prédominance de fonctions caractéristiques dans certaines zones : les bureaux, les commerces de luxe, les commerces de gros, les organes de direction des entreprises industrielles, permettent de délimiter un Central Business District dans lequel, selon les dominantes fonctionnelles, peuvent être reconnus encore des secteurs constituant par eux-mêmes, des « quartiers ». Analysé par des démographes, les sociologues, les géographes, repris dans le problème général des centres de ville, le Quartier des Affaires donne matière aux urbanistes pour établir des coefficients d'utilisation du sol et des réglementations contre la prolifération des activités chassant la fonction de résidence.

Le quartier industriel jusqu'à la deuxième guerre mondiale était une réalité vive qui a suscité une abondante littérature décrivant minutieusement le cadre de vie des ouvriers dans les départements du Nord et dans les faubourgs des grandes villes; la zone industrielle planifiée et isolée du reste de l'agglomération ne semble plus intéresser que les investisseurs éventuels. Aujourd'hui l'intérêt se tourne vers la délimitation d'aires de chalandises autour des centres commerciaux. L'approvisionnement – en nourriture principalement – est un des services que l'habitant veut trouver à proximité de son domicile, les études sur les clientèles ont aidé à faire comprendre certaines motivations influant sur la notion que le résident a de son quartier. Liés à la rue qui grouille de vie, les commerces en boutique sont intrinséquement un spectacle pour les femmes dont

---

11. Le rôle attractif, de ralliement, des églises du centre de Caen sur la bourgeoisie de la région a été montré par M. Claude Soucy, *Contribution à une sociologie des centres urbains, les centres de Caen et du Havre*. Ministère de l'Equipement, 1970, pages 179 à 182.

le logement est exigu et inconfortable, « faire les courses » est le meilleur moment de la journée, et dans les grands ensembles, le centre commercial prétend avoir le même rôle [12]. Le client est très sensible aux relations personnelles qu'il établit avec le vendeur, surtout dans les quartiers populaires, une bonne entente fondée sur la fidélité – que suppose la confiance réciproque – incite le détaillant à rendre de menus services comme le crédit à la petite semaine. D'après M. Pierre George le degré de cohésion d'un groupe social peut se mesurer à la fidélité de la population locale à l'égard des magasins mis à la disposition. A l'opposé des relations impersonnelles qu'imposent les grands magasins à rayons multiples, la rue commerçante est regardée comme « un vrai village » permettant un retour aux sources, aux origines familiales.

D'après les travaux des sociologues et des économistes, les urbanistes ont dû établir des normes pour l'équipement optimum de secteurs urbains correspondant à des effectifs de population croissants. Par exemple, l'Institut d'Aménagement et d'Urbanisme de la Région Parisienne détermine six niveaux qui ne manquent pas d'ambiguïté par rapport aux définitions sociologiques et administratives de référence [13] :
– niveau 1. l'*Habitat* comprend moins de 450 logements sans autre équipement que les dessertes.
– niveau 2. l'*Ilot résidentiel* se définit par l'apparition du groupe scolaire d'enseignement primaire pour 450 logements.
– niveau 3. le *Voisinage* groupe autour de 1200 logements, un centre commercial local, l'équipement médico-social dont un centre de protection infantile et maternelle, et un jardin de 1,5 hectare. A partir de 1400 logements, un CES accueille 600 élèves sur la base de 0,43 élève par logement. Selon la densité de l'habitat, il est prévu de réserver 40 à 50 places de stationnement.
– niveau 4. le *Quartier* comprend 5000 logements. Pour les 17 500 habitants, il faut un parc public, une deuxième série d'équipements sociaux, une infrastructure administrative et un collège d'enseignement secondaire de 900 élèves, plus un de 1200.
– niveau 5. l'*Arrondissement*, 15 000 logements avec un équipement scolaire du deuxième cycle et une maison des jeunes et de la culture.
– niveau 6. la *Ville nouvelle,* degré supérieur qui voit l'installation des grands

---

12. Coing H., ouvrage cité pages 54 et 55.
13. *Les densités résidentielles en zones urbaines :* Cahiers de l'IAURP. n° 19/1970. La notion « d'unité de voisinage » apparaît en 1930 avec le plan régional de New York et en URSS à l'occasion d'une « approche scientifique » pour la construction de villes nouvelles. Depuis l'acception a varié. Le rapport Reith (Grande-Bretagne, vers 1960) voit dans le groupement de 5000 à 12000 personnes la constitution d'une entité sociale « naturelle », allusion à un idéal « villageois » maintes fois repris.
Pologne : unités résidentielles : 2 500 à 3 000 hb, « cités » 5 000 à 15 000 hb, quartiers 30 000 à 60 000 hb, groupés en ensembles de 120 000 à 180 000 hb. Nova Huta aurait en 1985, cinq « quartiers » de 17 000 à 67 000 hb. – URSS : unités d'habitation 1500 à 2000 hb, microzajon (unité de voisinage) 8000 hb à 12000 hb, zajon (quartier) 2000 à 40 000 hb.

Planche 1 – *Monaco - Monte-Carlo.*

La conscience d'appartenir à une communauté et la connaissance de la ville sont d'autant plus fortes que les limites sont clairement perceptibles; à Monaco la frontière nationale s'ajoute au relief des Alpes maritimes. Dans les grandes agglomérations, une référence globale sert vis-à-vis de l'extérieur (le Parisien, le Marseillais...) mais le sentiment d'appartenance personnelle se concentre sur « son quartier », Belleville, les Catalans.

Planche 2 – *Les allées Paul Riquet, à Béziers.*

La promenade ombragée de platanes est, dans les villes méditerranéennes, le symbole d'un mode de vie et l'élément principal, par son animation, du centre de ville. Jour du marché, le Vendredi réunit sur les Allées viticulteurs et négociants de l'Hérault.

Planche 3 – *Clermont-Ferrand.*

Au-dessus de l'agglomération (à peine concurrencée par les hauts immeubles de la périphérie) se dresse la cathédrale sombre, principal monument et symbole de la capitale de l'Auvergne. Depuis 1950, l'église dominée par les constructions voisines, perd son rôle de signal en s'effaçant parmi les autres équipements publics. Cette transformation de l'architecture traduit celle des pouvoirs urbains et le rôle nouveau que s'assigne le clergé; elle modifie profondément la perception et le système de repérage.

Planche 4 – *L'église Saint-Michel dans le grand ensemble du Mont-Mesly, à Créteil.*

Planche 5 – *Le samedi matin, boulevard de la Villette, rue Rébeval (XIXᵉ arrt.)*

Le « Boulevard » est le pôle attractif du quartier vétuste à Belleville comme à Barbès : les travailleurs étrangers s'y rassemblent, les camelots offrent une bimbeloterie ou incitent à des jeux de hasard. Les adolescents s'y retrouvent entre copains avant d'aller pétarader en motocyclette à la Nation, à la Bastille.

Planche 6 – *Rue de la Goutte d'Or (XVIIIᵉ arrt.)* – Dessin d'un enfant de 10 ans.

A proximité de Montmartre et de Barbès, le quartier habité par les travailleurs nord-africains comporte de nombreux meublés et des commerces typiques aujourd'hui récupéré par une certaine forme de tourisme. Dans ce milieu social particulier, fermé sur lui-même, les hommes célibataires, les prostituées constituent un thème « dangereux » très fréquent dans les descriptions.

Planche 7 – *Transformations à la Villette, la rue de Flandre (XIXe arrt).*

Planche 8 – *Boulevard de la Villette (rue Rébeval)* – réponse d'un enfant de 12 ans à : « Dessinez le bâtiment, l'endroit qui selon vous, représente le mieux votre quartier ».

Radicale, spectaculaire, la transformation d'arrondissements de la périphérie parisienne est très vivement ressentie par les anciens habitants. S'estimant rejetés des nouveaux logements, ils condamnent ensemble l'architecture, la spéculation, le nouveau milieu social. Dans le XIe arrt. pourtant très déshérité, on ne demande même plus la rénovation de l'habitat qui entamerait le processus d'éviction définitive!... Agonie d'un cadre de vie, le thème de la maison aux fenêtres murées cristallise ce sentiment de frustration et les revendications les plus diverses.

Planche 9 – *Les boulevards de Garibaldi et de Grenelle (XVe arrt.)*

Planche 10 – *Les voies ferrées du réseau est (XVIIIe arrt.)*

La gare, la station sont des nœuds de convergence, mais les voies ferrées constituent des barrières strictes surtout si, en remblais ou viaduc, à l'obstacle physique s'ajoute la limite visuelle. Lorsque des immeubles en bordure, masquent les emprises, les espaces vécus s'arrêtent unanimement sur ces bâtiments sans indiquer la présence des voies. Partout, les difficultés de franchissement et les facteurs psychologiques agissent pour que le quartier de la gare soit simultanément une secteur attractif et un facteur de blocage pour l'extension de l'agglomération, allant jusqu'à provoquer une partition administrative entre deux communes (Maisons-Alfort/Alfortville, par exemple).

Planche 11 – *La rue de la Boucherie, à Clermont-Ferrand.*

Dans la ville médiévale, une rue étroite à proximité du marché couvert connait depuis toujours une intense activité d'approvisionnement alimentaire. L'étroitesse du paysage, la densité et la variété commerciale sont un facteur d'attrait pour la population de toute l'agglomération surtout le dimanche matin, ainsi se trouve masquée la vetusté des bâtiments!

Planche 12 – *La place du marché de la Bastide de Monpazier (Dordogne).*

Nombre de petites villes vivent au rythme du marché hebdomadaire, principalement les anciennes villes de foire des régions d'élevage. Ces manifestations entretiennent une animation commerciale cyclique que concurrencent brutalement les nouvelles formes de distribution à la périphérie de la grande agglomération voisine.

Planche 13 – *La rue de l'Horloge, Bourdon-Lancy (Saône et Loire).*

La Vieille Ville, décor archéologique, reproduit une représentation théâtrale du passé : ce « quartier protégé » des galeries d'art, antiquaires, artisanats touristiques, auberges, reste à l'écart du reste du centre-ville. Contrairement au voyageur du XIXᵉ siècle qui découvrait progressivement une structure organisée dont l'époque contemporaine n'était pas exclue, le touriste est mené, en abolissant temps et distance, de monument en monument, objets standards.

Planche 14 – *La pelouse centrale de la grande borne, à Grigny (Essonne).*

La répétition des rythmes, l'uniformité architecturale et sociale, dans ces « grands ensembles », n'incitent pas à la découverte d'un paysage monotone et manquant d'intimité. Chaque bâtiment constitue un quartier vécu replié sur lui-même, dont on sort peu – (sinon pour s'approvisionner et travailler) – et où se nouent des relations de voisinage souvent superficielles et sensibles à la moindre tension.

Planche 15 – *Montmartre, Notre Dame de Lorette, depuis les grands boulevards.*

L'organisation de la ville se comprend à travers des relations géographiques orientées et finies. Le Sacré-Cœur est perçu, dans Paris, au fond de perspectives diverses mais n'est associé à aucun axe précis, contrairement à la Tour Eiffel sur les bords de la Seine. C'est le type même du symbole bien connu trop mal localisé pour constituer un repère au-delà de la Butte Montmartre.

Planche 16 – *Une « place » d'Évry 2, centre commercial régional à Évry (Essonne).*

Le « centre commercial » participe à un urbanisme dissociant géographiquement les fonctions du centre-ville. Ses rythmes sont ceux de l'activité dominante, exclusive, qui impose une ambiance, un décor artificiel fondé sur le gadget.

équipements, hôpitaux, enseignement supérieur, zones industrielles, ses 90 000 logements étant desservis par un centre commercial régional.

La ville nouvelle en Grande-Bretagne doit offrir à l'habitant un maximum de choix et de possibilités pour satisfaire les aspirations nées de la plus grande mobilité de l'individu, le niveau de l'unité de voisinage est rejeté comme trop restrictif et « à l'autonomie du quartier fait place la notion triomphante de chevauchement (*overlap*) ou de franchissement constant des divisions internes de la ville [14] ». Les équipements collectifs soulignent la structure de l'espace résidentiel reflétant la série de groupements hiérarchisés auxquels appartiennent les citadins; les niveaux sont au nombre de cinq :
– le « *Group* » réunit une centaine de personnes, soit 20 à 30 familles autour d'une cour ou d'un espace de jeux.
– le *Neighbourhood* est équipé d'une école primaire, de quelques boutiques, d'un pub, il regroupe selon les villes de 550 à 2000 personnes et se nomme Place à Washington, Local Cluster à Telford, Neighbourhood à Runcorn.
– le niveau moyen doit permettre aux résidents d'atteindre en un parcours pédestre de moins de cinq minutes, un centre équipé d'un supermarché, de magasins, d'une bibliothèque, d'écoles. A Washington, le *Village* compte 4500 habitants et la cité se partage en 18 villages; à Runcorn, la *Community* est peuplée de 8000 personnes.
– le *District* qui apparaît dans les villes les plus importantes comme Telford a de 24 000 à 30 000 habitants et des équipements scolaires secondaires, un centre commercial...
– la *Ville Nouvelle* dont la taille dépend du nombre et de la qualité des équipements d'un centre principal fortement indiqué dans le plan, est l'échelon supérieur qui compterait de 200 000 résidents à un million.

Naturellement l'urbaniste demande que soient précisées les échelles de taille des divers secteurs géographiques, simultanément échelons sociologique et économique, qui servent de cadre à ses décisions. Les deux exemples précédents reposent l'un sur le nombre des logements, l'autre sur le nombre des habitants et M. Chombart de Lauwe propose, plutôt que la terminologie de G. Bardet en échelons familial, patriarcal puis paroissial [15], une hiérarchie de « secteur géographique », « quartier » et « groupe de quartiers ».
– Le *Secteur géographique* est un ensemble d'habitations délimité par des obstacles matériels interrompant les échanges sociaux de la vie quotidienne (bâtiments publics, jardins publics, voies ferrées, avenue large à forte circulation automobile). Il est constitué de quelques petits secteurs séparés du reste de la ville par cette situation de fait, irréguliers de forme et comprenant de 13.000 à 30.000 personnes. Les échanges, les contacts se font dans des noyaux-centres

---

14. Chaline Cl., « La nouvelle génération des New Towns britanniques », *Annales de géographie*, n° 442/1971, A. Colin, Paris.
15. Bardet G., *Le nouvel urbanisme*, Vincent, Fréal et Cie, 1948 Paris, Chombart de Lauwe-Paul Henry, *Paris, essais de sociologie 1952, 1964*. Ed. Ouvrières, (p. 64 à 67).

d'attraction qui sont, le plus souvent, le groupe des boutiques, armature indispensable à la vie quotidienne, une école, une église, mais aussi un cinéma, une station de métro, une usine.

– Le *Quartier* est un système de rues, quelquefois seulement de maisons, dont les limites sont plus ou moins précises, il comporte un centre économique et plusieurs autres points d'attraction différents : « Il existe à l'intérieur d'un secteur géographique, un enchevêtrement de quartiers dont il est difficile de distinguer les figures propres » : les limites du quartier sont plutôt des marges, des zones frontières et ses dimensions varient moins que celles du secteur géographique. Il réunirait 1.000 à 2.000 personnes.

– entre les quartiers s'opèrent des *Regroupements* dus aux coupures topographiques, aux pratiques sociales, à l'influence des centres d'attraction, et qui correspondraient au troisième niveau des urbanistes anglais. Il peut y avoir coïncidence du secteur géographique avec les regroupements de quartiers.

La question des limites spatiales et volumétriques du quartier est fondamentale pour le planificateur car lorsque le nombre des habitants s'élève, le quartier tend à se dissoudre ou cherche à se recomposer en plusieurs quartiers à travers d'innombrables obstacles : les cadres de la normalisation éclatent alors. « Un quartier où le noyau d'équipement est au service de plus de 5.000 habitants n'est plus tout à fait un quartier... Un quartier ne doit pas excéder un périmètre de trois kilomètres environ. Au-delà de cinq kilomètres, la zone ne peut plus être un quartier. En effet le quartier, comme le bourg, est à l'échelle du piéton. Dans ces limites, le quartier s'affirme d'autant mieux que les équipements et les édifices sont groupés et forment un centre directeur [16] ». La croissance fait que certains quartiers dépassent la taille de villes, avec plus de 10.000 habitants, voire plus de 50.000, mais la variété des équipements diminue, certains secteurs des cités industrielles, des villes minières déshéritées, ne disposent que de quelques équipements commerciaux médiocres :

– *agglomération de Lille*, commerces : 39 établissements pour 1000 habitants, (dont) commerce de détail : 33 établissements pour 1000 habitants, prestations de services : 21 établissements pour 1000 habitants.

– *agglomération de Bruay-en-Artois*, commerce : 9 établissements pour 1000 habitants, (dont) commerce de détail : 8 établissements pour 1000 habitants, prestations de services : 4 établissements pour 1000 habitants.

Ces résultats sont caractéristiques des coketowns, villes du charbon formées d'une juxtaposition de cités et de corons informelle, d'après l'expression de Charles Dickens que reprend Lewis Mumford dans la cité à travers l'histoire (Le Seuil, 1964).

Dans la grande ville la notion collective du quartier disparaît, ne trouvant pour support qu'un centre commercial, un type d'habitat tranchant sur le reste

---

16. Ledrut R., ouvrage cité, pages 132-133.

de l'agglomération, parfois un site typique et renommé. « Le quartier n'est souvent animé que par les déplacements des ménagères et les promenades des retraités, des convalescents ou des jeunes mères de famille avec leur bébé. Les aspirations de la population à l'établissement des conditions d'une véritable vie de quartier sont presque inexistantes [17] ». Mais le souci majeur de l'urbanisme dans une civilisation où l'économique prime l'éthique, est essentiellement celui d'assurer la rentabilité des investissements; l'unité de mesure pour l'étude de marché urbanistique est une zone homogène et bien délimitée, presque close. On aboutit donc à une partition de l'espace qui correspond à la division du travail et à l'atomisation sociale propres aux grandes villes modernes [18], en raison :
– de la spécialisation fonctionnelle des grandes aires plus ou moins planifiées,
– du caractère diffus et juxtaposé de l'espace urbain,
– du manque d'ordre de ces vastes collectivités.

Alors que la ville traditionnelle est sécurité par la continuité qu'elle établit avec le passé, donnant force au rêve (voir plan du centre de Grasse par exemple), le quartier planifié, cités d'immeubles collectifs ou de pavillons, est généralement ressenti comme un milieu centripète, clos : une littérature abondante concernant le grand ensemble a succédé à celle décrivant la vie dans les corons du siècle dernier. La satisfaction des habitants tient plus à l'équipement du logement (meilleur par rapport aux conditions désastreuses qu'ils connaissaient auparavant) qu'au cadre de vie et au rythme qu'il leur impose. Les plaintes les plus fréquentes concernent : le manque de variété du paysage et d'éléments de repère, le manque de signification des espaces où les chiffres se subtituent aux noms, le manque d'intimité et de personnalité du logement, l'uniformité démographique et sociale, les difficultés des transports et l'absence des équipements collectifs, l'éloignement du centre-ville.

Henri Elhai a montré combien les conditions géographiques et sociales sont traumatisantes. « La grande concentration des familles nombreuses exclut l'indépendance du foyer; une famille peut difficilement vivre à l'écart des autres. Tout s'entend, tout se sait, tout se répète sur le palier, dans la maison, dans le groupe. La disposition des immeubles multiplie les vis-à-vis. Chacun s'arroge le droit d'épier son voisin... L'enfant est à la rue. Lui aussi acquiert un type particulier, nerveux, criard, volontiers revendicateur comme ses parents... [19] ». Dans cette ruche, les habitants ont « le sentiment de vivre un quartier à part, qui forme un tout, nettement circonscrit; non pas d'habiter telle ou telle rue du groupe, mais « la porte d'Aubervilliers ». Cela d'autant plus que la mobilité des résidents, le renouvellement de la population restent fort lents : une mentalité de village, mesquine, est née. »

---

17. Ledrut R, ouvrage cité, page 131.
18. Friedmann G., *Où va le travail humain?* et *Le travail en miettes*. Gallimard, 1963 et 1964.
19. Elhai H., *les H.B.M. de la Porte d'Aubervilliers,* Etudes sur la banlieue de Paris, essais méthodologiques, Colin 1950, pages 147 à 176.

Il arrive que les secteurs définis selon des critères différents coïncident suffisamment. Par exemple les 1 126 hectares de Saint-Maur-des-Fossés, commune du Val-de-Marne, sont partagés entre quatre secteurs de recensement qui apparaissent d'autant plus valables que le nom de chaque quartier fait partie du langage de tous. C'est le cas du quartier de La Varenne Saint-Hilaire qui tendrait même sans l'intervention des pouvoirs publics, à s'ériger en commune indépendante : il englobe une ancienne garenne qui, autour du hameau du Pilier, formait la paroisse Saint-Hilaire [20]. « Le quartier de Champignol et celui des Muriers jouissent également d'une vie assez indépendante. La définition du vieux Saint-Maur correspond bien à un type particulier d'habitat sur le site du village, tandis que le quartier du Parc, qui occupe l'ancien domaine des Condé loti surtout par la Compagnie des Chemins de fer de l'Est, a une atmosphère et une psychologie propre et constitue une entité également valable » [21]. Par contre, les limites des circonscriptions électorales, sauf pour la Varenne, « n'ont pas de vie propre » et elles ne se calquent pas sur celles des secteurs de recensement; le découpage en paroisses est autre encore...

A l'image de la vie, le « quartier » est varié. Sa définition ne saurait être le fait d'une seule science et il s'agit de l'entité urbaine dont les limites tracent le moins une ligne frontière : sur tous les plans, on retiendra l'importance des marges et des zones de transition ou de rivalités.

La définition du quartier a deux aspects : le quartier en tant qu'unité de consommation dont la réalité collective est faible et le quartier résidentiel dont la conscience collective est puissante. Seul l'examen sur place, sur le vif, de la vie d'un quartier permet de dégager son individualité :
– quel est l'espace psychologique des habitants, où se considèrent-ils comme étant dans leur quartier et quand, où, pensent-ils en sortir?
– quelles relations sociales individuelles se nouent dans ce quartier?
– quelle est la vie des organisations de quartier, associations de parents d'élèves, associations sportives, organisations religieuses, amicales...?

Le premier facteur devrait rendre compte des deux autres. Mais comme la vie collective et la structure d'un quartier sont en relation avec divers traits spécifiques de la socio-démographie et de l'urbanisme dont les variations sont associées aux phénomènes d'accentuation ou d'atténuation de l'individualité collective des quartiers, les études faites jusqu'à présent ont, surtout, porté sur ces deux critères aisément appréhendés de l'extérieur :
– population par catégorie socio-professionnelles de l'INSEE, répartie par îlot souvent sur la base de l'opposition d'inspiration marxiste, ouvriers-patrons.

---

20. Lavandeyra L.A., *Saint-Maur-des-Fossés*. Études sur la banlieue de Paris, essais méthodologiques, Colin 1950, pages 57 à 146. (Voir la description des types d'habitat par quartier, pages 80 à 82).
Bertrand Michel J., *Une commune originale, l'approvisionnement autonome de Saint-Maur,* Images du Val-de-Marne, n° 3 - 1972.
21. Lavandeyra L. A., article cité, pages 75-76.

— relevé des types d'habitat (pavillonnaire-collectif) et des trames viaires, sans inclure la vision de leur quartier par ceux qui l'habitent.

Cette vision externe caractérise notre époque de spécialistes traitant à partir de données quantifiables ou cartographiables sans tenir compte des réactions affectives de la population à laquelle ils s'intéressent.

L'enseignement de l'architecture, qui est le premier en ce qui concerne le milieu vécu immédiat, reste trop souvent aussi abstrait que celui de l'urbanisme soucieux d'occupation du sol et de conformité aux règlements. Deux exemples, entre autres, sont typiques : on ne s'est posé la question « Comment peut-on vivre à Sarcelles ? » qu'après l'avoir bâti, durant les premières années de son occupation; la tour Maine-Montparnasse a été conçue sur un plan d'urbanisme pour fermer l'axe des voies ferrées et de la future autoroute, sans s'occuper ni des perspectives depuis Saint-Germain-des-Prés et des rues anciennes qui convergent vers elle (donc de la perception quotidienne qu'en auront les habitants alentour), ni de la rupture avec l'architecture traditionnelle du centre de Paris dont elle brise l'harmonie. Ce qui est unité sur le papier, dans le projet isolé de son milieu architectural, devient cassure ou intrusion dans le milieu vécu...

La notion du quartier selon M. Gaston Bardet est par certains vivement critiquée comme n'étant qu'une idéologie, en déclin, qui exigerait en vérité scientifique, une constatation de fait reposant sur des sensations affectives.

« Dans un quartier de ville ou un village on distingue plusieurs assemblages de rues et de places vivant d'une vie propre, plusieurs échelons domestiques possédant un caractère particulier, voire leurs coutumes, leurs manifestations. C'est très exactement la continuité du cheminement des ménagères faisant leur ravitaillement pluri quotidien, qui fait la liaison entre les diverses maisons, les divers foyers. Ce n'est plus un groupe élémentaire de personnes, mais de foyers, qui semblent évoluer entre cinquante femmes s'alimentant à un petit commerce multiple. L'échelon domestique est dû à la topographie tant sociale que naturelle, c'est une constante d'ordre géo-économique, le premier élément proprement urbain, c'est-à-dire où l'échange intervient et dont la fédération va constituer l'échelon supérieur, bien connu autrefois sous les noms de quartier, faubourg, villette ou bourg. Le monument public est l'organe qui caractérise cet échelon supérieur. Il crée le quartier, non seulement il lui donne son dispositif, sa vie, mais aussi sa physionomie, déclare Camille Jullian qui distingue l'édifice public comme organe de mouvement exerçant son action sur les rues environnantes, comme organe de développement aidant à former le quartier autour de lui, comme organe de structure ou de distribution. Il y a une véritable vie spirituelle de quartier dépassant les réalités familiales, aussi avons-nous baptisé cet échelon, l'échelon paroissial [22] ».

Le quartier serait le module social élémentaire dont la réunion constituerait la ville. Il ne possède pas ou presque pas d'appareils organisés, la mairie et

---

22. Bardet G., « Principes d'analyse urbaine » cité par Auzelle, *323 citations sur l'urbanisme*, fragment 410.

la municipalité ont une importance bien plus grande, « ce n'est pas dans le quartier que les rôles sociaux, les conduites, les comportements se forment et s'instituent, même s'ils utilisent ce niveau d'accessibilité pour s'imposer [23] ».

Niveau de sociabilité spontanée, il vit « à l'ombre des institutions mais selon des modalités non institutionnelles, c'est une forme d'organisation de l'espace et du temps de la ville, conjoncturale plutôt que structurale. M. Henri Lefebvre relève parmi les thèses actuelles, trois « degrés de réalité » accordés au quartier :
– le quartier n'est qu'une survivance due au poids de l'histoire, « il y a un micro déterminisme résultant d'anciennes conjonctures et d'anciennes décisions engageant la vie urbaine ».
– le quartier est une unité relative, subordonnée, ne définissant pas la réalité sociale, mais nécessaire. L'étude doit distinguer les quartiers défaillants, éclatés, ou décomposés de ceux qui résistent sur le terrain ».
– des relations inter-personnelles se forment dans le quartier qui est « le plus grand des petits groupes sociaux et le plus petit des grands groupes ». Fondé sur la proximité dans l'espace – temps, il indique le seuil entre ce qui est accessible à l'individu fixé au sol, le résident, et ce qui lui est inaccessible en tant que tel.

Créé par la vie des individus dans une société, en un lieu donné, le quartier est à l'échelle du piéton, limité par la distance et le temps à parcourir un trajet. De ce fait quotidien – le déplacement pédestre – résulte une répartition des activités, notamment des commerces, et des lieux de rencontre et de communication accessibles par des cheminements tantôt plaisants, tantôt ressentis comme une contrainte. Mais ces équipements ne pouvant satisfaire tous les besoins des habitants, le quartier dépend de structures plus vastes, institutions administratives et politiques, pouvoirs économiques... C'est un maillon dans les réseaux qui constituent l'espace urbain, il est infime et est ressenti différemment par chacun des individus qui l'habite. Le quartier serait-il finalement plus psychologique que sociologique ? Ce qui supposerait que pour les études de marché reposant actuellement sur des critères d'abord économiques et sociologiques, tout un aspect essentiel échapperait aux promoteurs.

Les typologies actuellement proposées aboutissent à des ensembles homogènes :
– ensembles fonctionnels : quartier commerçant, industriel, résidentiel...
– ensembles selon l'occupation du sol : immeubles collectifs, pavillons...

« Le quartier pavillonnaire c'est la somme des maisons qui s'y trouvent et des gens qui y habitent, plus l'idéologie pavillonnaire. On peut repérer cette idéologie par des enquêtes d'opinion mais la réflexion historique et sociologique permet de la restituer dans sa totalité, ou au moins d'en approcher [24] ». Cette zone homogène culturellement, sociologiquement, et souvent unifonctionnelle,

---

23. Lefebvre H., *Quartier et vie de quartier*, Cahiers de l'IAURP, n° 7, mars 1967, page 11.
24. Haumont A., *Les quartiers dans trois communes de la banlieue parisienne*, Cahiers de l'IAURP, n° 7 mars 1967, conclusion page 71.

sert de base pour l'implantation des équipements ou le calcul des besoins. Mais quand quelqu'un dit « J'habite tel quartier », se réfère-t-il seulement à cette zone bien délimitée et en a-t-il la même vue globale que celui qui l'a définie?

L'autre face de l'étude du quartier est interne : dans quelle partie de la ville l'individu se considère-t-il en sécurité, chez lui, dans *sa ville*? On ne fait partie d'un « quartier » que dans la mesure où il vous appartient, c'est d'abord « l'espace urbain connu et approprié [25] ». De ce point de vue peu d'études ont été menées jusqu'à présent. M. Louis Chevalier en montrant les facteurs et les manifestations de la personnalité parisienne, les manières d'être des Parisiens vus à travers les métiers, les maladies, les costumes, les parlers, lançait un appel [26]. Les dessinateurs, des romanciers ont le mieux décrit le quartier à travers leurs personnages, plus que Victor Hugo sensible au monument, support tangible d'une idée, Zola a fait ressortir l'intégration de l'individu dans son milieu social et urbain, le « Ventre de Paris » entre autre acquiert depuis la démolition des pavillons de Baltard, une dimension historique. En quelques lignes, Balzac en montre la diversité comme il explique les différentes faces de la rivalité opposant la ville haute d'Angoulême au faubourg de l'Houmeau [27]; dans chacune de ses œuvres, l'auteur a voulu montrer tous les liens qui unissent l'homme à son quartier, comment ils se forment à partir de relations sociales, mais aussi d'habitudes et de communautés ou d'oppositions de goût.

Le quartier est aussi un espace intime, s'y sentir chez soi c'est relâcher son attention sachant que, quoi qu'on fasse ce n'aura pas de conséquences vis-à-vis des contraintes extérieures. Il est un espace vécu qu'on connaît bien, qui de toutes façons s'oppose à ce qui est au-delà d'une frontière invisible mais fortement ressentie, celle qui protège des lieux qu'on fréquente rarement ou jamais, qu'on ne connaît pas.

---

25. Metton A., Le quartier, étude géographique et psychosociologique, *Canadian Géographer* XIII-4, 1969, page 299 et suivantes.
26. Chevalier L., *Les Parisiens,* Hachette, 1967.
27. Balzac Honoré (de), *Les deux poètes* (Les illusions perdues), édition de la Pléiade, tome IV, Gallimard 1958, page 490 et suivantes.

2. Vivre son quartier

Les plus longues séquences d'une existence se déroulent aux lieux de résidence et d'emploi dont la nature perçue est différente : c'est dans le secteur qui comprend son domicile que le citadin vit le plus intensément. Bien connu et utilisé, l'espace résidentiel est approprié sentimentalement parce qu'il suppose une intégration sécurisante au sein d'une société garantissant un consensus des modes de vie, le marquage du paysage est fort et définit le groupe qui le fréquente. Cette qualification est lisible par l'étranger, le visiteur, le voisin, pour qui elle symbolisera, trop schématiquement sans doute, une manière de vivre en la valorisant malgré ses défauts [1].

Le quartier vécu résidentiel

Cette communauté de voisinage est toujours à l'échelle du piéton, même dans la banlieue où l'usage de l'automobile s'impose quotidiennement, ce qui peut paraître étonnant de prime abord. Ce quartier s'effrite donc rapidement avec la distance : pour un site donné, au-delà de la zone principale reconnue par plus de la moitié des habitants, des secteurs variés le sont par moins de 20 % d'entre eux. La zone principale est d'étendue variable, comprise entre plus de 30 ou 40 hectares dans les zones les plus diversifiées et moins de 15 hectares dans les ensembles homogènes. Son noyau central délimité par les réponses de plus de 80 % des habitants est, par contre, stable, de 1 à 4 hectares selon le type de quartier. Autour de cet aire de voisinage quasi unanime, des zones de 300 à 500 mètres de rayon s'étendent en plaques ou en digitation, plus ou moins continues, régulières et centrées par rapport à l'habitation en fonction de l'influence des contraintes naturelles et humaines locales; exceptionnelles dans les grands ensembles collectifs, elles intéressent une fraction variable de la population –de 5 à 40 %– traduisant la diversité des niveaux d'équipement.

---

1. Bertrand M.J., *L'espace vécu des Parisiens* (2 volumes). Atelier parisien d'urbanisme 1975. Bertrand M.J. et Métton A., « Méthode d'étude géographique du milieu résidentiel », *L'information géographique* n°s 2 et 3/1975, Baillière, Paris.

Le quartier de résidence est forcément « vécu », il fait partie du patrimoine individuel et familial, on se reconnaît donc sur lui des droits refusés aux étrangers. Ce sentiment de possession n'est possible qu'au domicile, il est particulièrement vif chez les propriétaires plus que chez les simples locataires, en ce sens et malgré l'ambiguïté de ce terme, il n'y a pas de « quartier » au lieu de travail qui reste un espace fonctionnel dont la possession se limite au poste de travail, le reste étant perçu comme étant collectif.

Les quartiers résidentiels homogènes

Ces quartiers de gens repliés sur eux-mêmes se caractérisent par la localisation extrême de l'habitation, ou bien celle-ci est le centre de l'espace possédé (dans le grand ensemble il s'agit de l'immeuble et du parking qui est à sa porte), ou bien ce n'est qu'un court cheminement vers un pôle attractif précis qui est connu de tout le monde (centre commercial, gare, station de métro, écoles). Dans les deux cas, il s'agit d'un minimum vital, ou minimum social. Les cités dortoirs ne favorisent pas la création de quartiers variés, vastes, même lorsqu'ils disposent d'un attrait architectural comme la place de l'Abbaye au Mont-Mesly à Créteil.

L'uniformité est un facteur d'isolement, par l'homogénéité de leur quartier, les habitants sont déjà retranchés de la cité, ils ont tendance à vivre entre eux, sensibles à toutes les pressions et tensions sociales. Les limites architecturales du secteur urbain homogène sont particulièrement traumatisantes car si ces quartiers sont un refuge social extrêmement fort où chacun peut jouer son « rôle », sa représentation, sans dissonance par rapport au reste de la communauté, ce consensus disparaît brutalement sur les marges où le groupe entre en contact avec d'autres qui n'ont pas les mêmes critères. Les conflits, les phénomènes de rejet, les sentiments de frustration sont extrêmement vifs. : il est bien connu que le collectif n'est que lapinière pour l'habitant des petits pavillons... Le désir que manifeste en 1976 le grand ensemble des Ulis, de se séparer des communes de Bures et d'Orsay entre lesquelles il était partagé, illustre les implications politiques de la juxtaposition des groupes. La municipalité de la nouvelle commune du plateau de Beauce serait à majorité de gauche en conséquence de la dominante sociale populaire, elle se démarquerait donc des deux communes pavillonnaires de la vallée de Chevreuse dont la population plus âgée et aisée est conservatrice. Le découpage administratif renforce alors le caractère monolithique d'un tel urbanisme, en satisfaisant les aspirations égoïstes d'une autogestion de blocs typés et antagonistes brisant les sentiments complémentaires d'une collectivité.

A l'intérieur d'une cité apparemment homogène, la hiérarchie sociale et professionnelle suscite des discriminations : au Mont-Mesly, le groupe d'immeubles des Emouleuses (H.L.M. de transit) est l'objet d'un tenace ostracisme de la part du reste de ce lotissement de H.L.M. qui lui reproche « ses voyous, des incendies fréquents, ses ivrognes, le linge qui sèche aux fenêtres... ».

Sortir de ces secteurs de pavillons ou de hauts immeubles correspond à quitter non seulement un paysage architectural, mais un mode de vie. Pour être invisible, cette frontière n'en est pas moins absolue, elle incite à accepter, à valoriser « son quartier » aussi imparfait qu'il soit, pour ce qu'il garantit de protection sociale. Dans une population homogène occupant une aire restreinte, il n'y a pas apparition de « quartier » dans le sens sociologique, même si dans certains villages le terme désigne le rassemblement de plusieurs maisons écartées du centre, dont les habitants se reconnaissent plutôt comme des « voisins », se rendent des services réciproques dans le domaine des corvées agricoles ou des réunions privées (mariage, décès...). Dans le Queyras, cette collaboration fut institutionnalisée : Saint-Véran est un village linéaire partagé en cinq « quartiers », les Forannes, le Châtelet, la Ville, Pierre Belle et le Villard, que séparent des intervalles non bâtis d'une cinquantaine de mètres. Cette disposition reflète la scission entre familles catholiques et protestantes et prétend éviter la propagation des incendies dans les maisons en bois et les fenils, chaque groupe autour d'un puits organisant des tours de veille et répartissant les temps d'utilisation du fournil commun.

La forme du quartier vécu caractérise les secteurs homogènes en distinguant l'habitat pavillonnaire de l'habitat collectif. Certes des effets secondaires peuvent influer dans d'autres sites où l'on trouve des aspects comparables (par exemple dans les XVe et XVIIIe arrondissements de Paris, les boulevards, les voies ferrées créent des effets de barrière), mais nulle part ailleurs il y a une telle uniformité des pratiques spatiales, sinon pour des groupes ethniques minoritaires – africains et nord africains des quartiers de la Goutte d'Or et de Belleville principalement. Pour eux, l'espace connu reste limité à la rue sur laquelle donne le logement, souvent un hôtel meublé ou une vieille maison en instance de démolition.

Les pratiques des habitants des quartiers pavillonnaires, quels que soient le rang social et la qualité architecturale se caractérisent par des déplacements linéaires fondés sur un trajet partant du logement et s'orientant vers un but précis suivant une détermination remarquable. Le quartier linéaire paraît vaste mais son étirement modère cette première impression, traduisant un sous-équipement pénible; dans les lotissements mal desservis, éloignés des commerces, des écoles, de la gare, l'appropriation de l'espace repose sur des buts d'autant plus pratiques que les déplacements sont longs et très peu marqués de symboles. Le tissu urbain est senti comme un système de rues uniformes dont le seul rôle est de passage. Des variantes existent : au lieu de viser un seul but ou des buts alignés dans une seule direction, les cheminements conduisent à des pôles dont la localisation diffère par rapport au domicile. Dans le cas d'une direction diamétralement opposée, ce quartier ne change pas de forme, seulement le domicile est centré, au mieux à mi-chemin. Autrement le quartier prend une forme plus ou moins rayonnante, en T, en Y, ou en étoile. Le tissu urbain peut imposer des trajets tortueux, les rues se croisent à angle droit et la continuité des systèmes viaires n'est pas assurée d'un lotissement à l'autre, imposant plusieurs décrochements – à moins que l'habitant préfère un trajet brisé à un long parcours rectiligne.

Vivre son quartier

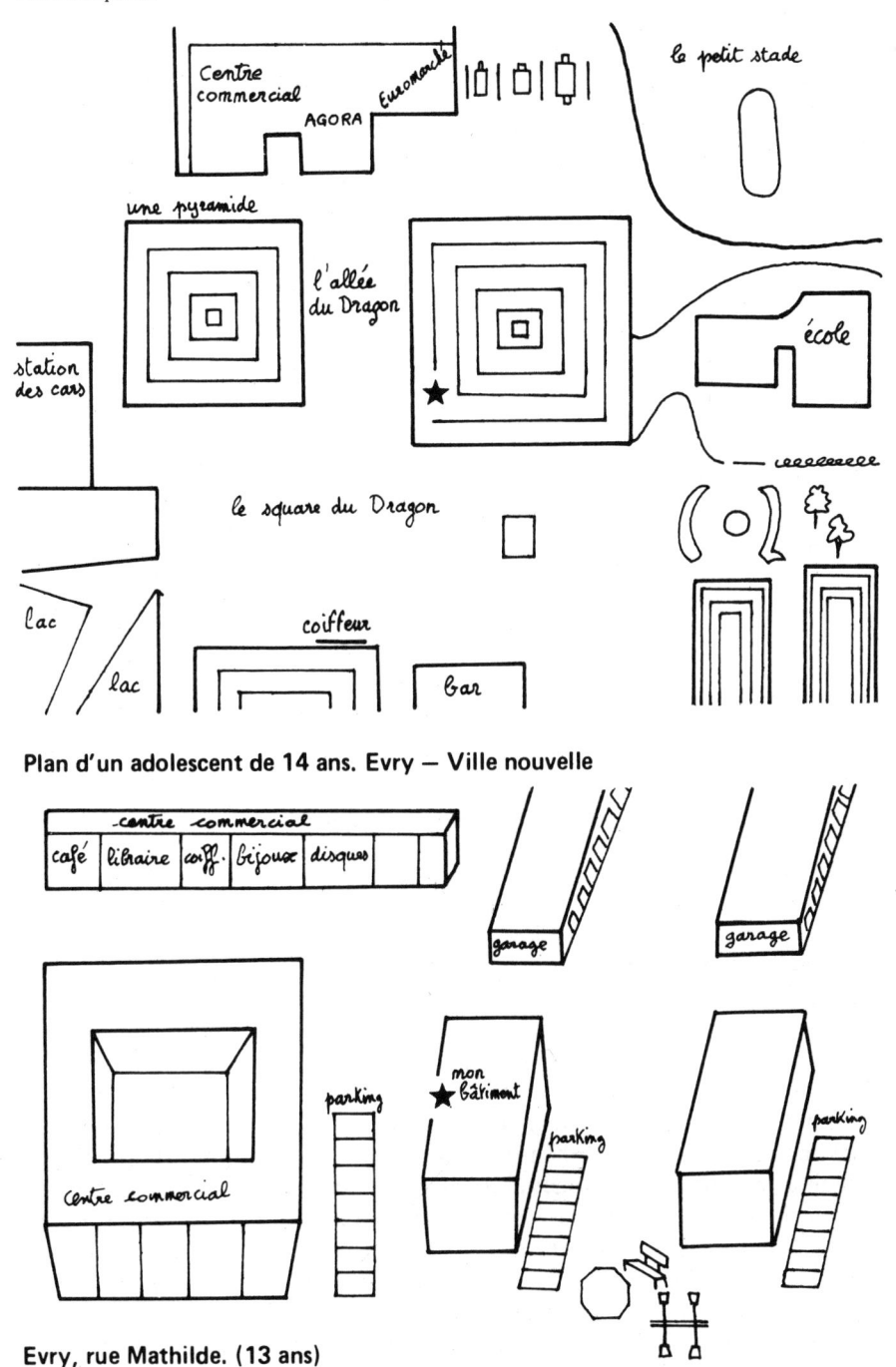

Plan d'un adolescent de 14 ans. Evry — Ville nouvelle

Evry, rue Mathilde. (13 ans)

Fig. 1. — Les représentations individuelles de "quartiers vécus".
Dans les ensembles d'habitat collectif, elles ne diffèrent pas les unes des autres, restant étroitement circonscrites dans les limites du lotissement.

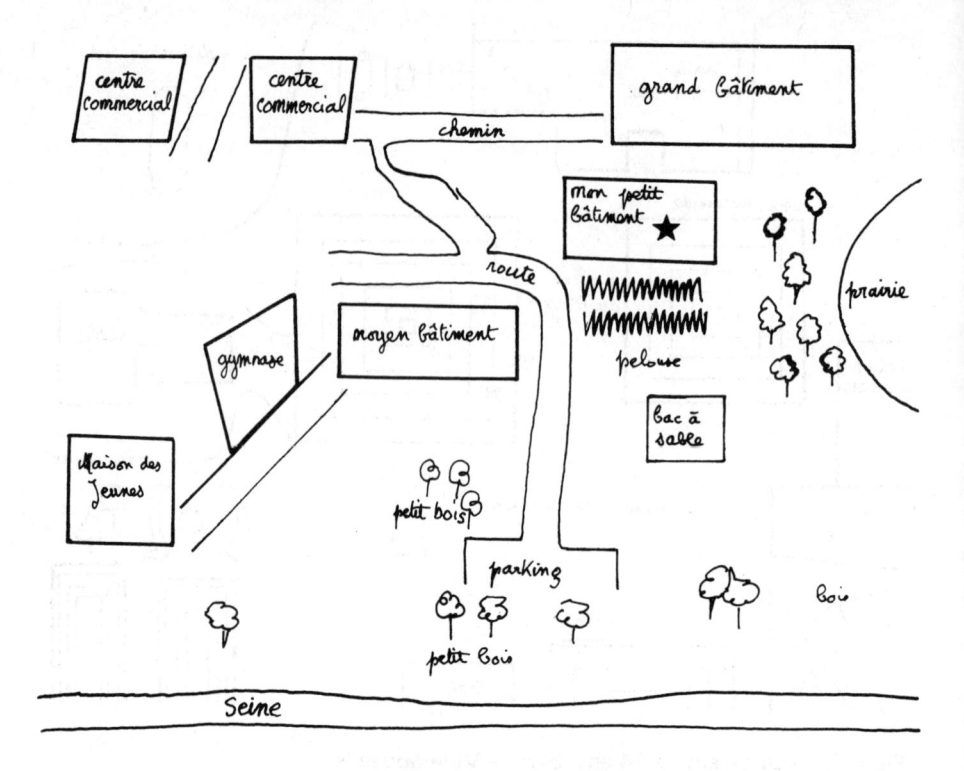

Fig. 2. — **Une représentation descriptive sur un itinéraire quotidien**
(le Parc d'Evry, âge : 13 ans).

Les grands ensembles d'habitat collectif incitent à une compréhension circulaire de l'espace à partir d'un paysage ouvert de places, de pelouses, de parcs de stationnement entre des bâtiments disséminés.

Le plan du quartier vécu est massif, petit, presque circulaire. De courtes antennes n'indiquent éventuellement qu'un chemin indispensable vers les équipements collectifs. Encore le centre commercial n'est-il plus cité au-delà d'un rayon de 150 à 200 mètres alors qu'à Paris celui de l'aire de chalandise d'une rue commerçante atteint 400 mètres; si on habite à proximité, le quartier se réduit à cet espace qu'on voudrait d'échanges et de contacts mais qui n'est plus qu'un champ clos dont on ne s'échappe pas parce qu'il représente le seul semblant d'animation. L'organisation de l'espace est mal comprise, désorientés, les résidents construisent leur perception en un semis à partir d'un point égocentrique sans établir de relations spéciales entre les éléments qu'ils repèrent. S'ajoutant à l'indifférence réciproque, l'homogénéité des modes de vie conditionnée par la programmation initiale du constructeur, est ressentie comme une tare et contribue à réduire l'image du quartier à celle d'un dortoir pour les adultes, à celle d'une aire de jeux pour les enfants. L'absence des choix individuels est pénible, les équipements sont mal connus, paraissant donc insuffisants et,

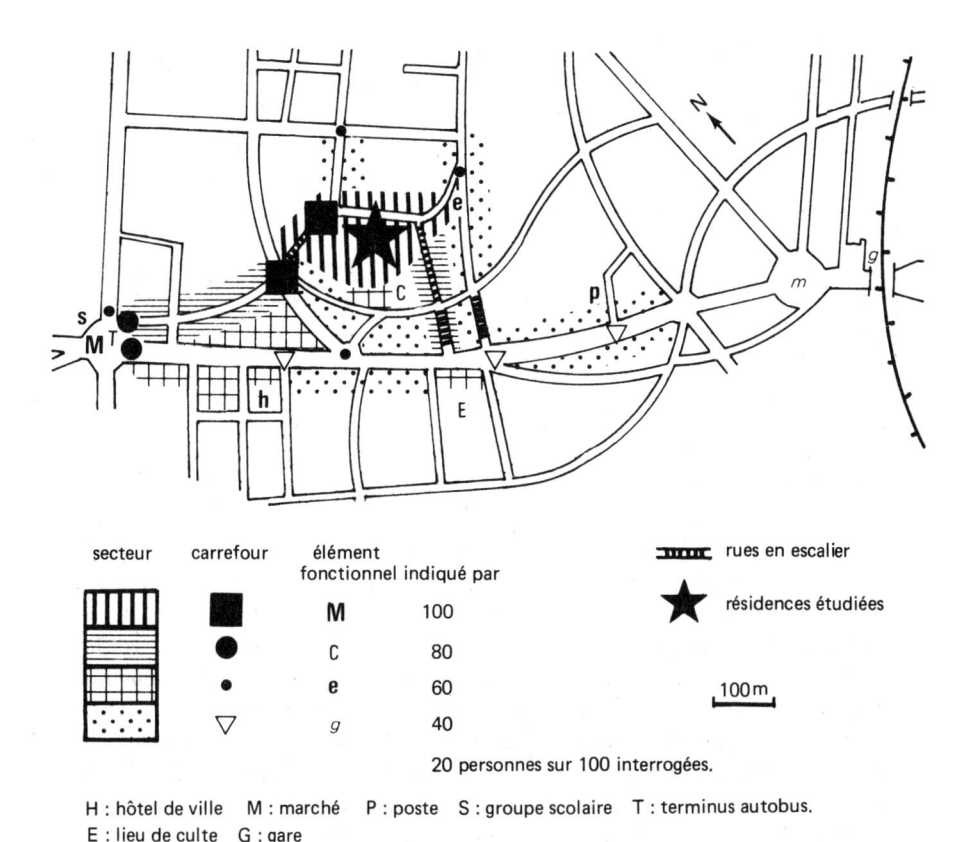

secteur	carrefour	élément fonctionnel indiqué par		
▤	■	M	100	
▤	●	C	80	
▤	•	e	60	
▦	▽	g	40	

▭▭▭ rues en escalier

★ résidences étudiées

20 personnes sur 100 interrogées.

H : hôtel de ville   M : marché   P : poste   S : groupe scolaire   T : terminus autobus.
E : lieu de culte   G : gare

Fig. 3. — Représentation collective du vécu dans le secteur pavillonnaire au Raincy.

payants la plupart du temps, réservés à des associations. Le quartier est atrophié, borné aux abords visibles de l'habitation, le vécu se réduit aux nuisances du voisinage – bruit, commérage, saleté – et les traumatismes sont d'autant plus forts sur les marges du lotissement, qu'on est en contact – même seulement visuel – avec d'autres types d'habitat, pavillonnaire surtout.

Les équipements regroupés sur les limites d'un ensemble favorisent certes la venue de clients extérieurs mais créent un déséquilibre géographique qui incite les résidents les plus éloignés à s'exclure de la communauté, à souffrir de leur isolement, ou, si faire se peut, à se détourner vers d'autres possibilités de fréquentation. D'autre part, la concentration ne favorise pas l'animation des espaces libres alentour, si elle structure fortement le grand ensemble vers une place centrale, (par exemple : les grands Vaux à Savigny, la Fauconnerie à Gonesse). Les expériences menées jusqu'à présent montrent qu'il n'y a pas de doctrine unique, seulement, un espace relativement uniforme, resserré est plus facilement investi socialement et compris, pratiqué, comme un lieu de communication et de contacts qu'un semis large. La ville nouvelle d'Evry, de ce point de vue, sera une leçon importante.

SUPERFICIE MOYENNE DU QUARTIER

	Secteurs pavillonnaires	*Grands ensembles collectifs*
Ermont	7,8 ah	2,9 ha
Créteil	7,9 ha	3,2ha
Maisons-Alfort	8,3 ha	7,1 ha
Nanterre	7,9 ha	2,6 ha
Savigny/Orge – Viry	5,4 ha	3,8 ha
Le Raincy	4,2 ha	–
- Moyenne : (en hectares) =	6,9 ha	3,9 ha

Plus l'architecture est monotone et qualifie un rang social bas, plus le quartier vécu est étriqué, clos et vidé de substance. L'influence de la composition architecturale peut être primordiale comme le montre l'exemple des « villages » de pavillons remis à la mode depuis 1960. Au long d'une rue en impasse, rectiligne ou sinueuse, dessinant parfois une boucle, une dizaine de pavillons constituent un groupement fortement individualisé dans lequel se replie la vie à l'écart de la circulation générale, que ce soient les cités et villas de la banlieue parisienne de l'entre-deux-guerres ou le secteur de maisons individuelles de la ville nouvelle de la Source, ignorant approvisionnement et services, le vécu reste centré sur le logement, la participation sociale se borne aux voisins immédiats.

Sortir de son quartier signifie quitter un mode de vie : pour être invisible, cette frontière n'en est pas moins absolue, elle incite à valoriser son quartier, à l'accepter aussi imparfait qu'il soit. Nombreuses au cours des enquêtes sont les réponses qui après une diatribe virulente concluent sur un jugement qualitatif favorable.

Le quartier résidentiel multifonctionnel

Si dans les tissus urbains homogènes représentations et pratiques sont étonnamment semblables, à cette unanimité s'oppose la diversité fonctionnelle et architecturale qui incite à une pratique sinon plus large, du moins plus intense du milieu, quelle que soit sa qualité. Dans la ville de Paris particulièrement, les surfaces appréhendées sont vastes, les barrières psychologiques sont en général moins puissantes que dans les banlieues cloisonnées. La diffusion géographique des équipements de toute nature incite aussi à des déplacements variés que facilite un réseau de transports publics dense. Si bien que le Parisien est sensible aux avantages fonctionnels de son cadre de vie qui semblent compenser nombre de désagréments de la grande ville.

Il faut des effets de frontière particulièrement forts pour restreindre l'espace vécu dans des proportions semblables à celles des quartiers homogènes de banlieue. De telles conditions sont pourtant réunies sur la périphérie des vingt arrondissements, au-delà des boulevards des Maréchaux où des groupes d'Habitations Bon Marché des années 1930, d'Habitations à Loyer Modéré récentes sont un cadre de vie sclérosé, coincé entre des terrains vagues, des équipements divers, une circulation intense, des voies ferrées et l'autoroute périphérique : les quartiers vécus couvrent moins de 5 hectares.

Dans le cas de voies très commerçantes, animées, offrant un vif contraste avec un environnement plus monotone, le quartier se rétracte sur un tronçon de rue connu avec une précision remarquable : la rue Lévis près du boulevard des Batignolles, la rue de Clignancourt, la rue de Belleville près du boulevard de Belleville, présentent une telle polarisation exclusive pour leurs habitants, retenus par le nombre des boutiques et la proximité du métro. La densité sociale concentre géographiquement le vécu.

Le banlieusard s'attache à la qualité des éléments naturels du paysage, le calme, l'air, la verdure sont particulièrement appréciés mais, dans les centres de ville, qui sont généralement les anciens noyaux villageois, la polyvalence fonctionnelle est perçue comme un avantage, renforçant le sentiment d'appartenir à une communauté que symbolisent les bâtiments publics, mairie, église, souvent la gare. La densité du tissu urbain et des services, l'animation, font que la pratique et la perception des habitants restent étroitement inscrites dans les limites du centre, le reste de la commune étant d'autant plus ignoré que les relations incitent à chercher des compléments dans les vingt arrondissements parisiens ; les abords de la gare sont un des principaux pôles d'animation.

Dans le centre ville, 70 à 85 % des réponses ont en commun une aire de :
- 3 hectares à Ivry, Savigny s/Orge et Montreuil (Croix de Chavaux).
– 4 hectares dans le vieux Créteil et à Montrouge
– 5 hectares à Neuilly (rue de l'Eglise)
– 6 à 7 hectares à Nanterre.

Le Raincy, opération immobilière du Second Empire, est partagé entre deux noyaux commerciaux, l'un vers la gare (3,6 hectares), l'autre entre l'Hôtel de ville et le rond-point Thiers (2,8 hectares).

Surtout, dans les secteurs multifonctionnels, les cas extrêmes co-existent, les indices de dispersion sont plus importants que dans les zones homogènes où ils dépassent rarement 50 à 60 %.

INDICES DE DISPERSION DE LA SURFACE DES QUARTIERS VECUS

XVe arrondissement = 54 à 96 %	VIIe arrondissement = 35 à 70 %
XIXe arrondissement = 45 à 80 %	XVIe arrondissement = 42 à 79 %

La localisation du domicile n'est pas caractérisée, ni sur les marges, ni au centre de l'espace vécu dont la forme, irrégulière, tend vers le polygone. Les exemples de très petits quartiers (moins de 1,5 hectare) totalement sclérosés ne se trouvent pratiquement qu'en banlieue : les très grands quartiers (plus de 15 et jusqu'à 200 hectares) dont les composants sont pourtant connus avec précision définissent les arrondissements de Paris les mieux équipés. Le maximum est atteint dans les XIVe et VIIe arrondissements où les quartiers de moins de 10 hectares représentent 22 % contre 60 % pour les quartiers de 20 à 120 hectares. Les quartiers les plus petits dans les centres de ville sont ceux de cités récentes assez grandes – au moins un îlot – pour constituer une entité bien particularisée.

SUPERFICIE MOYENNE DU QUARTIER

	en habitat ancien	en ensemble neuf
Arrondissements : VII	26,8 ha	14,9 ha
X	9,5 ha	5,0 ha
XVI	17,7 ha	11,3 ha
XVII	12,2 ha	9,2 ha
XIX	19,3 ha	2,8 ha
– moyenne (en hectares)	17,1 ha	8,6 ha

A la diversité fonctionnelle et paysagère correspond une diversité des modes de vie absente dans les secteurs homogènes : il convient donc de distinguer au moins deux types de milieux urbains, si l'alternative est évidemment quelque peu brute, elle doit être adoptée dans un souci de simplification que corrigera l'étude de facteurs locaux des chapitres suivants. M. Coing a montré que les classes populaires sont plus repliées dans un espace protecteur restreint mais bien appréhendé, qu'elles utilisent moins l'ensemble des possibilités de « sortie » qu'offre une grande ville, toutefois la répartition des groupes sociaux n'explique pas entièrement la diversité des quartiers vécus, la topographie, la trame du tissu urbain, la répartition et la nature des équipements jouent un grand rôle. (v. tableau page suivante.)

La diversité ne suffit pas toujours à combattre un sentiment d'isolement : autour de l'hôpital Saint-Louis, dans le Xe arrondissement de Paris, la médiocrité des descriptions naît d'un paysage ingrat que ses habitants ressentent comme inorganisé, ne manifestant que dédain et désintéressement pour une « frange » urbaine coincée entre le canal Saint-Martin et les Boulevards extérieurs. L'hôpital, de nombreux hangars d'entreprises industrielles isolent en petites unités les habitations que ne dessert qu'un équipement commercial fractionné. Le repliement sur soi est comparable à celui constaté dans des agglomérations formées de cités juxtaposées, comme Bruay-en-Artois. La circulation automobile, le bruit, les chantiers, retiennent seuls l'attention avec le recensement des écoles et le commissariat de police. L'hôpital est moins noté pour son aspect monumental – de la rue, c'est surtout un mur – que parce que les enfants y vont jouer, et le canal Saint-Martin n'attire pas, il constitue une frontière subie mais ignorée rarement explicitement indiquée. Seul le square de la place du colonel Fabien domine cette médiocrité : après avoir affronté le flot des voi-

RÉPARTITION DES QUARTIERS VÉCUS SELON LEUR SUPERFICIE

	habitat ancien						
Superficie, en hectares	⩽ 1	1-8	8-15	15-30	30-60	60 ⩽	total
Créteil	22,7	38,5	22,7	16,1	–	–	100,0
Maisons-Alfort	–	56,8	28,7	14,5	–	–	100,0
Nanterre	19,7	53,3	13,3	3,5	10,2	–	100,0
Paris VII	8,1	11,6	22,8	35,3	20,3	1,9	100,0
Paris X	28,7	58,2	10,1	2,0	1,0	–	100,0
Paris XVIII	31,2	50,7	10,3	7,9	–	–	100,0
Paris XIX	20,9	39,1	16,3	13,4	5,9	4,4	100,0
	habitat récent						
Superficie, en hectares	⩽ 1	1-8	8-15	15-30	30-60	60 ⩽	total
Créteil	41,0	50,9	3,9	2,7	1,5	–	100,0
Maisons-Alfort	–	78,0	22,0	–	–	–	100,0
Nanterre	33,4	61,6	2,6	2,4	–	–	100,0
Paris VII	10,7	12,3	38,9	31,5	6,6	–	100,0
Paris X	18,3	63,1	17,1	1,5	–	–	100,0
Paris XVIII	12,1	24,2	24,2	–	39,5	–	100,0
Paris XIX	16,1	61,3	11,4	9,0	–	2,2	100,0

tures, cet espace de jeux accueille aussi les joueurs de pétanque, unique manifestation d'une activité collective.

Dans les arrondissements de la « couronne intermédiaire » de Paris (IX, X, XIe) de nombreux petits quartiers de 4 à 10 hectares s'organisent à partir de quelques rues bien connues dont sont appréciées d'abord les fonctions – le commerce. Les descriptions sont unanimement celles de secteurs à la vie repliée bien qu'animée, sans grande originalité mais sans qu'on y trouve le dégoût, les réflexions désabusées qui caractérisent le grand ensemble de banlieue. Le train de vie quotidien est le seul facteur d'ambiance. Quelques pôles attractifs, les Buttes Chaumont pour le XIXe et le XXe arrondissement, le square Villette dans le XVIIIe, le Parc des Expositions dans le XVe, le cimetière du Père Lachaise en tant qu'espace vert dans le XIe arrt. sont souvent cités jusqu'à une distance de 700 mètres comme exutoire à un environnement banal, sans être réellement inclus dans l'espace vécu.

C'est à l'Ouest, dans les arrondissements et les banlieues aisés que les quartiers vécus sont les plus vastes sinon les plus diversifiés (de 15 à 40 hectares en moyenne).

Les distances à parcourir sont souvent longues. L'habitat « bourgeois », l'immeuble de rapport rejette sur la périphérie dans des noyaux de construction ancienne, les commerces banals et d'alimentation, regardés comme une nuisance; pour atteindre la rue Cler ou la route de Sèvres dans le VIIe arrondissement, les grand'rues des villages d'Auteuil et de Passy dans le XVIe arrt, la rue de l'Eglise à Neuilly, les trajets dépassent parfois 400 mètres, contrastant avec le semis en petits groupes de trois à quatre commerces de base tel qu'en présente le XVe arrondissement dans la plaine de Javel. La présence de monuments prestigieux, de vastes espaces verts modèle la configuration des quartiers et contri-

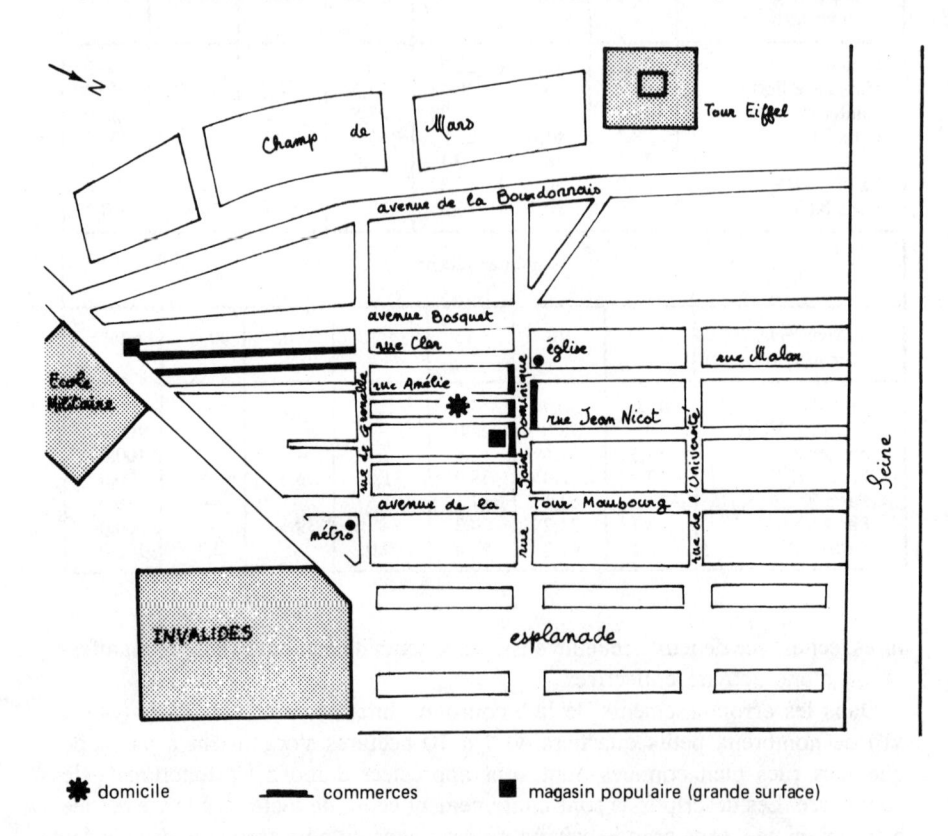

Fig. 4. — Un grand quartier dans le VIIème arrondissement.

Le repérage devient moins précis sur les limites de l'espace vécu, particulièrement au-delà de l'avenue Bosquet où de nombreuses voies sont oubliées. La méconnaissance de la boucle de la Seine oblige à incurver le Champ de Mars.

bue à les étendre. Les avenues sont larges, leurs carrefours vastes : un plan couvrant la place de l'Ecole militaire et atteignant le Champ de Mars atteint déjà près de deux hectares.

L'ambiance, le calme, priment sur le bruit et les embarras de la circulation pourtant très réels; par rapport aux autres secteurs, l'élément nouveau est le goût manifesté pour la promenade, en insistant sur les jardins, les avenues bordées de platanes, sur la couleur verte, sur les possibilités de détente. La connaissance du quartier s'en trouve approfondie, le paysage est décrit en termes identiques à ceux exprimés en banlieue.

Les différences sociales ne sont pas notées de la même manière, les phénomènes de rejet sont très atténués par rapport aux oppositions entre groupes sociaux ou ethniques dans les quartiers populaires sensibles à un sentiment de concurrence. Mais les classes les moins aisées se plaignent le plus du manque de distractions collectives, elles ne fréquentent pas les possibilités extérieures à l'arrondissement et n'accèdent pas aux établissements privés comme le centre sportif du Touring Club. Le fait de considérer, parfois à tort, que les commerçants pratiquent des prix élevés participe à la conscience de vivre dans un secteur bourgeois quelque peu compassé. Finalement les critiques les plus vives exprimées contre le cadre de vie viennent d'habitants disposant de moyens d'évasion hebdomadaire hors l'agglomération.

Les possibilités de rencontre dépendent de la densité du peuplement dans l'espace appréhendé hors le logement. L'écart entre le centre de ville et la banlieue est très grand, un quartier vécu dans Paris permet de côtoyer presque quatre fois plus de gens qu'en banlieue; partout l'habitat ancien favorise les possibilités de contacts, d'autant plus que les ensembles d'immeubles collectifs neufs sont défavorisés par une pratique rétrécie.

NOMBRE D'HABITANTS DANS LES LIMITES D'UN QUARTIER VECU MOYEN

– Maisons-Alfort	pavillonnaire : 830 hb	grand ensemble collectif :	700 hb
– Nanterre	: 540 hb	:	175 hb
– Créteil	: 800 hb	:	750 hb
– Ermont	: 610 hb	:	480 hb
– Paris VII	collectif ancien : 5 700 hb	collectif récent :	3 200 hb
VIII	: 2 360 hb	:	2 610 hb
X	: 3 760 hb	:	1 960 hb
XVIII	: 2 545 hb	:	2 015 hb
– XX	: 3 260 hb	:	2 195 hb

Le quartier vécu comprend moins de voisins là où l'habitat est dispersé (pavillonnaire) et dans les sites contrastant fortement avec le reste du tissu urbain. Il est démographiquement très en-dessous des normes des urbanistes et des sociologues, se rapprochant du « voisinage » défini par l'Institut d'Urbanisme et d'Aménagement de la Région parisienne, ou du « neighbourhood » britannique, alors qu'il s'appuie sur des équipements et des pôles d'intérêt d'un niveau nettement supérieur.

La morphologie du quartier vécu diffère sensiblement selon l'appartenance sociale de l'habitant, mais aussi selon les formes et les organisations du tissu urbain. Si pour les classes les plus aisées, il est loisible d'aller chercher à l'extérieur le complément ou le subtitut aux insatisfactions locales, dans les secteurs populaires une occupation du sol dense et des frontières psychologiques souvent doublées de barrières topographiques font que les aires vécues et connues coïncident dans la pratique.

Des appréciations différenciées

La qualification du quartier n'est pas indifférente, elle sous-entend (quand elle ne l'exprime pas), un jugement qui définit aussi socialement celui qui le porte.

L'appartenance à un territoire offre à l'individu le moyen d'une adaptation réelle, garantissant un mode de vie et un système de références culturelles, aussi d'une manière générale aime-t-on « son quartier » même là où les conditions de vie sont les plus défavorables. Une telle affirmation peut paraître alors une compensation, un refus de s'admettre dégradé, et lorsqu'on prétend abruptement ne pas aimer son quartier, des corrections atténuent la négation par la recherche d'excuses ou par l'évocation des qualités du logement... Les moyennes sont peu significatives, les écarts sont grands d'un secteur à l'autre et selon l'appartenance sociale. Le pavillonnaire est satisfait et le reste à 84 % des réponses dans les cas les moins favorables, aucune mention n'est négative alors que les grands ensembles – locatifs principalement – sont peu appréciés : 46 à 64 % des habitants y aiment leur quartier, 24 à 7 % l'apprécient moyennement, 30 à 22 % ne l'aiment pas. Dans Paris, les facteurs locaux sont plus diversifiés, on aime moins son quartier dans les immeubles récents des quartiers populaires que dans l'habitat ancien.

APPRECIATION DU QUARTIER DANS PARIS

Appréciation du quartier	*Aime*	*Un peu*	*N'aime pas*
Secteur rue de l'Aqueduc (Xᵉ arrt), quartier populaire	56 %	31 %	4 %
S. Ramponneau (XXᵉ) très vétuste, nombreux étrangers	25 %	35 %	20 %
S. Etienne-Dolet (XXᵉ) îlot de rénovation	43 %	41 %	15 %
S. Cler (VIIᵉ) : îlots populaires dans un arrondissement aisé	72 %	17 %	3 %
S. Rapp (VIIᵉ) quartier aisé	78 %	15 %	2 %
(la différence du total de chaque ligne avec 100,0 = « ne savent pas ».			

La proportion de réponses hostiles au quartier croît avec l'âge, si 10 à 15 % des enfants de 10 à 12 ans affirment ne pas l'aimer, ce taux atteint le quart des réponses vers 16 ans traduisant une certaine opposition aux adultes quand la fréquentation d'autres secteurs dans la ville permet des comparaisons. Le peu de temps passé par les personnes actives à leur domicile conduit à en déprécier les alentours ne serait-ce que par rapprochement – inconsciemment – avec les avantages offerts au lieu de travail même si on ne souhaite pas en retrouver les caractéristiques près de chez soi !

Les avantages qu'apporte la diversité des équipements et des paysages sont appréciés dans les centres de ville et à Paris tandis qu'en banlieue on recherche un cadre de vie aéré, verdoyant, calme. Au Mont-Mesly, grand ensemble de

Créteil, deux permanences d'une Association pour le Logement familial et l'Animation des Grands ensembles (l'ALFA) organisent des activités suscitant un embryon de vie sociale et favorisant la création de groupements à buts fort variés qui ont permis à de nombreux résidents de surmonter leurs difficultés psycho-sociologiques. Pour cela peut être y trouve-t-on relativement moins de désagréments dans les facteurs « vie » que dans les autres sites étudiés? C'est dans les quartiers populaires de Paris que l'existence paraît la plus pénible alors qu'on ignore presque le cadre bâti et que les désagréments de la grande ville ne semblent plus être compensés par les facilités fonctionnelles qu'elle procure...

Pour apprécier les jugements et attitudes, il faut tenir compte simultanément des réponses mentionnant un thème et son contraire (beau/laid, présence/absence); les données statistiques fusionnent donc des opinions comparables exprimées de façon différente : trouver agréable la présence de commerces/désagréable l'absence de commerces. Ces thèmes sont répartis entre trois grandes catégories, Aspect, Vie, Fonctions :

COMPARAISON DES THEMES DES DESCRIPTIONS ET DES JUGEMENTS
QUALITATIFS DANS L'AGGLOMERATION PARISIENNE

		Thèmes des descriptions	Indications jugées		
			Total	Agréables	Désagréables
		1	2	3	4
PARIS					
Habitat ancien, arr. populaires	Aspect	24,8	14,8	*42,1*	*57,9*
	Vie	22,7	45,3	*19,5*	*80,5*
	Fonction	52,3	39,7	*87,2*	*12,8*
Arr. aisés	Aspect	34,8	18,9	*59,2*	*40,8*
	Vie	24,1	47,2	*76,4*	*23,6*
	Fonctions	41,0	33,7	*67,2*	*32,8*
Habitat récent, arr. populaires	Aspect	23,7	15,9	*53,6*	*46,4*
	Vie	16,5	46,9	*21,4*	*78,6*
	Fonctions	59,6	37,1	*89,9*	*10,1*
Arr. aisés	Aspect	39,1	31,9	*71,4*	*28,6*
	Vie	27,7	50,7	*7,1*	*92,9*
	Fonctions	33,2	17,7	*92,3*	*7,7*
BANLIEUE					
Habitat ancien, pavillonnaire	Aspect	39,7	12,8	*61,1*	*38,9*
	Vie	21,9	50,0	*34,2*	*65,8*
	Fonctions	38,4	37,2	*78,8*	*21,2*
Habitat récent, pavillonnaire	Aspect	36,1	11,5	*75,0*	*25,0*
	Vie	27,2	43,9	*24,5*	*75,5*
	Fonctions	36,7	44,6	*67,7*	*32,3*
Habitat récent, grands ensembles	Aspect	25,4	27,4	*65,8*	*34,2*
	Vie	21,1	31,4	*28,8*	*71,2*
	Fonctions	53,5	41,2	*67,2*	*32,8*

colonnes 1 et 2 : pour chaque secteur : F + A + V = 100; colonnes 3 et 4, A = 100, V = 100, F = 100, par secteur – cf. MJ. BERTRAND, l'Espace vécu des Parisiens : *APUR*, vol. I, chapitre 3.

En banlieue, l'aspect de l'habitat neuf des grandes cités provoque les réactions les plus hostiles, leurs habitants (et ceux des zones limitrophes) sont sensibles à une architecture jugée monotone, sans surprise, souvent laide, triste et sale! Laideur et saleté sont ramenées au manque de soin des résidents eux-mêmes; dans Paris, les nouvelles constructions sont refusées pour ce qu'elles représentent de destructions et d'antagonismes. Les contrastes sont toujours notés quand le quartier contient de grandes tours entourées de pavillons; l'envie vient des immeubles collectifs, l'habitant des maisons individuelles rejetant « les lapinières » par ostracisme social, quand les inconvénients subis ne sont pas plus matériels : vue plongeante dans les jardins, trouble des émissions de télévision... Toutefois, le modernisme étant célébré tandis que le vétuste est blâmé, rares sont ceux qui – n'y habitant pas – trouvent dans les anciens secteurs pavillonnaires un charme vieillot qui leur agrée. L'accord sur le modernisme doit être nuancé, il est un refus du vétuste, de l'inconfort, de l'inadaptation aux exigences de la vie actuelle de l'habitat ancien, aggloméré et pavillonnaire; il n'est pas une approbation des formes architecturales. Il n'est surtout plus possible « d'oublier » la présence du bâti grâce à l'attraction de l'animation au niveau du sol ou à des écrans de verdure. L'immeuble domine tout, gommant visuellement les arbres qui n'ont plus de réalité symbolique, il constitue autant le cadre de vie immédiat que l'horizon en masquant les grandes formes de la topographie, les points de repère éventuels, la diversité de la ville... En effet, la tour est quasi unanimement jugée élément désagréable du paysage, et si le style « résidence » (immeuble ou groupe d'immeubles) paraît assez prisé d'autant plus qu'il est paré d'un certain contenu psycho-social, l'idéal reste pour l'enfant, semble-t-il plus que pour l'adulte, la petite maison individuelle bien entretenue avec son aire de jeux et son arbre. Un cadre de vie agréable est à juste raison considéré par les habitants comme devant aller de soi, aussi est-on très sensible aux facteurs désagréables qui viennent le dégrader.

Au niveau des appréciations analytiques du quartier, verdure et espace libre sont particulièrement appréciés ainsi que la proximité éventuelle d'un « champ » qui n'est parfois qu'un terrain vague herbeux en sursis d'urbanisation, mais qui concrétise l'aspiration à une nature agreste.

La verdure est une revendication citadine, la forêt principalement représente la possibilité de rêver hors la réalité contraignante, elle symbolise la durée, la stabilité, la force d'une Nature échappant à tout système technique. Pourtant l'étude des fréquentations montre que la forêt est peu pratiquée : non gardée, ouverte à toutes les mauvaises rencontres elle reste un lieu de peur où les enfants se perdraient... N'étant pas intégrée au quartier vécu, elle est marginale pour les riverains qui mentionnent sa présence, situent la lisière boisée sans s'approprier des zones précises; surtout si on possède un jardin, la proximité suffit qui valorise l'habitat. Car le mythe de la forêt est une raison de choix extrêmement attrayante lors de l'acquisition d'un logement, d'une maison, mais il est projeté ensuite sur des espaces boisés éloignés du domicile. Certains habitants de Viroflay, de Chaville, en bordure du bois des Fausses Reposes prétendent n'en pas profiter mais vont chercher loin, à Sénart, Chantilly ou Compiègne ce qu'ils ont à leur porte, témoignage du désir de s'éloigner de la ville. La

THEMES STRUCTURANT LE QUARTIER VECU

THEMES	LA ROQUETTE XIe Arr.			FAUBOURG ST-GERMAIN VIIe		
	M.	IND.		M.	IND.	
		agr.	dés.		agr.	dés.
Fonctions						
Parcs-squares	39,1	43,4	8,6	39,4	31,5	
Terrains sports	4,3	2,1		7,8		
Clubs, mais. de j.				5,2	2,6	13,1
Piscine, patinoire	4,3	13,0		5,2	7,8	
Eq. publics divers	26,0	2,1		28X?9		2,6
Ecole-travail	30,4	6,5	2,1	13,1		
Cafés, bars	19,5			2,6		
Cinémas	2,1			5,2	10,5	
Commerces	78,2	50,0	4,3	65,7	34,2	7,8
Transports communs : métro, train, autobus	6,5			15,7		5,2
Industries	13,0	2,1	2,1			
Père Lachaise (jeux)	26,0	6,5				
Aspect						
Vieilles maisons	2,1	4,3		52,6	10,5	7,8
Immeubles neufs	19,5		4,3	10,9		
Place, plan d'eau				13,1	5,2	
Espace				15,7		
Lumière	2,1	2,1				
Propreté, saleté			2,1	2,6	2,6	2,6
Entassement						
Laideur, tristesse	4,3		2,1			2,6
Site topographique	6,5					
Verdure	8,6	2,1		15,7		
Monuments	52,0			42,1	28,9	
Vie						
Ambiance	4,3	13,0	4,3	2,6	10,5	
Calme	13,0	10,8		26,3	28,9	
Animation	23,9	4,3		5,2	2,6	
Voisinage	8,6	10,8		31,5	13,1	13,1
Bruit	10,8		32,6	10,5		31,5
Circulation	13,0		45,6	15,7		31,5
Stationnement gênant	2,1		2,1	2,6		2,6
Chantiers	6,5		15,2	2,6		15,7
Voyous, vols	2,1				2,6	2,6
Ivrognes, mœurs						
Cafés, bagarres			8,6		2,6	
Etrangers						2,6
Touristes				7,8	2,6	5,2
Concierge						2,6
Police, manifestations	2,1			2,6		10,5
Pollutions			8,6	2,6		5,2
Saletés des habitants			4,3			2,6
Personnes âgées	8,6					

M. Mention dans la description du quartier. IND. Indication des facteurs jugés agréables ou désagréables. Nombre de fois où le thème est cité pour 100 questionnaires.

forêt, mystérieuse, est perçue comme un tout indifférencié, écarté, angoissant qui s'ajoute au manque de goût des résidents dont l'emploi est éloigné pour tout effort en dehors du logement.

Les pratiques montrent une préférence pour les parcs, aménagements offrant de vastes clairières, des chemins tracés larges, un balisage rassurant. Les bois de Vincennes et de Boulogne sont appréciés en tant que reflets domestiqués des forêts gauloises de Bondy et de Rouvray. A Paris, on déplore le manque d'espaces verts, à l'exception du VIIe arrondissement, où les habitants profitent des larges avenues ombragées, de l'esplanade des Invalides, du Champ de Mars, des bords de la Seine... Dans les grands ensembles on signale presque toujours les espaces verts comme élément agréable, dans 58 % des réponses-thèmes au Mont-Mesly, 46 % à Ermont. Au Mont-Mesly, les jets d'eau de la place de l'Abbaye (concernés par 14,6 % des réponses thèmes) offrent, pour ceux qui logent à proximité un spectacle plaisant, les bassins fascinant les adultes et incitant les enfants à de nombreux jeux.

L'habitant s'attache à son vieux quartier même si le paysage urbain est particulièrement déshérité, ce qui ne signifie pas qu'il méconnaisse ses tares, mais ce sentiment relève de l'émotion spontanée, d'un idéal subjectif. Cet amour ne s'appuie pas sur la valeur d'usage du quartier, on n'établit pas une balance consciente entre les avantages et les inconvénients et toutes les enquêtes relèvent l'impuissance de chacun à exprimer un tel attachement. « Personne n'espère plus comprendre les conditions de l'intégration d'un système aussi complexe qu'une organisation humaine à travers un constat superficiel de la satisfaction individuelle des acteurs » (Michel CROZIER, *Le monde des employés de bureau*, Le seuil, 1965, pp. 90-92).

En ce qui concerne la vie, le calme surtout est apprécié autant qu'est condamné le bruit sous toutes ses formes, composant plus de la moitié et jusqu'à 87 % des thèmes désagréables. Les chantiers générateurs de nuisances sont mal acceptés surtout dans les quartiers populaires où la rénovation signifie spéculation et bouleversement social au détriment des habitants. Il est caractéristique des différences imposées aux comportements par les deux types principaux de cadre urbain, que le calme soit plus évoqué en banlieue et que l'ambiance soit préférée dans Paris.

La conception qu'on peut avoir de son quartier, est souvent très simplifiée : la circulation représente 19 % des réponses pour les thèmes désagréables de la vie dans les grands ensembles, l'ambiance et le voisinage 16 %, les comportements en général 13 %. Les potins sont vite colportés, d'autant plus que l'escalier remplace les lieux de contacts motivés : « Marché avec la voisine du dessous, bricolage avec l'aide de la voisine du dessus, et papotages amicaux dans la cage de l'escalier, lieu de rencontre privilégié de ces dames... Colette M. n'en a jamais demandé plus ».

D'autres éléments sociaux acquièrent une grande importance selon les lieux. Les voyous, les voleurs sont souvent évoqués simultanément aux bagarres et aux cafés. Presque toutes les descriptions de quartier dans le XIXe arrondissement et à la Goutte d'Or font état des vols, des déprédations commis la nuit ou durant la fin de semaine en deux jours de farniente que le manque de distractions transforme en beuveries de café. Les bandes d'adolescents sont regardées comme un élément néfaste né du manque de possibilités en loisirs sportifs. Elles sont stables et organisées dans les grands ensembles avec des rivalités de clans, des bagarres d'immeuble contre immeuble, rue contre rue : la rue du Château des Rentiers s'affronte à la rue Fontaine à Mulard ou à la bande de la Porte d'Ivry, dans le XIIIe arrondissement. Souvent les jeunes qui les composent sont connus de la plupart des habitants qui finalement les voient avec indulgence, « il faut bien que jeunesse se passe »; la « Bande du parking », de « la cave », est même sympathique à ceux qui envient sa liberté. Par contre, dans les quartiers anciens, les groupements se font et se dissolvent sans hiérarchie, ni structure, on s'associe pour « faire un coup » mais la communauté globale du quartier prédomine la bande.

C'est dans le XVIIIe et le XIXe arrondissements que les mœurs apportent le plus de désagréments. Le nombre élevé des ivrognes et des obsédés sexuels fait qu'ils apparaissent « naturellement » comme un élément du quartier dans les rédactions des enfants, s'y joignent les recommandations faites par leurs parents sur les « invitations » éventuelles de certains individus – mais trois personnes seulement relèvent l'existence de maisons de tolérance. Enfin, la saleté des gens et des rues est ressentie à Paris alors que dans les grands ensembles c'est celle des bâtiments qui choque le plus (concernant 56 % des thèmes à Vitry).

La saleté du quartier, des gens : – 35 réponses-thèmes dans Paris (habitat ancien) XVIIIe, 17 % du total.
– 16 réponses-thèmes en banlieue sud (habitat neuf) : 6,6 % du total.
Saleté et laideur des bâtiments : – 1 réponse dans Paris XVIIIe (habitat ancien) : 3,6 % du total.
– 65 réponses en banlieue sud (habitat neuf) : 67,8 % du total.

Les facteurs Vie du quartier insistent fortement sur les aspects désagréables de certains manques, alors que les facteurs *Fonctions* font apprécier la présence de nombreux services.

En ce qui concerne les fonctions du quartier, deux facteurs prennent nettement le pas sur les autres; les possibilités de loisirs et la présence des commerces.

Les possibilités de loisirs s'analysent sur deux plans : les espaces de jeux libres et les équipements de loisirs qui peuvent être publics (jardins, squares, stades) ou privés (espaces verts, places intérieures aux résidences) agrémentés ou non de verdure. Si leur présence est importante, combien pèsent les servitudes d'usage : dans les grands ensembles, les enfants, mais aussi les parents, ressentent leur espace de détente borné par les interdits que personnifie l'autorité du gardien ou du concierge. L'interdiction de piétiner les pelouses est mieux supportée quand il s'agit de jardins publics que lorsqu'elle concerne les espaces vert enclos dans une cité qui sont la propriété des résidents. Souvent à défaut de gardien, on trouve la concurrence des personnes âgées. Plus de 40 % des réponses-thèmes sur les éléments agréables citent le parc des Buttes-Chaumont qui accueille la plupart des habitants du sud du XVIIIe arrondissement et du nord du XIXe. A l'inverse, 63 % des banlieusards déplorent l'absence de tels équipements alors que les besoins parisiens paraîtraient presque satisfaits – ce qui peut résulter d'une moindre pratique du sport chez les enfants et les adultes habitant le centre des villes bien que certaines réponses montrent l'incurie des équipements pour les adolescents laissés à la rue, au café :

▶ « Le quartier est très vieux et presque tout le monde est parti... La vie est simple, je passe la plupart des vacances à regarder la télévision, des fois je pars au cinéma. Je vois de temps en temps des grévistes qui passent et qui crient pourquoi ils font la grève. Ils ne font plus de réparations car on va tout démolir entièrement. » Rue Ramponneau, XIXe, 13 ans.

La proximité d'un espace vert et d'un terrain de sports est toujours appréciée comme un avantage. La ventilation des réponses entre jardins publics et stades montre qu'ils ne sont pas équivalents : le XIXe arrondissement bénéficie des Buttes-Chaumont mais manque autant de stades que le Mont-Mesly qui a suffisamment d'espaces verts. La fonction de ces deux équipements que l'habitude fait cumuler statistiquement n'est cependant pas identique.

Ce sont surtout les jeunes de 10 à 15 ans, à la période par excellence de l'activité sportive et collective, qui apprécient le plus les stades et les parcs. Au-delà de 15 ans, les équipements de loisirs prennent davantage d'importance pour des motifs sans doute très divers et fort complexes : jeux spécifiques (flipper, billard électrique), ressemblance avec les loisirs des adultes (cinéma), lieux de rencontre et de discussions (café, maison de jeunes).

Pourtant les cafés sont rarement mentionnés comme élément agréable. On s'y rencontre à la sortie du lycée mais le coût élevé des consommations et la mode actuelle des réunions au domicile contribuent à affaiblir son rôle traditionnel ; les plus fréquentés sont les établissements de bonne présentation, d'ambiance gaie avec un appareil à musique et une arrière salle où l'on peut se récréer en marge des consommateurs adultes aux attitudes volontiers réprobatrices.

Tout aussi peu fréquentés apparaissent les cinémas. Leur proximité est jugée agréable mais très peu de réponses mentionnent leur absence comme désagréable ; il faudrait savoir si les établissements du centre de Paris ne restent pas plus attrayants qu'un exploitant local en concurrence avec la télévision et qui n'offre pas le dépaysement, ni la variété de la vie nocturne de la capitale (cela est à mettre en rapport avec l'intérêt témoigné à partir de 15 ans pour les transports publics en direction de Paris).

La proximité d'établissements industriels est jugée indésirable même s'ils ne sont ni polluants, ni bruyants, ni laids ; l'usine s'intègre mal au secteur résidentiel. L'immeuble de bureaux bénéficie d'une architecture moins spécifique mais l'intrusion progressive d'emplois tertiaires à l'ouest du VIIe arrondissement est ressentie comme une dégradation de son standing. On n'aime pas du tout avoir vue sur le lieu de travail (ou l'école) depuis son logement, ce qui n'a rien d'incompatible avec le souhait d'un éloignement modéré épargnant de lourdes dépenses, la perte de temps, les fatigues.

Certains thèmes ne sont jamais indiqués expressément dans le premier temps des descriptions ou des appréciations. Dans Paris par exemple, les transports en commun étant d'abord jugés défavorablement, globalement, plus tard seulement seront explicitées les causes de ce sentiment de pénibilité et d'inadéquation avec les besoins;

▶ l'allongement excessif des parcours après la transformation des accès au métro à la station Havre-Caumartin, semble découler d'une incompréhension des techniciens (même réflexion pour le déplacement des passages cloutés à quelques dizaines de mètres des carrefours, imposant des crochets pénibles).

▶ le manque de signalisation orientée indiquant les services et l'accès aux quais de banlieue à la gare d'Austerlitz.

▶ l'irrégularité et la rareté de certaines lignes d'autobus, toujours appréciées par comparaison avec d'autres (lignes 69 et 87 déficientes face au 42 et au 80 dans le VIIe arrondissement).

Ces thèmes ne qualifient pas directement l'habitant et son logement : ils semblent placés sur un plan différent, celui plus général et moins personnalisé qu'est le sort de tous les citadins. Le plus souvent, ils n'apparaissent que lorsqu'il s'agit des abords du lieu de travail ou de quartiers connus dans la ville (pour les achats), en dehors de l'espace vécu résidentiel.

Le commerce est le deuxième élément fondamental d'agrément du quartier. Peut-être parce que l'approvisionnement y est mieux réparti, la présence de boutiques est un peu moins appréciée dans Paris qu'en banlieue (24,5 % contre 31 % des thèmes) où les plaintes visent tout autant l'éloignement des centres locaux à fréquentation quotidienne que le centre de ville. Partout, la localisation de la rue commerçante, du centre commercial, influe très fortement sur la forme et la taille du quartier vécu. Les rues sans commerces sont oubliées ou représentées de façon erronée même s'il s'agit d'artères majeures de la circulation automobile : certains quartiers ne sont mentalement possédés qu'à travers la fréquentation commerciale, l'amabilité du boutiquier contribue toujours à personnaliser la rue où l'on trouve la sécurité dans la familiarité.

Les quartiers déshérités donnent plus d'importance aux fonctions quand les secteurs aisés insistent sur l'aspect. Le désir de valoriser son territoire incite à élargir sa description au-delà des limites de l'espace utilisé couramment : le Parc des Buttes-Chaumont, dans l'est parisien est cité dans un rayon de 1 500 mètres mais n'apparaît pas dans les plans de quartier dessinés de mémoire et dans les jugements au-delà de 700 mètres. Les habitants des secteurs défavorisés doivent « sortir » de leur quartier pour trouver ce dont ils ont besoin ou qu'ils désirent : une grande importance est attachée à des détails qui pourraient paraître futiles ou prosaïques s'ils n'affectaient la vie de chaque jour; l'inconvénient mineur répété sans cesse devient insupportable. La circulation et le stationnement, toujours évoqués, illustrent ces agacements. Ainsi les grandes avenues du VIIe arrondissement sont-elles brillamment éclairées sur la chaussée, les trottoirs restant dans l'ombre! Il ne s'agit pas du rapport entre le bien général et les besoins particuliers des habitants d'un quartier, mais de problèmes d'échelle entre les niveaux de circulation, locaux ou à grande distance, dont le mélange intégral est ressenti comme se faisant au profit seul de la voiture, « protégée » contre le piéton et surtout l'enfant.

La ville est conçue à partir de modèles isolant chaque composant pour apporter une solution à moindre coût, mais elle est vécue simultanément à toutes les échelles et à tous les rythmes qui se mêlent. Il n'y a pas une juxtaposition hiérarchisée d'éléments homogènes complémentaires qu'on peut décomposer (en les figeant) en systèmes et sous-systèmes. Ce sont finalement les liaisons et les interférences qui importent le plus. En ce sens, les aires d'attraction qui s'emboîtent plus ou moins logiquement rendent moins compte des réalités « sociologiques » que les aires de fréquentation déterminée par les flux qu'engendrent les pratiques des individus, des familles, des groupes, (phénomènes de rivalités, de concurrences dont l'attraction n'est qu'un aspect).

L'espace de vie quotidien

Aucun espace n'est perçu et utilisé de la même manière par tous les habitants unanimes : la pluralité sociale, les goûts individuels, le poids des habitudes, les aptitudes physiques font que chacun a une pratique spécifique même s'il est possible de repérer les grandes lignes d'attitudes collectives. Aucun espace n'est homogène même si le souci de rentabiliser tend à programmer strictement toute opération d'urbanisme pour une clientèle économiquement pré-déterminée : grand ensemble pour jeunes ménages ayant des enfants en bas âge, cités pour vieillards du « 3e âge », etc... L'évolution naturelle perturbe rapidement les données initiales, les parents vieillissent, les enfants grandissent et aucun ne trouve de quoi le satisfaire là où le cadre de vie n'a pu être adapté aux nouveaux besoins et désirs. Le cloisonnement est d'autant plus ressenti que les lotissements fondés sur les revenus croissent en surface et atteignent toutes les strates sociales en les isolant les unes des autres. L'unité est un facteur d'isolement; l'uniformité du quartier retranche de la ville, les habitants vivant entre eux deviennent extrêmement sensibles à tout accroissement des pressions et tensions, les limites sont perçues comme une protection au consensus social de la communauté.

Fractionnée en ghettos, la ville est utilisée plus qu'elle n'est vécue, on s'en détache dès qu'elle ne répond plus aux normes d'usage prévues. La part du rêve, de l'imaginaire, est sacrifiée à une efficacité dont les consommateurs pensent ne plus profiter en se sentant dévalués au rang d'objets assurant un cycle production-consommation particulièrement sclérosant. Chacun devrait pouvoir être satisfait et communiquer avec les autres. Pour les vieillards, les enfants sont difficilement supportables, mais élevé loin des personnes âgées, l'enfant ne fait pas l'expérience de la diversité, la séparation des groupes n'assume pas l'apprentissage de la vie.

L'âge et la profession sont fondamentaux, ouvrière ou bourgeoise, jeune ou âgée, une population homogène aura des relations sociales d'un égoïsme très différent de celui des habitants d'un secteur varié; de même si la population est stable ou mobile, si l'installation des familles est ancienne ou récente. La situation de l'individu crée des dispositions mentales qui font que chacun perçoit différemment des autres les mêmes éléments du milieu urbain : « L'agent de police, l'assistante sociale, le politicien de clocher, le touriste étranger qui se promènent dans le quartier de taudis, non seulement interprètent différemment ce qu'ils voient, mais encore perçoivent vraiment des choses différentes [2]. »

Pour l'ouvrier, les manifestations devant le siège du parti communiste, place du colonel Fabien (XIXe arrt) n'ont pas le caractère désagréable qu'elles présentent pour le commerçant voisin dont elles interrompent l'activité. La Tour Eiffel est l'élément principal du Champ-de-Mars pour le touriste et l'habitant quand il sort de son quartier, mais lorsque celui-ci veut se reposer dans les jardins, il évite la tour, lieu répulsif par la foule et les voitures qui s'y entremêlent dans la poussière... Les rythmes imposés aux personnes actives limitent leur pratique, la fatigue jointe au peu de temps restant à consacrer à la famille et au logement les replient sur elles-mêmes. L'espace d'une mère de famille est plus vaste et plus divers que celui de son mari qui travaille ou que celui d'une femme exerçant une profession loin du domicile. Le quartier se réduit à l'habitation surtout si elle offre les commodités d'un jardin et impose un entretien suivi : nettoyer, bricoler, tondre la pelouse, se reposer sont les activités des fins de semaine limitant l'ouverture vers l'extérieur. L'usage d'une résidence secondaire dédouble les sites mais appauvrit chacun d'eux semblablement.

L'ancienneté de l'installation détermine des attitudes fort différentes.

Changer de logement signifie souvent acquérir un meilleur confort auquel on est d'abord sensible, expliquant les jugements favorables proportionnellement nombreux même là où l'environnement social et bâti est médiocre ou considéré comme tel. Installés depuis moins d'un an, les arrivants connaissent insuffisamment leur quartier pour pouvoir l'apprécier, leur satisfaction exprime avant tout le contentement d'une amélioration de l'habitat (thèmes : confort, calme, clarté, espace, aération), dont les imperfections sont estimées minimes en regard des avantages. Passée la période d'adaptation de huit à quinze mois, les avis sont plus mitigés, des troubles pathologiques apparaissent justifiant l'ouverture de centres médico-psychologiques, tel le XIIIe arrt. de Paris – A Stains, 44 % des habitants du Clos-Saint-Lazare n'étaient là que depuis moins d'une année, la cité à peine achevée, l'insatisfaction germait : « Devant le bruit des voisins, les dévastations des enfants, les dégradations extérieures dues aux négligences des locataires, la saleté des escaliers, on redoute que la cité ne se transforme en une espèce de ghetto dévasté en marge de la vie normale. A peine commencent-ils à découvrir que terminée elle pourrait leur apporter autant de sujets de satisfaction que leur logement, que déjà les locataires s'aperçoivent que toutes ces

---

2. Krech D. et Crutchfield R., *Théorie et problèmes de psychologie sociale*. PUF, 1952, (Chapitres III et IV)

réalisations sont menacées par le mauvais vouloir ou le manque de sens communautaire d'une minorité. On est ainsi amené à se poser des questions sur son entourage : on penche tout naturellement vers une discrimination raciale ou sociale exagérée [3]. »

Le seuil d'un an est significatif dans tous les cas. La surface et le contenu du quartier sont aussi réduits pour les groupes minoritaires qui ne parviennent pas à s'intégrer à la ville; inférieur à deux hectares, l'espace vécu reste limité à la rue sur laquelle donne le logement. L'opposition à « l'étranger » repose moins sur la nationalité que sur les différences sociales et le degré d'intégration apparent à la communauté. C'est donc plus socialement qu'éthniquement que se manifeste le rejet. Certes les griefs exprimés sont virulents surtout contre les « nègres » et les « nord-africains » (seuls expressément désignés), mais il s'agit essentiellement de l'opposition entre les locataires des appartements, familles se regardant comme la « bonne société » locale, et les célibataires logeant dans les hôtels meublés dont ils fréquentent le débit de boissons. Ceux-ci se groupent spontanément dans les rues où ils constituent des communautés nationales exclusives liées par une étroite solidarité. Les cafés-bars apparaissent comme un phénomène « normal » et sont à peine mentionnés dans les descriptions sinon par leurs conséquences : bagarres, intervention de la police, bruit nocturne. (C'est l'inverse pour les quartiers populaires où le café est cité directement comme un équipement commercial).

Dans la courtille de Belleville (XXe arrt., rues Ramponneau, Tourtille) les groupes s'ignorent sans se heurter. Le cloisonnement social, ethnique, religieux, national, n'est pas effectif qu'entre français et étrangers. Parmi les enfants, par exemple, les jeunes tunisiens israélites forment un groupe cohérent encadré par de nombreuses institutions religieuses gravitant autour de la synagogue. Les autres, musulmans compris, sont abandonnés à eux-mêmes et ne disposent pour leurs loisirs que du patronage de l'école, de la rue, de la télévision chez eux. Dans ces conditions, adultes et enfants ne peuvent que regretter leur pays d'origine : bien des descriptions dévient rapidement vers une évocation d'avant la migration ou vers le rêve du retour, sous une forme presque incantatoire.

Ces quartiers changent rapidement sous les yeux des vieux habitants. Avant 1940, à l'école de la rue de Tourtille, les étrangers étaient d'origine arménienne, yougoslave, italienne; les nord-africains dominent maintenant : 20,6 % d'algériennes (musulmanes), 20,2 % de tunisiennes en majorité israélites, 13 % d'espagnoles, 2,3 % de yougoslaves et 1,5 % d'italiennes. Dominance qui transparaît dans les commerces, d'anciennes boutiques d'alimentation abritent presque sans transformation des fabricants de vêtements africains, chasubles et boubou brodés, la boucherie Kachère, l'épicerie orientale se substituent aux commerçants traditionnels et frappent par leur spécificité : « Cette boutique de boucherie effrayait toujours un peu Olivier, jamais Elodie, Albertine ou d'autres gens de la rue n'y achetaient leur viande. On avait répondu à une question de

---

3. *Les locataires du clos St-Lazare à Stains,* Rapport Aureg (sans date) Paris.

l'enfant : – « c'est spécial, c'est une boucherie juive, tu comprends! ». Il regardait toujours ces morceaux de bœuf suspendus à des crochets comme s'ils cachaient un secret effrayant [4] ».

Milieu encore plus clos, les bidonvilles reproduisent spontanément les structures urbaines, le tissu des villes traditionnelles au pays d'origine de leurs habitants ou simulent la permanence des pratiques rurales. De la médina arabe sont ainsi reconstituées la rue tortueuse, les impasses sur lesquelles les cours familiales n'ouvrent que par un étroit passage protecteur, en baïonnette. Subissant les tensions dues à la confrontation avec d'autres modes de vie, les familles n'ont entre elles que des liens superficiels : l'autorité paternelle est contestée par le désir d'acquérir une plus grande indépendance, surtout de la part des filles pour qui la vie quotidienne est très marquée par l'origine maghrébine séparant les domaines masculin et féminin. La femme, la jeune fille ne « sortent » pas dans le bidonville où les approvisionnements, les distractions sont le fait des hommes; à la rigueur, protégées par l'anonymat de la grande ville, peuvent-elles fréquenter le marché et les magasins populaires du centre communal.

Les structures présentent des déséquilibres inconnus dans la société d'origine. Les célibataires particulièrement nombreux (30 à 40 % de la population masculine) sont groupés dans des habitations réservées où ils constituent des communautés isolées, s'entassant à cinq, à dix dans une pièce. Phénomène anormal, le célibataire est un déclassé pour les familles qui critiquent ses habitudes comme celle de fréquenter les cafés qu'évitent les hommes mariés dont les lieux de réunion sont la cour de la maison, le devant de la porte ou l'épicerie. Le sentiment d'inégalité résultant de l'appartenance au bidonville, inspire la honte de soi qui renforce l'isolement géographique et social. La religion n'est plus pratiquée mais elle continue à rythmer l'existence, les fêtes coutumières contribuant à renforcer l'identité de la communauté vis-à-vis de l'extérieur.

Le vécu dépend aussi du quartier d'accueil : les groupes ne sont pas fixés dans la ville, les cycles de localisations témoignent d'inégales possibilités d'adaptation.

En Europe occidentale, le musulman est coupé de son milieu culturel, la femme nord-africaine particulièrement est repliée sur elle-même, vouée aux travaux ménagers, sans instruction ni ressources propres, répudiable, elle est extrêmement dépendante. La yougoslave, les ibériques sont plus libres, mieux assimilées grâce à une langue et un alphabet latins, la religion chrétienne, un moindre type ethnique – qui les desservent en Amérique anglo-saxonne – elles joignent leur activité à celle de leur mari sans pour autant être prisonnières de leur famille. Elles considèrent que par leur exil, elles participent à la promotion de toute la famille. De même à Lyon, les immigrés venus de la côte ivoirienne, catholiques, bénéficient de la sympathie du clergé lyonnais puissant, bien organisé, et disposant d'immeubles dans le centre urbain, ce qui répond au désir de s'intégrer à la société européenne alors que les musulmans se retranchent

---

4. Sabatier R., *Les allumettes suédoises*, Albin Michel, 1969, Paris.

dans la vie groupée des foyers d'accueil. L'africain adopte volontiers le mode de vie local, en adaptant ses traditions : les palabres sur la place publique mêlent les Haoussas aux lyonnais au pied de la statue de Louis XIV, place Bellecourt [5].

Les étrangers ne peuvent tisser des liens nombreux. De 40 à 70 % d'entre eux ne sont reçus par personne et ne reçoivent personne. Tenus à distance, ils ne tiennent pas non plus souvent, à fréquenter leurs voisins par souci de garder intacte leur spécificité nationale et de ne pas être assimilés par le milieu d'accueil. Les loisirs se réduisent à la télévision, à des réunions amicales et familiales restreintes : quel que soit le niveau social, les voyages, les promenades extérieures à la ville sont rares. Comme le fait d'habiter la périphérie est ressenti comme un rejet, ils sont beaucoup plus que les autochtones, attirés par le centre de ville qui leur semble procurer l'avantage d'établir des relations et de trouver du travail. Quelle que soit leur origine, les arrivants récents trouvent dans le groupement une sécurité par ethnie, par village, habitant la même rue, le même immeuble, la même chambre. Les Sarakolés originaires de l'ancien royaume de Gadiaja se retrouvent à Montreuil, ceux du royaume de Diakunu, rue Sedaine (XIe arrt). Les africains reconstituent des communautés dirigées par un chef de village choisi dans les castes des Nobles, ou à défaut des Paysans ou des Griots, aidé par un adjoint griot, écrivant et parlant le Français, le chef gère les finances de chacun et un fond de solidarité, rend la justice et sert d'intermédiaire avec les pouvoirs extérieurs.

La date d'installation dépend des conditions économiques de la région de départ. Les Polonais et les Belges vinrent en France après la première Guerre mondiale, simultanément avec les Arméniens chassés par les massacres de 1896, par l'établissement du régime soviétique, les persécutions de Mustapha Kémal et le rattachement de leur pays à la Transcaucasie. Ils précédèrent les Italiens dont l'immigration s'est tarie vers 1955 quand renaissait l'économie italienne et que s'organisaient la réforme foncière, le plan décennal de la Caisse du Midi, le « plan Vannoni ». A leur tour les Espagnols sont moins nombreux depuis 1965, relayés par les Portugais dont les entrées furent nombreuses en 1969, lorsque se présentèrent à leur tour, les nord-africains.

L'intégration permet l'installation de familles stables et, par la promotion de plusieurs générations, de s'établir commerçant, d'acquérir une formation professionnelle, voire d'exploiter les compatriotes (« marchands de sommeil » nord-africains, pourvoyeurs des camelots et des vendeurs des marchés).

▶ *Proportion des étrangers logés en hôtels meublés dans Paris* [6].
Algériens : 32 %   Portugais : 12,2 %   Espagnols : 5,7 %   Italiens : 2,7 %
moyenne : 9,5 %   (Français : 1,3 %)

---

5. Barou J., Répartition géographique des travailleurs immigrés d'Afrique noire à Paris et à Lyon. *Cahiers d'outre-mer,* n° 112/1975 p. 322-335.

6. Magnat M.-A., *Répartition des étrangers dans Paris,* Maitrise, Université de Paris VIII, 1976.

En prenant place dans l'économie, les étrangers se dégagent de leur position marginale, ils contribuent à en modifier les structures et profitent même de leur situation comme les commerçants italiens de Soho à Londres ou des grandes cités d'Amérique du Nord qui ont établi des circuits directs d'approvisionnement à partir de l'Europe méditerranéenne.

La partition se maintient lorsqu'elle répond au désir de perpétuer la langue, la religion et les coutumes originelles. Venus par hasard à Alfortville, les Arméniens y constituent encore un groupe volontaire important autour d'associations folkloriques et culturelles, d'un musée, organisant chaque mercredi des cours de langue dans l'école communale...

Les plus anciens immigrés vivent en familles constituées, se mêlent peu à peu aux nationaux, en fonction de leur niveau socio-économique. Certes, l'aire appréhendée est encore inférieure d'environ un tiers, les thèmes sont presque exclusivement fonctionnels, mais les différences entre les quartiers vécus dépendent moins d'un statut marginal que des caractéristiques des tissus urbains. La connaissance de la ville s'étend, ne serait-ce que la fréquentation disséminée de compatriotes. Ainsi les Espagnols occupent-ils dans les arrondissements bourgeois (VII, XVI, sud du XVII) de petits logements et se mêlent-ils aux classes populaires des arrondissements X, XV, XIV, XVIII, des Batignolles et des Epinettes, cependant que les Portugais s'installent dans les chambres de bonne des quartiers bourgeois ainsi que dans les loges de concierge que délaissent les Espagnoles soucieuses maintenant de se libérer des contraintes de présence. Les ghettos noirs de New York ont glissé du sud de la presqu'île de Manhattan au nord de Central Park. Après Stag Town sur les rives de l'East River, cette forte minorité repoussée chaque fois par les vagues d'émigrés européens pauvres (puis Portoricains) [7], occupera successivement Greenwich Village dès 1835, Tanderloin et San Juan Hill entre 1870 et 1910, Harlem et Bedford Stuyvesan depuis 1905-1910.

Le problème des étrangers est donc extrêmement diversifié et ne se sépare pas de celui des minorités nationales.

Au sein d'ensembles apparemment homogènes, des tensions parfois violentes opposent deux catégories d'habitants. A Grenoble, le sentiment qu'ont les locataires des ILN du Village Olympique d'être plus aisés, favorisés par rapport à leurs voisins des H.L.M. tient aussi à leur situation géographique au centre du lotissement près des commerces et des équipements sociaux. Dans le secteur de l'avenue Albert Bartholomé (XVe arrt) les habitants des HBM vivent repliés dans leur étroites cours-jardinets et ignorent les résidents des HLM voisines qu'ils cotoient dans les quelques boutiques de l'avenue de la porte Brancion. L'architecture jointe à une répartition sociale sélective peut se prêter à des discriminations comparables à celles opposant, à Créteil, les Emouleuses au reste du Mont Mesly. La disposition des bâtiments du grand ensemble de la

---

7. Irlandais à Stag Town, Italiens à Tanderloin.

Fauconnière, à Gonesse, ceinturant trois « squares » exacerbe des rivalités fondées sur des critères ethniques, professionnels (ouvriers, employés de la Préfecture de Police – cadres), sur le statut locataire/copropriétaire, que matérialise la forme des immeubles tantôt en barre, tantôt en tour.

Les cités de transit comme les zones d'habitat dégradé, de taudis, présentent de grandes similitudes avec les bidonvilles : il s'agit dans les deux cas, d'espaces homogènes très caractérisés.

Les effectifs de personnes âgées sont d'autant plus élevés que ces secteurs sont anciens, témoignent du vieillissement des habitants dans la misère; les célibataires sont alors peu nombreux comparativement aux familles dont les taux de fécondité restent supérieurs du double de la moyenne nationale. Peu mobile, la population de ces ensembles est formée par la réunion de familles « à problèmes » économiques, sociaux et judiciaires, qui manifestent une extrême sensibilité à tout changement; représentant une concurrence, les nouveaux venus sont mal acceptés. Désunion, concubinage, témoignent des déséquilibres autant que l'état de santé précaire et les effets de l'alcoolisme (aidé par la pratique du crédit, habitude née de la misère) qui atteint déjà les enfants. Les actifs travaillant à peu de distance dans les établissements industriels employant une main d'œuvre sans qualification, effectuent les déplacements pendulaires en groupes, selon les clans formés par les familles qu'unissent des mariages ou unions successifs. L'unité se maintient donc même quand des contacts extérieurs seraient possibles. La scolarité est limitée au minimum légal, les parents ignorant la valeur des diplômes ne perçoivent pas le décalage de leurs enfants, ni leur moindre niveau d'étude : le système culturel fermé est bloqué et la représentation extérieure de cette population entretenue et amplifiée, étouffe a priori toute possibilité de transformation, la liant indissolublement à son cadre de vie.

La répartition des groupes sociaux dans la ville suit des trajectoires qui témoignent des transformations structurales et d'une logique politique des pouvoirs et des rivalités citadins. Cette mobilité est poussée à la fois par les inégalités économiques et par les images qui qualifient un quartier, en reproduisant des cycles qu'illustre la rénovation du Marais à Paris. La valeur de l'image est toute relative : les bureaux valoriseraient le XVe arrondissement, Courbevoie ou Bercy, mais altéreraient le Gros Caillou et le Faubourg Saint-Germain où seules les administrations ministérielles sont agréées par les résidents! Aboutissement d'une évolution tantôt lente, insidieuse, tantôt brutale, des seuils de saturation bouleversent de manière irréversible les attitudes collectives, moteurs de flux économiques.

Aux clivages sociaux s'ajoutent les effets du statut d'occupation qui dresse les locataires contre les propriétaires. L'appropriation de l'espace s'opérant à partir d'un « marquage » différent des territoires, la co-propriété tend à renforcer le morcellement de la société en strates soigneusement différenciées en rapport du pouvoir d'achat lors de l'acquisition du logement, ségrégation qui se maintient par la nécessaire égalité des revenus pour supporter les charges d'entretien. La co-propriété implique donc un consensus de groupe vis-à-vis de valeurs culturelles capables d'assurer la cohabitation et d'empêcher que l'investissement immobilier soit déprécié. Les locataires n'ayant pas souci de cette sorte de

Vivre son quartier

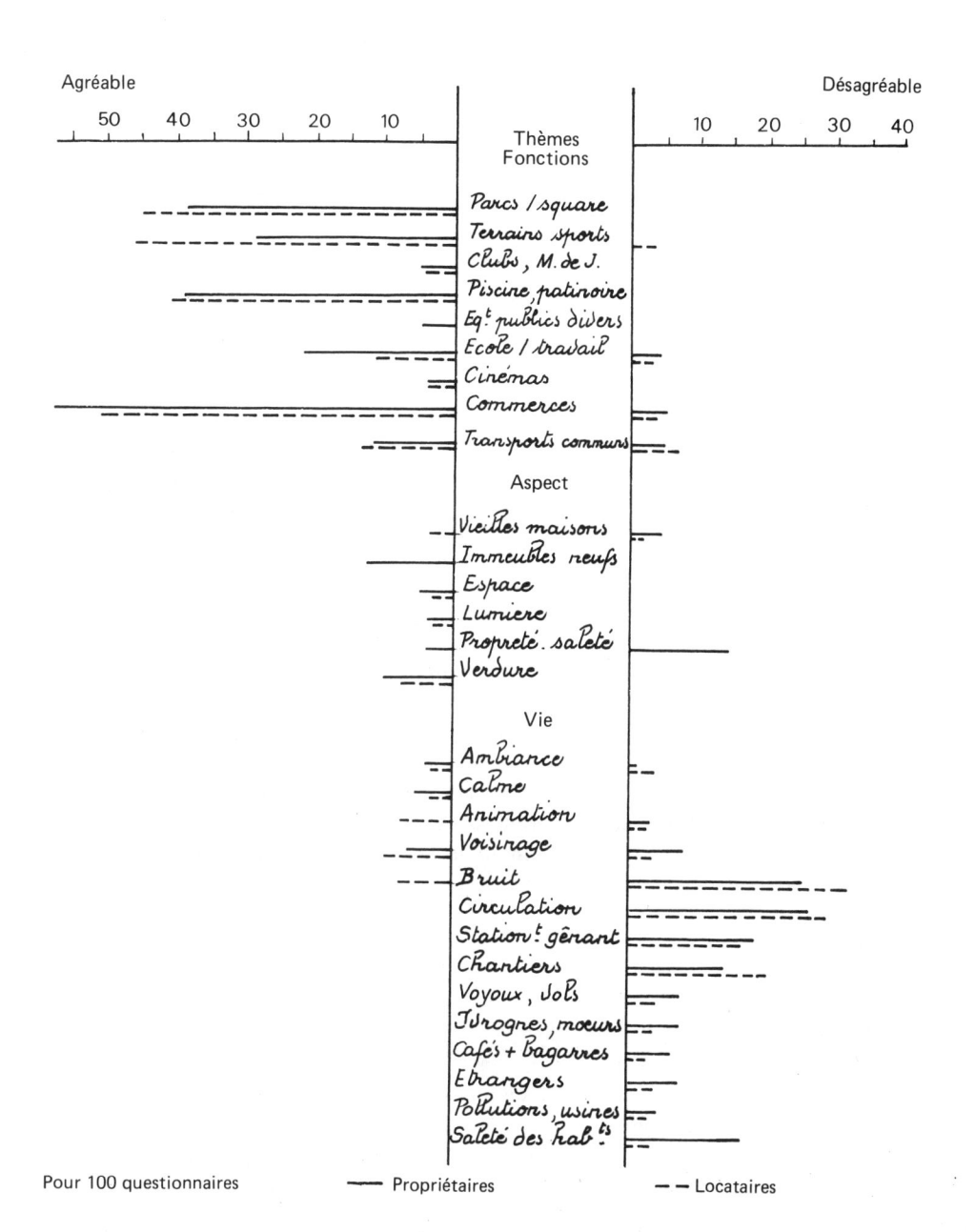

Fig. 5. — **L'appréciation du quartier selon le statut du résident dans trois grands ensembles de la banlieue parisienne.**

valeurs, naissent les conflits. Les facteurs de ségrégation sont les enfants, les différences d'âge, les activités professionnelles. Le bruit particulièrement est un signal social du voisinage qui justifie le besoin d'isolement en signifiant le sans-gêne, la turbulence, le mélange, qui sont des archétypes du statut locatif, critère d'un moindre niveau social apparent.

Les propriétaires acceptent mal que les locataires prennent moins de soins pour les espaces extérieurs au logement, qu'ils participent moins à leur réfection, qu'ils les dégradent. Ces espaces communs ayant le même contenu symbolique que le jardin du pavillon témoignent de l'élévation du groupe – et de chacun des propriétaires – dont les locataires brisent l'homogénéité apparente d'autant plus consciemment que, des contacts, naissent les conflits. Il apparaît que les propriétaires vivent plutôt en spectateurs, ne participant pas volontiers à une vie commune organisée : leur attitude est faite de réserve et de repli sur soi. Leur connaissance, généralement bonne, de l'environnement reste théorique, ils apprécient la valeur des équipements qui restent un décor; l'image de l'habitat est cohérente, assez détaillée, mais abstraite. Les locataires ne concentrent pas autant leur vie sur le logement, ils fréquentent de manière sélective les équipements offerts, jusqu'à stimuler par des associations, une certaine animation collective. Dans les immeubles anciens, le statut est plus déterminant encore que les différences sociales et économiques.

A la différence de ce qui se passe dans les constructions récentes, dans les immeubles anciens soumis à la loi de 1948, celle-ci créant un marché double, oppose les bénéficiaires de mesures sans rapport avec l'actualité, à ceux qui sont obligés de les subir ou qui se sentent solidaires. On a peu étudié l'impact des dispositions de la loi de 1948 qui pérennise une situation institutionnalisée depuis le moratoire sur les loyers d'août 1914; elle contribue à exagérer les écarts des prix des loyers et interdit toute amélioration, tout entretien d'immeubles « sans rapport » en les offrant, de plus en plus dégradés, à la spéculation; d'autant plus que progressivement et non sans ambiguïté, cette loi ne s'applique qu'aux immeubles moyens et vétustes. C'est là un facteur trop peu retenu de ségrégation sociale dans Paris.

Au cours de la vie...

La perception et la pratique de la ville changent avec l'âge, se construisant, se modifiant au cours de la vie de l'individu non sans étonner parfois : par exemple, si l'achat d'un service de table ou de meubles s'effectue au moment du mariage et, marquant « un second souffle » après que les enfants soient élevés, les fiancés choisissent plutôt un style classique considéré comme une valeur sûre, les couples du deuxième âge optent volontiers pour le modernisme...

L'enfant ne synthétise pas le fait urbain avant une dizaine d'années, jusque là il construit un système fragmenté de relations égocentriques et pratiques à partir de détails proches de son existence quotidienne : la lumière des vitrines, les marchands de journaux, de jouets, les confiseries... Après dix ou onze ans, le « quartier » est bien distingué de l'univers familial, il est correctement appréhendé et les changements qui se produiront au cours de l'adolescence sont, géographiquement, moins importants que ceux qui différencient le quartier vécu par l'adulte actif de celui vécu par le retraité. Cet espace s'étend, son contenu s'enrichit atteignant des maxima semble-t-il entre 15 et 18 ou 19 ans, puis entre 25 et 30 ans, enfin tant que le retraité restera valide. L'élargissement des horizons diversifie les conceptions individuelles : les écarts absolus moyens des surfaces croissent parallèlement à l'extension, en montrant toujours le retard constaté pour l'habitat récent.

SURFACES MOYENNES DU QUARTIER ET ECARTS ABSOLUS MOYENS DES SURFACES

	surfaces		écarts absolus moyens	
	habitat ancien	habitat récent	habitat ancien	habitat récent
7 à 10 ans	3,5 ha	1 à 2 ha	–	–
10-11 ans	11 ha	7 ha	6,70	0,71
11-12 ans	10 ha	7 ha	6,50	1,32
12-13 ans	8 ha	6 ha	6,31	1,08
13-14 ans	12 ha	8 ha	15,69	3,77
14-16 ans	13 à 15 ha	9 ha	28,07	7.32
adultes actifs	11 ha	9 ha	31,40	12,00

Si l'influence des adultes est formatrice pour les uns, déformante pour d'autres, elle reste fondamentale : il reviendrait à la psychologie d'analyser le contenu des quartiers vécus mais du point de vue de la géographie, les facteurs de fréquentation et les lieux sont identiques. Participant au monde de ses parents, l'enfant choisit des thèmes correspondant aux désirs de son âge mais la localisation des équipements reste évidemment la même. De plus, l'adulte est intégré à ce monde dont il adopte certains rythmes, par exemple en conduisant les enfants à l'école. Les pratiques des membres d'une famille se recoupent nécessairement et subissent les mêmes influences extérieures.

L'enfant repère ce qu'il connaît et ce qu'on lui montre. Il dessine la maison qu'il habite ou celle qui lui présentent ses premiers livres, ses opinions traduisent en partie la satisfaction ou l'insatisfaction de ses parents. S'il loge dans un pavillon, il sera rebuté par la taille et l'uniformité des grands immeubles collectifs, surtout que les matériaux étant valorisés psychologiquement, le béton paraîtra dangereux! Mais les paysages décrits dans les livres sont l'œuvre d'adultes qui, avec les retards des éditions et rééditions ne correspondent plus aux paysages actuels découverts par des yeux neufs, surtout dans les banlieues en construction rapide. Cette distorsion avec l'enseignement et les manuels de vocabulaire, de lecture, accroît le désintérêt pour une architecture qui est moins vécue consciemment que subie. D'autant plus que les ouvrages scolaires tom-

THEMES DES APPRECIATIONS ET DES DESCRIPTIONS
DE QUARTIERS POPULAIRES PARISIENS

	Filles			Garçons		
	Jug A	Jug D	De	Jug A	Jug D	De
FONCTIONS						
Parcs et squares	10,4		5,2	7,4	2,4	9,8
Terrains de sports	2,0			2,4	1,2	
Clubs, patronages	8,3		5,2	1,2		2,4
Piscine, patinoire	17,7		12,5	11,1	1,2	11,1
Equipements publics divers	3,1	4,2	26,0	1,2		18,5
Ecole, collège	9,3	3,7	28,1	4,9	1,2	12,3
Cafés, bars		3,7	37,1	0,7	1,2	2,3
Cinémas	4,1	0,7	3,1	1,2		
Commerces	53,1	17,1	88,5	27,1	1,6	75,3
Transports en commun	2,0	7,2	26,0	6,1	8,6	22,2
ASPECT						
Vieilles maisons	1,0	4,1	21,8	1,4	1,2	1,6
Immeubles neufs	0,7	3,1	22,9			2,4
Place, plan d'eau	2,0	1,0	4,1			2,4
Espace				2,4		
Lumière		1,0	6,7	4,9	1,7	2,8
Propreté, saleté		6,2	8,3	1,6	4,9	
Entassement des habitants		7,2	8,3		3,1	
Laideur, tristesse		4,1	10,4		2,4	1,2
Verdure	2,8	5,2	4,1			

	Filles			Garçons		
	Jug A	Jug D	De	Jug A	Jug D	De
VIE						
Ambiance	10,4	0,7	2,0	6,1	2,8	2,4
Calme	15,6		3,1	9,8		2,4
Animation	4,1	1,8	11,4	6,1	2,8	7,3
Camarade, amis	5,2	8,3	1,0	6,1	2,4	1,2
Bruit		42,7	13,5		37,0	6,1
Circulation		27,0	17,7	1,2	29,6	14,8
Chantiers (jeux, bruit)	0,2	5,2	1,0	0,8	1,2	1,2
Voyous, vols...		5,2	3,1		1,8	
Ivrognes, mœurs		3,1	1,0		3,7	
Cafés + bagarres		2,7	1,0		1,2	1,2
Etrangers		2,0	4,1		4,9	1,8
Gardien, concierge		1,0			2,7	
Police, manifestations		1,0	3,1			
Pollutions		7,2	1,0		11,1	
Saleté des gens		10,4			1,8	1,2

Jug = thèmes des jugements agréables (A) ou désagréables (D) : De = thèmes des descriptions
Pour 100 réponses : plusieurs thèmes possibles. – Enfants de 12 à 15 ans

bent facilement dans l'anecdote et la pseudo-sentimentalité : pas de panoramas mais un pêcheur à la ligne, un massif de fleurs, les feuilles mortes.

L'effort des enseignants pour faire découvrir et comprendre les paysages sensibles est d'autant plus méritoire qu'ils ne sont ni formés, ni secondés dans ce sens. Au cours moyen, ils demandent à l'élève de regarder autour de lui : on notera la coïncidence entre cette classe et l'âge, 8-9 ans, auquel la perception du quartier commence à s'organiser.

Mais l'enseignement suppose un choix et une orientation, voire une mode, qui se juxtaposent à ceux acquis au sein de la famille. Par exemple, les pollutions n'apparaissaient pratiquement pas dans les réponses obtenues en 1971-1972, puis en 1974 : elles sont devenues par la répétition dans la presse, à la télévision, à l'école, par les services publics, par une campagne électorale (en mai-juin 1974) un des thèmes les plus importants, même dans les secteurs les moins atteints.

Au fur et à mesure que la mobilité et l'indépendance s'affirment, les caractères sociologiques de l'appréhension spatiale s'accentuent, toutefois chacun vit son univers et n'entre en contact avec autrui que dans la mesure où cet univers coïncide avec d'autres. Avant dix ans, le contenu réduit n'incite pas à critiquer un quartier généralement très apprécié, les plaintes n'étant que la résonance des opinions parentales. Tant qu'il reste à l'école, le jeune cumule dans le quartier résidentiel, l'espace vécu au domicile et au lieu de travail, les autres trouvent peu à peu leur place dans cette organisation maitrisée sur les plans physiques et intellectuels : à partir de onze ans, désormais l'enfant distingue ce qui est permanent de ce qui change. Englobant les équipements banaux, école, commerces, le quartier s'étend, contribuant à faire apprécier le cadre architectural au moment où l'étude de la commune, de paysages est au programme scolaire : les transports sont alors connus et intéressent même si on ne les utilise pas. La prise de conscience du milieu social dépasse les manifestations superficielles seules citées jusque là (bruit et saleté, calme et propreté, verdure).

Le fait de circuler en ville, pour aller au collège, se promener entre camarades, modifie le jugement grâce à l'acquisition de références et d'expériences : on s'attache plus aux causes qu'aux apparences; le bruit et les nuisances dues à l'automobile sont rattachés à l'organisation de la circulation, certaines réponses sont de brefs réquisitoires socio-politiques.

Si les très jeunes sont naturellement portés à considérer leurs aînés comme sympathiques, après quatorze ans les adolescents s'estiment incompris par les adultes de leur quartier et jugent l'ambiance désagréable, on vitupère alors contre la cohue, car cette animation est celle de personnes plus âgées se livrant à des tâches regardées comme sans attrait. Quand le cadre architectural incite aux commérages, l'habitant se sent épié, surtout les enfants qui jouent dans les parcs de stationnement et à qui les pelouses sont interdites. Cet espionnage est en corrélation directe avec le dégoût pour l'urbanisme actuel. De l'enfant qui joue à la mère qui se rend au centre commercial, on se sent surveillé, « déshabillé » anonymement derrière la multitude monotone des fenêtres favorisant l'espionnage mutuel.

Le commerce est un thème permanent. Déjà tout jeune on peut partager le monde « des grands » en allant faire des courses, chercher le pain, acheter de l'essence, du tabac, jouer au tiercé dominical avec les parents : la pharmacie, le marchand de journaux, le libraire, la pâtisserie sont notés. Plus tard, on se tourne vers le disquaire, le photographe, les vêtements; le super-marché est un spectacle et une tentation pour l'adolescent qui le préfère au grand magasin traditionnel et en subit tous les attraits avec un sentiment d'autant plus vif qu'il peut y aller seul. Le café joue un rôle social non négligeable; plus qu'autrefois, les lycéens se réunissent dans les bars à l'écart des contraintes familiales; lieu de loisirs – les machines à sous attirent les jeunes des quartiers populaires – il est ressenti comme un danger là où il contribue à dissocier la famille.

Les filles, à âge égal et si le type de tissu urbain s'y prête, sont plus proches des adultes que les garçons. Futures ménagères, elles sont sensibles aux commodités offertes, à la proximité des équipements, à l'aspect du cadre de vie; elles apprécient l'ambiance, l'animation, le voisinage d'amies. Les facteurs intéressant les jeunes garçons sont plus spécifiques de leur âge et de leurs jeux; terrains de sports, jardins publics, chantiers. Parmi les commerces, ils mentionnent le marchand de jouets, le disquaire, le marchand de motos quand les filles s'intéressent à la bijouterie, aux vêtements. Les bandes organisées les fascinent même si elles troublent leurs ébats. Ces différences traduisent sans surprise l'éducation donnée à chaque sexe et le rôle qui lui est assigné.

L'exiguïté des logements vite surpeuplés chasse l'enfant dès que ses activités bruyantes ouvrent des conflits avec les voisins : l'espace lui est chichement mesuré, il finit par traîner dans les rues, dans les caves, à l'abri de la surveillance en s'organisant en bandes, refuge spontané et incitation à la délinquance gratuite.

Après la réduction des fréquentations durant la période active, la retraite permet souvent de retrouver une large utilisation de la ville, comparable à celle qu'ont les jeunes adultes célibataires encore dégagés des contraintes familiales. Pourvu qu'il soit valide, le retraité parcourt la ville. Toutefois, il convient de distinguer deux niveaux : à proximité du domicile, une aire d'approvisionnement est assez réduite qui correspond à la difficulté de porter des charges et à de moindres besoins – ou à des moyens économiques limités; au-delà, un territoire de parcours s'étend plus ou moins loin pour des promenades fréquentes et de nombreuses visites amicales – (à Paris, parfois sur plusieurs arrondissements en s'affranchissant des considérations sociales).

Le temps libre permet de participer à des activités diverses offertes par les « clubs du troisième âge » et les organisations d'entraide. Souvent, le vieillard découvre sa ville au gré de visites aux musées et aux différents quartiers. Simultanément les rythmes sont conservés qui étaient ceux de la période active et familiale. En cas de décès de l'un des conjoints, le cimetière prend une importance psychologique considérable et les actes journaliers sont effectués sur le cycle « d'avant »; les courses par exemple, sont faites en fin de matinée et de soirée, profitant aussi de l'animation maximum de la rue ou du centre commercial. Cette permanence du souvenir est sans doute rassurante quand l'avenir ne peut plus apporter d'inédit ou d'inattendu.

Les inconvénients de la ville sont moins traumatisants qu'on le proclame. Ou plus exactement, il n'y a pas de traumatisme urbain comparé à un équilibre rural, les troubles sont d'ordre, de nature, différents (l'isolement du citadin/l'isolement de l'agriculteur), mais le citadin ne perçoit pas ceux d'un milieu qu'il ne cotoie que durant le temps exceptionnel de ses vacances, de ses loisirs. Or, en rapide expansion, le monde urbain impose d'autant mieux à tous ses concepts qu'il détient les moyens d'action et de diffusion.

Le rôle du « visiteur » prédomine dans l'image du quartier sur celle de l'usager. Les normes et les décisions des véritables acteurs ne s'appuient que sur une très médiocre formulation des aspirations des habitants, or la perception et la conception du technocrate ne sont pas neutres, ni innocentes. Lorsqu'on condamne l'ensemble des arrondissements périphériques de Paris, on se réfère aux quartiers dits « historiques » du centre, donc aux conceptions passéistes, pour répandre brutalement et paradoxalement une ville « moderne » recréée *ex nihilo*.

C'est l'opposition de nature entre le fonctionnel et le culturel : la perception de l'habitant repose surtout sur des critères fonctionnels, d'usage; pas celle du « visiteur ». Le citadin vitupère contre la disparition des arbres en Normandie et en Champagne parce qu'il regarde cela comme une dégradation de la qualité de l'idée du paysage normand ou champenois dont il jouit quelques semaines par an. Les agriculteurs qui abattent les arbres, le font pour améliorer leurs conditions de travail et d'existence, niant parfois jusqu'aux effets néfastes du déboisement qu'ils refusent de percevoir.

Le quartier est la somme de multiples contradictions qui doivent répondre aux besoins et aspirations de la nation entière, de la commune, du quartier même, des habitants, de groupes extérieurs au quartier... Tout jugement doit définir l'échelle à laquelle il se réfère. Pour cela on ne peut appliquer à l'espace réel les normes fonctionnelles plus ou moins abstraites sans prendre en compte les formes perçues et les formes vécues par ceux qui y résident.

3. Structures harmoniques

Les tissus urbains se présentent comme une succession de points forts séparés par des espaces neutres et reliés par des axes de circulation : les représentations mentales s'organisent à partir de la reconnaissance des structures, de leur identification et de leur compréhension. Les travaux de Kevin Lynch qui restent à l'origine de toute étude actuelle sur la perception et la pratique de la ville, définissent cinq éléments de base :
– les nœuds, centres d'interactions à différents niveaux qui polarisent la pratique des secteurs urbains.
– les quartiers, secteurs ou districts, dont l'habitant acquiert une certaine connaissance et auxquels il se sent intégré ou non.
– les axes, chenaux d'observation et itinéraires de déplacement qui permettent d'accéder aux divers équipements et nœuds de la ville, à partir desquels est acquise la familiarité des lieux très différenciée selon la nature et la vitesse du déplacement.
– les barrières physiques et psychologiques qui limitent le cadre de vie; leur franchissement par des « portes » plus ou moins larges impose toujours un effort, voire un renoncement aux critères collectifs du groupe.
– les symboles enfin, caractérisent et qualifient un espace, organisent le repérage en facilitant la familiarité.

Selon que le plan de la ville est clair ou confus, chacun de ces éléments prend un contenu différent dans la perception et peut favoriser ou restreindre une pratique que conditionnent aussi les critères sociaux et démographiques : âge, sexe, statut socio-économique, ancienneté de la présence au lieu de résidence, permanence de l'emploi. Chaque objet se définit en fonction de celui qui l'utilise, selon plusieurs niveaux de repérage que caractérisent le sens de la perception et le degré d'éveil de la conscience nécessaire pour faire un choix [1] :
– des espaces neutres, sans orientation précise,
– des espaces unidirectionnels, cheminements imposés par des effets de barrière latéraux,

---

1. *Cahiers de l'Institut d'Aménagement et d'Urbanisme de la Région parisienne* n° 24, juillet 1971, n° 36 et 37, juin 1975.

Structures harmoniques 65

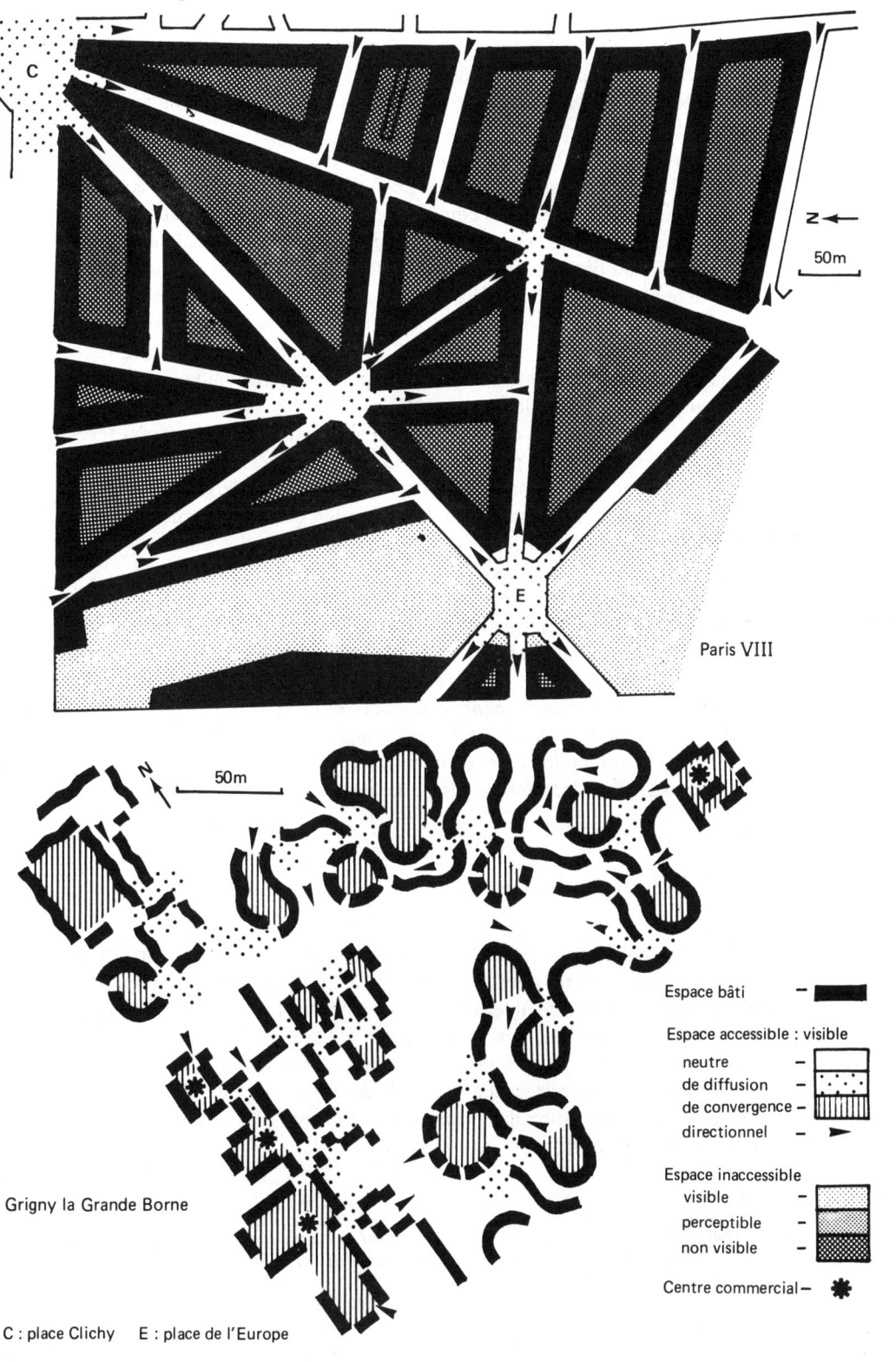

Fig. 6. — Exemple de repérage dans deux types de paysage.

Paris VIII

Grigny la Grande Borne

C : place Clichy   E : place de l'Europe

Espace bâti

Espace accessible : visible
- neutre
- de diffusion
- de convergence
- directionnel

Espace inaccessible
- visible
- perceptible
- non visible

Centre commercial

– des espaces de convergence exerçant une attraction par leurs qualités intrinsèques, comme les parcs, les centres commerciaux,
– des espaces de diffusion ouverts vers l'extérieur et imposant d'opter pour une direction : les carrefours.

Ces données mesurables visent à qualifier de manière logique les composants physiques et fonctionnels du quartier pour déterminer a priori les possibilités de leur utilisation et établir des comparaisons. Les propositions de telles mesures sont nombreuses qui se fondent sur des critères morphologiques s'enchaînant au cours des déplacements supposés des utilisateurs. Les facteurs architecturaux associent les volumes bâtis décrits par leur emprise, leur continuité, leur densité, à une géométrie qualitative des perspectives dont la profondeur et la largeur sont corrigées par le soin apporté au traitement du paysage, par l'accessibilité ou par l'encombrement du passage, par le mélange ou la séparation des circulations. La lisibilité de l'espace, la clarté du plan sont associées au degré de perception des éléments du paysage gradués selon qu'ils sont ou non accessibles, visibles ou seulement perceptibles. Le statut permet ou interdit la pénétration du tissu comme les fonctions constituent des lieux de rencontre possible pour les habitants à l'occasion de la fréquentation des équipements, que ce soit pour les loisirs, l'approvisionnement, la scolarisation des enfants, les soins médicaux et sociaux, le travail...

Les élaborations de modèles furent plus ou moins heureuses et servent surtout, au-delà d'une description des morphologies urbaines, les analyses psychologiques de l'espace architectural, des organisations sociales et des rapports entre le plan du quartier et l'intégration dans un milieu [2]. Cela procède d'une conception de l'architecture organisant les relations avec l'environnement en ne se limitant plus à la seule enveloppe bâtie jugée selon la conformité entre formes, structures et fonctions, ou sentiments, logique et harmonie, ou beauté, solidité et construction (commodité des distributions).

Les points forts du tissu urbain

Les nœuds selon la terminologie de Kevin Lynch sont les points forts du tissu urbain, ils supposent un effort de conscience et une attention soutenue; il faut donc distinguer différents niveaux de rupture suivant la complexité des facteurs permettant les décisions, depuis la simple croisée de rues d'un lotissement (espace de diffusion) jusqu'à la place en étoile dont les rues conduisent vers des attractions diverses (espace à la fois de diffusion et de convergence) en imposant une modification des rythmes accompagnée parfois d'un changement du mode de transport.

---

2. Sommers R. *Personal space, the Behavioral basis of design*, Englewood Cliffs 1969, Prenctice Hall, New Jersey – Lee T., *Urban neighbourhood as a socio-spatial Schema*, Human Relations vol XXI, n° 3/1968 (pages 241-267) – Moles A. et Rohmer E. *Psychologie de l'espace*, Castermann, 1972, Paris

Dans une grande ville, à la taille de la place, à l'intensité des circulations, la perception du carrefour associe l'entrecroisement des transports en commun. Les nœuds les plus forts sont des correspondances importantes entre transports publics ou des ruptures de type métro urbain-autobus suburbains aux portes de Paris ou à certaines gares du réseau Express Régional. Le carrefour du Château de Vincennes très modeste dans la topographie a perdu considérablement de sa puissance évocatrice avec le report des terminus des autobus de la banlieue vers l'est, aux gares R.E.R. de Nogent et de Joinville.

Un quartier construit géométriquement sur une trame de rues présente donc une succession de nœuds primaires séparés par des tronçons de voie unidirectionnels que marquent, sur des rythmes divers, des nœuds complexes (grand carrefour, place commerçante...). La disposition de ces éléments découverts suivant la vitesse du déplacement, organise un repérage constant. Une architecture en semis, une disposition vermiculaire de bâtiments de même qu'une organisation entrecroisant des cours privées et les rues de même largeur, ne permettent pas un bon repérage; les nœuds sont indépendants des axes de circulation qui les évitent; de nature convergente, ils ont cependant rarement une raison d'être attractive. Le balisage du déplacement ne se fait plus, les choix à partir des nœuds ne sont plus évidents, le repérage ne s'appuie que sur une connaissance abstraite du plan ou à partir de bâtiments éloignés les uns des autres, confondus par leur uniformité. C'est le cas banal du grand ensemble d'habitat collectif, et aussi des cités d'Habitations Bon Marché des portes de Paris où on ne s'oriente pas à l'échelle du tout mais par rapport à un seul repère : son immeuble, sa cour, ce qui peut expliquer le rétrécissement des espaces vécus.

Si le nœud est à la fois de nature complexe et symétrique de forme (circulaire surtout) le repérage devient aléatoire. Il est difficile, place de l'Etoile, de retrouver, hors les avenues des Champs Elysées et de la Grande Armée, l'une des dix avenues rayonnantes de même largeur séparées par des immeubles tous pareils.

Il n'est pas indispensable qu'un nœud soit fortement indiqué dans l'espace vécu des habitants pour être extrêmement puissant. Un pont est généralement exclu des représentations graphiques, car par sa nature il représente une porte, une rupture dans la ville à laquelle s'ajoutent les incommodités de l'exposition aux intempéries. Par contre, à son débouché sur chaque rive, le système des rues est bien connu car il est nécessaire de comprendre l'organisation des itinéraires avant de s'engager dans l'un d'eux.

Une place sera d'autant plus structurante qu'elle associera des motifs d'attraction : convergence de voies et des moyens de transport, commerces... telles Piccadilly Circus à Londres ou la place de l'Opéra à Paris qui ajoute aux boutiques de luxe l'effet monumental du palais Garnier. Le commerce seul suffit à la place d'Aligre grâce à la renommée de son marché quotidien. Il convient de distinguer les places du Marché qui ont une situation centrale dans la ville, des champs de Foire dont le fonctionnement est limité à quelques jours par an. Souvent dans un faubourg de l'agglomération, ce vaste terrain reste totalement sans vie entre deux manifestations, ne laissant pas deviner son impact psychologique sur les paysans, des pays d'élevage surtout, pour qui « la Ville », c'est la ville de foire aux veaux.

L'effet de nœud n'est pas toujours localisé sur la convergence des circulations, principalement là où le caractère monumental des bâtiments, l'intensité de la circulation automobile excluent les commerces. Il y a alors une répartition fonctionnelle entre le carrefour et les rues avoisinantes qui peut être le résultat soit de réalisations successives de l'urbanisation, soit d'une hiérarchisation spontanée des courants de circulation. Une place n'est reconnue que par la pratique qu'on en a : les angles des débouchés des rues sont exacts dans les secteurs utilisés seuls bien connotés, le reste du carrefour au-delà de circulations dissuasives n'est qu'approximativement évoqué avec de nombreuses erreurs et lacunes.

Les places de la Nation et d'Italie sont connues comme des « plaques tournantes », onze et neuf voies y rayonnent, formant deux étoiles que desservent plus de trois lignes de métro et cinq lignes d'autobus. Dans un rayon de 400 mètres, la plupart des habitants signalent ce repère sans lui reconnaître une réelle valeur architecturale, mais son importance, sa notoriété dans la voirie parisienne aident la localisation d'un complexe offrant de nombreux services installés dans les avenues qui y aboutissent : cinémas, terrasses des cafés, boutiques, agences bancaires, mairie, lycée, hôtel de police... Aussi ces carrefours sont-ils regardés comme des lieux attractifs, peu attrayants en eux-mêmes mais perçus comme une sorte de centre-ville local pour les loisirs et l'approvisionnement. C'est l'ensemble place et avenues qui est désigné « place de la Nation », « place d'Italie ».

Le nœud est un repère exceptionnel pour tous les habitants et même pour les personnes étrangères, il reste le seul élément permanent quand la connaissance du quartier faiblit.

FACTEURS FONCTIONNELS D'ATTRACTION CONVERGENTE A PARIS
(éléments attractifs cités pour 100 questionnaires dans chaque secteur d'enquête).

	1	2	3	4	5	6	7
Parc, square	39,8	39,4	69,5	16,6	6,8	24,0	1,4
Terrains de sports	17,5	7,8			8,8		4,4
Clubs, maisons de jeunes		5,2			12,2		
Piscine, patinoire	19,1	5,2			3,4	2,0	
Eq. publics, divers	9,5	28,9	7,3	43,7*	17,4	20,0	5,9
Ecole	16,9	13,1	9,7	20,0	20,6	18,0	19,4
Cafés-bars	3,8	2,6				14,0	15,9
Cinémas		5,2		12,5	3,4	16,0	1,4
Commerces	48,3	65,7	53,6	96,1	72,8	78,0	47,7
Grands magasins				45,8			
Transports (gare ou métro)	11,2	15,7	1,2	20,0	14,2	2,0	4,4

1. Porte Brancion, HBM HLM, xve arrt; 2 – fbg St-Germain, viie arrt; 3 – Gros-Caillou, viie arrt.; 4 – rue de Marseille – place de la République, x^e.; Hôpital St-Louis, x^e arrt; 6 – Belleville – rue du Pressoir (rénovation); 7 – Belleville, rue Ramponneau, xxe arrt.
● Bibliothèque, cours de danse et de musique à la Mairie.

Partout les commerces sont prépondérants dans l'image et la pratique d'un secteur. Pour les autres équipements, la présence, ou au moins la proximité, sont déterminantes. Les normes des urbanistes reposent plus sur le nombre de clients potentiels que sur un souci de desserte liée à l'accessibilité; dans la ville nouvelle du Vaudreuil, pour chaque quartier résidentiel – le « germe » – les équipements usuels seraient à moins de 400 mètres qui est le maximum qu'accepte de parcourir un piéton; se posent des problèmes de transports et de stationnement des automobiles si l'attraction dépasse cette limite, ce qui est fréquent en banlieue et même dans les arrondissements « bourgeois » de Paris. Mais la définition du quartier vécu résidentiel étant fondée sur les déplacements pédestres, on sort de « son » quartier pour trouver ailleurs les services nécessaires. Cette « fuite » peut devenir une promenade; par exemple, la fête que prétend organiser le centre commercial régional : ceci conduit à l'étude de la complémentarité des secteurs de l'agglomération.

L'intérêt des points de repère, éléments personnels et visuels sélectionnés vient de ce qu'ils contrastent sur l'ensemble; aisément reconnaissables, ils balisent le paysage, et, dans une certaine mesure servent à le qualifier en le valorisant, en le situant pour l'étranger. La sensation d'isolement s'atténue lorsqu'un trajet est étalonné, on connaît la distance restant à parcourir. Les facteurs de repérage varient en nombre et en nature d'un individu à l'autre, d'un groupe à l'autre, selon l'acuité de l'observation, selon la culture, et aussi selon les motifs du déplacement et le moyen de transport... objets de recherches maintenant banals pour la psychologie qu'utilise la publicité.

Ils diffèrent évidemment selon la qualité du tissu urbain. Les repères du centre de ville seront architecturaux, un monument (hôtel de ville, église) ou un élément marquant (un dôme, une enseigne); une cheminée d'usine, voire l'usine elle-même, dans une commune industrielle; ce sera une tour, le centre commercial dans un secteur résidentiel : nombreux sont les grands ensembles en région parisienne où un bâtiment à façade courbe est surnommé « la banane » et repéré par ce qu'il diffère de la géométrie orthogonale environnante. Une différence d'altitude, la rupture de pente sont toujours remarquées surtout si de rares passages permettent de la gravir par des escaliers ou des raidillons, mais même une faible inclinaison suffit à l'orientation puisqu'on énumère habituellement les boutiques d'une rue en montant ou en descendant par rapport à la localisation de l'habitat. La chronologie opposera un immeuble neuf à un groupe de vieilles maisons, façon aussi d'exprimer des oppositions sociales très virulentes.

La connaissance des repères s'organise et se complète avec la familiarité. Le temps comme les motifs de la pratique ont un rôle considérable dans les choix et les perceptions. Au lieu de résidence, les repères sont nombreux, très diversifiés, ils organisent l'espace à toutes les échelles, que ce soit la perception du haut du logement ou celle au sol. Ce sont souvent des détails sans signification pour la plupart des autres habitants du voisinage; souvenirs que matérialise un objet, un banc, un arbre... Plus l'espace est repéré, plus il paraît court, familier, rassurant; un chemin paraît plus long la première fois qu'on le parcourt qu'au retour. L'éclairage nocturne ajoute à ces perceptions en sélectionnant la mise en valeur d'éléments paysagers mal discernés de jour : l'avenue la Bourdonnais (VIIe arrondissement) paraît moins longue la nuit quand les feux des automobiles gravissant l'avenue Albert de Mun permettent de voir, au nord de la Seine, les pentes de Chaillot qui, le jour, se fondent dans les branches des arbres et la grisaille.

Au lieu de travail, le mode très fonctionnel de la pratique privilégie les boutiques qui sont localisées les unes par rapport aux autres, repérage réciproque dont éventuellement un monument, la gare, une station de métro sont les points forts. Moins un lieu offre de motifs à sa fréquentation, plus le repérage est pauvre fondant les choix sur un seul critère.

Lorsqu'on quitte son quartier de résidence on reconnaît certains points de repère qui dominent le tissu urbain; leur situation par rapport à ce quartier vécu étant connue, ils ont une valeur de refuge même s'ils en sont éloignés, un moyen de transport en commun, un itinéraire connu y ramènent. Leurs abords sont bien appréhendés, ainsi que les flux de circulation, les noms des rues voisines... Cette projection du quartier résidentiel dans le reste de la cité s'effectue dans un but précis : prendre rapidement possession de la ville (quartier des achats de biens anormaux près des grands magasins, lieu de travail, endroit où l'on habitait précédemment dont le souvenir détaillé s'est estompé). Les éléments sont sélectionnés; certains d'entre eux agissent à longue distance pour toute la cité – le Sacré-Cœur, la tour Eiffel – d'après eux on s'oriente partout mais le chemin y conduisant reste inconnu puisqu'on se situe sans avoir à aller à eux.

Pour qui habite à proximité, ces monuments ont une valeur sociale et géographique très puissante, sans rapport avec la vision qu'on peut en avoir réellement. Dans le quartier du Gros-Caillou (VIIe arrt.) la Tour Eiffel est le symbole et le repère par excellence, mais reste moins visible que la tour Maine-Montparnasse dont la « présence » est pourtant nulle.

Du seul point de vue du repérage, le plan de la ville est un facteur déterminant par la lisibilité de l'enchaînement des points forts suffisamment particularisés. Le dépaysement ou l'habitude de sa logique différencient le plus le résident de l'étranger.

Dans les villes en damier, les habitants comptent par blocs d'immeubles, aidés dans l'Amérique anglo-saxonne par le numérotage systématique et progressif des voies selon les points cardinaux. Lorsque toutes les artères ont la même largeur, les différentes orientations de la trame d'un lotissement à l'autre ne sont pas ressenties par l'habitant tant l'ensemble paraît homogène et monotone, tandis que le Back Bay à Boston comme les avenues des Prati ou du quartier de la piazza Vittorio Emanuele II à Rome, troublent cette atonie grâce à des largeurs et à des plantations de verdure variées. Pourtant la disposition en échiquier dissout les activités dans la ville, les liaisons hiérarchiques ne sont pas directes, soumises aux décrochements « en baïonnette » des trajets. La hiérarchie des pôles attractifs n'est pas indiquée par des liaisons directes.

Structures harmoniques

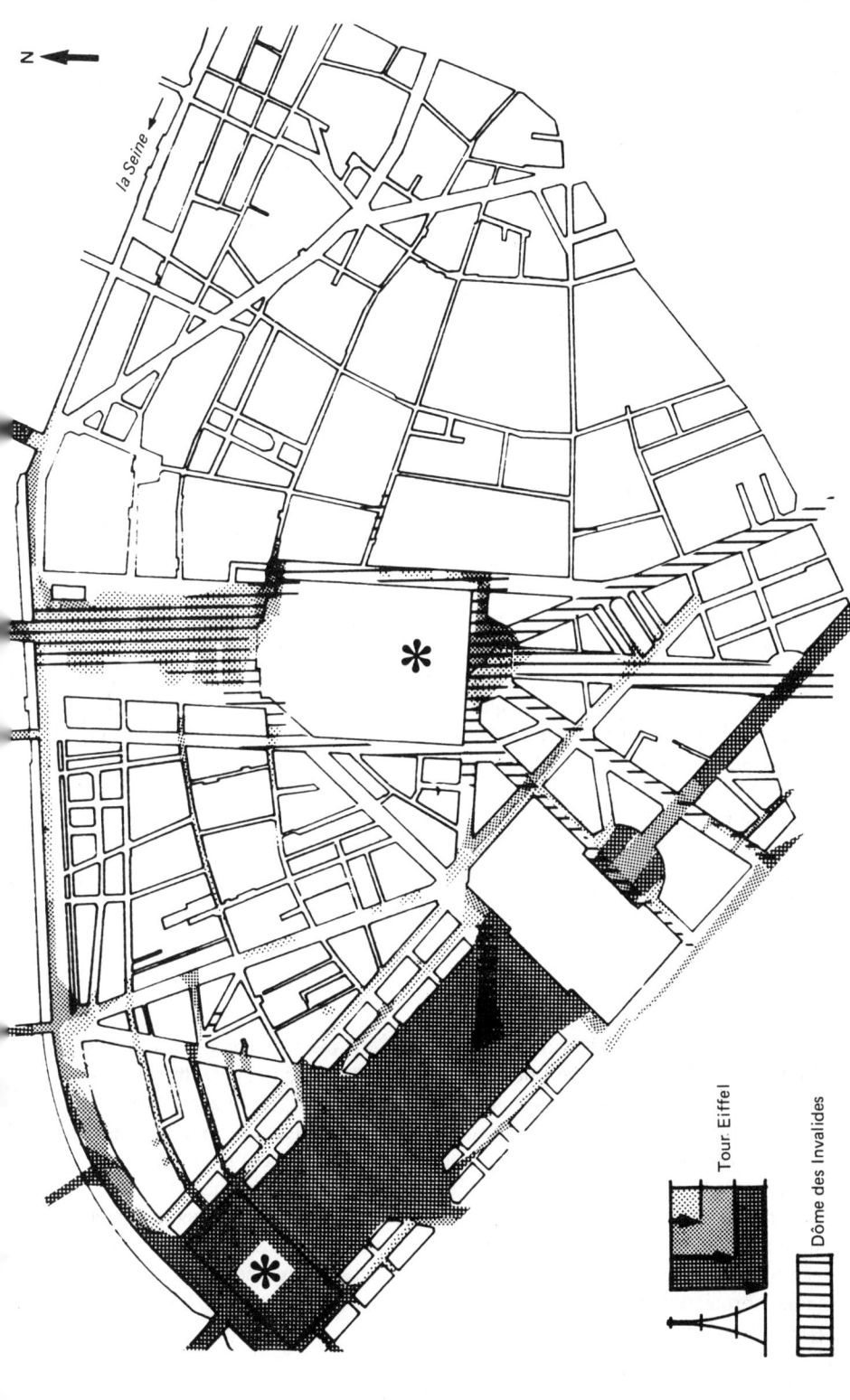

Fig. 7. — Les aires de perception de la tour Eiffel et du dôme des Invalides dans le VIIe arrondissement.

Naturellement, se constituent des groupements minimum « de carrefour » réunissant quelques boutiques et services usuels, relais locaux d'un éventuel centre d'approvisionnement majeur. Le xve arrondissement de Paris, lotissement en damier de la première moitié du 19e siècle, présente un tel morcellement sur quadrillage sans niveau moyen entre la boutique de coin de rue et le marché de la rue du Commerce qui a le rôle dominant d'une grand'rue villageoise.

Le système radio concentrique relie tous les points de la ville, toutes les fonctions à un repère central qui la symbolise. Tout pôle inférieur est relié directement à un pôle supérieur sur une disposition convergente quasi égo-centrique. Les erreurs d'orientation s'aggravent au fur et à mesure qu'on s'éloigne du cœur du système, la perturbation est de même nature que celle qui résulte de la répétition lancinante des rythmes dans le plan en damier.

Chaque culture conçoit et organise l'espace différemment. Alors que pour les Japonais l'espace est construction comme en témoignant les jardins où tout est mis en œuvre pour flatter simultanément tous les sens et exalter la participation sensorielle, la notion de vide prime pour l'Européen sensible à la géométrie des distances entre les objets : l'espace vital de l'individu dépasse son propre corps et se réduit sous la pression d'un entassement éventuel. Un lieu *public* l'est intégralement pour les méditerranéens, en occuper un point particulier ne confère aucun droit; hors la maison repliée sur elle-même sans ouverture vers l'extérieur, il n'y a pas de sphère d'isolement individuel. On peut aussi opposer la « rue-passage » des villes américaines où les grandes voitures créent un milieu isolé pour chaque automobiliste qui se sépare des autres et vit dans son véhicule, y mange, y assiste à des spectacles... à la rue européenne où les trottoirs permettaient la flânerie, les échanges sociaux, où les terrasses des cafés en plein air même dans les voies étroites animaient les perspectives.

Portée à sa perfection à Venise, la puissance fascinante de la ville repose sur la richesse de ses nœuds et repères, sur la composition de ses rythmes dont il ne semble pas que l'urbanisme fasse encore un de ses thèmes privilégiés.

La ville fractionnée

Les limites, les barrières du tissu urbain n'ont pas de valeur attrayante ou répulsive en elles-mêmes, leur qualification dans certains cas peut différer sensiblement selon la situation personnelle de l'habitant; par les antagonismes entre groupes fréquentant un même espace, ce qui est protection pour les uns est regardé comme une agression par les autres. Les limites sont d'autant plus ressenties qu'elles sont visuellement bien perçues et pénibles à franchir. Lorsqu'une voie ferrée, une autoroute sont sur remblais, l'habitant ne voit plus le paysage situé au-delà, la coupure entre les deux zones est totale et inspire un sentiment pénible de cloisonnement. Dans le xixe arrondissement est toujours mentionné le mur protégeant les voies de la SNCF tout du long de la rue d'Aubervilliers, par contre, dans le quartier de la Chapelle (xviie arrt), les voies du réseau ne

Structures harmoniques 73

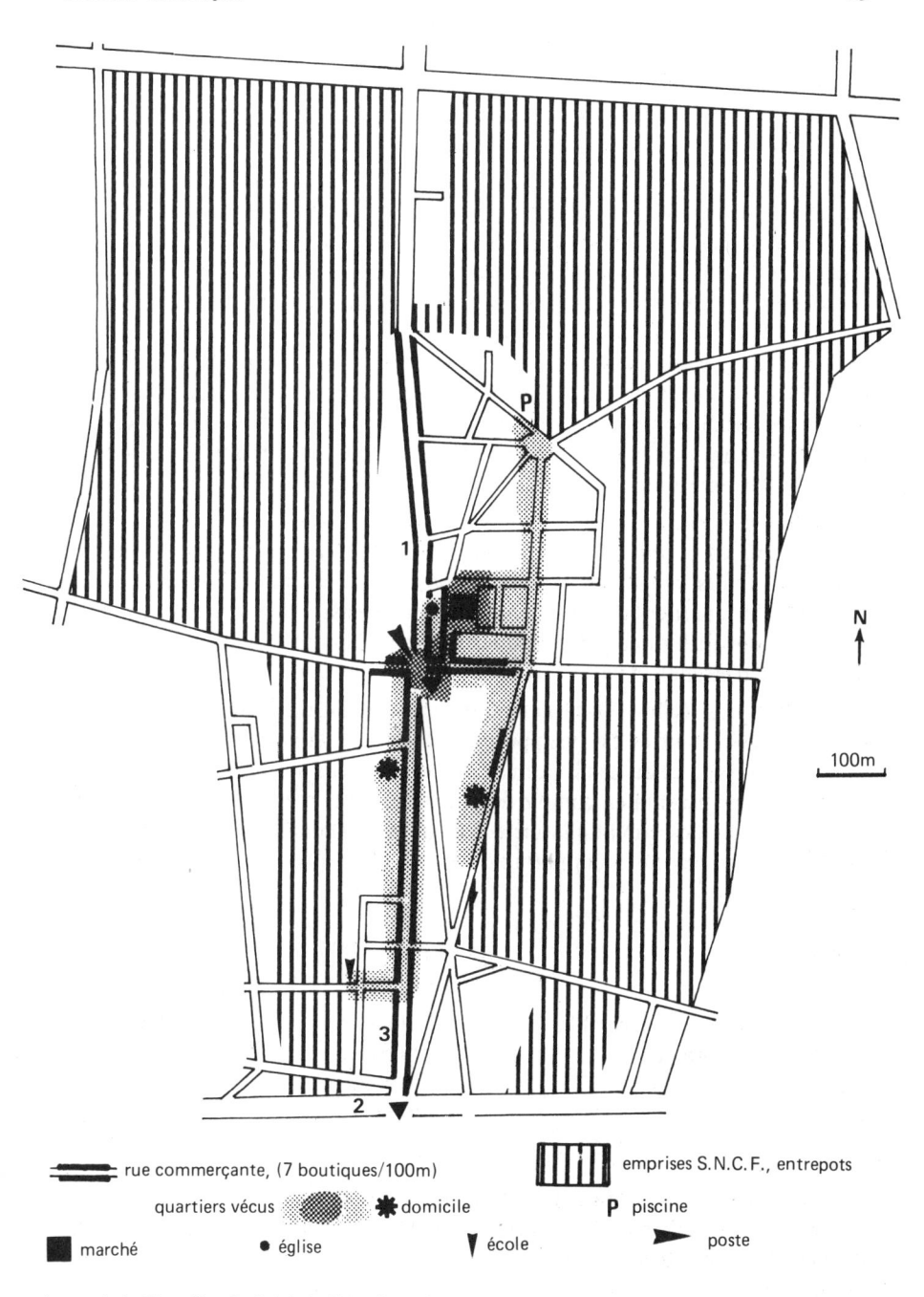

━━━ rue commerçante, (7 boutiques/100m)	▦ emprises S.N.C.F., entrepôts
quartiers vécus ▓ ✱ domicile	P piscine
■ marché • église ▼ école	▶ poste

1 : rue de la Chapelle   2 : Bd de la Chapelle   3 : rue Marx Dormoy

Fig. 8. — **Effets de barrière sur le tissu urbain et deux quartiers vécus à la Chapelle. XVIIIe arrondissement.**

sont pas indiquées explicitement car les immeubles les cachent, ne les laissant voir que du haut de trois ponts, l'obstacle réellement continu n'est pas perçu comme tel, sa présence ne se manifeste que par l'allongement des cheminements d'une pratique très étirée.

Si la topographie est très contraignante, les moyens techniques actuels permettent de remodeler le relief, de l'effacer ou de l'adapter au projet architectural; les vieux quartiers lui restent soumis mais exploitent les avantages touristiques du pittoresque. Là où les localisations n'imposent pas de gravir une pente, l'ensemble des représentations individuelles n'indiquent pas expressément la présence de l'obstacle, mais à l'unanimité les limites des espaces vécus et pratiqués suivent le début de la déclivité. Au Raincy, seuls les habitants du Plateau qui doivent descendre s'approvisionner dans le centre de ville, situent les raidillons et les escaliers alors que du rond-point Thiers à la gare, le bas du versant est une frontière stricte. La rupture d'une pente dont l'inclinaison est supérieure à 9 ou 10 % est toujours bien connue et limitative.

Les cours d'eau, les infrastructures des transports terrestres sont des obstacles franchis en de rares points précis. Tarascon, Asnières sont écartelées par des voies ferrées venant de trois directions opposées qui s'y raccordent. Les habitants des quartiers riverains ont toujours un espace de vie très décentré car les ponts constituent une porte du quartier, pour l'automobiliste ils représentent un goulet d'étranglement.

Aux emprises réelles, il faut ajouter de part et d'autre des zones de protection dans lesquelles le bruit est insupportable et dont la largeur théorique varie en fonction du trafic et du profil des infrastructures mais souvent à partir de chiffres moyens en prenant en compte des aménagements prévus pour 15 ou 20 ans plus tard, dans des conditions météorologiques standard. Pour les chaussées, on ne retrouve le seuil « supportable » de 60 dBA qu'avec un recul de :

Trafic =	– pour 2 000 véhicules par heure	– pour 12 000 véhicules par heure
autoroute en viaduc ou remblai	100 mètres	200 mètres
autoroute en plateforme :	90 mètres	200 mètres
autoroute en tranchée :	60 mètres	200 mètres
autoroute en déblai :	30 mètres	120 mètres

Mais la largeur de cette zone *non aedificandi* est rétrécie à dix mètres dans la traversée des villes de Thiais et de Choisy-le-Roi par la rocade A 186 afin de conserver « un caractère central » au paysage... On comprend le saccage que produit la traversée d'un parc ou d'un bois, lieux de détente et de repos, par une autoroute urbaine bien au-delà de la destruction des végétaux. D'autre part, les études prospectives de la circulation sur le plateau d'Orly ne prennent pas en compte les acheteurs du marché de gros de Rungis, ni le trafic de « rabattement » sur les parkings de dissuasion!

Les voies à grande circulation causent une gêne importante s'il faut affronter une traversée qui n'est pas sans danger même sous la protection de feux de signalisation. La coupure que constitue à travers Fresnes la route N 186 explique que les habitants de la partie Nord de la commune fréquentent de préférence le centre de l'Hay-les-Roses pour les commerces, la bibliothèque municipale et qu'ils déplorent la coïncidence obligatoire entre les limites communales et celles des secteurs scolaires. Cela pourrait aussi expliquer la dissymétrie dans l'activité commerciale de larges rues comme les rues Saint-Antoine, du faubourg Saint-Antoine, l'avenue du Maréchal-Leclerc. Toutefois l'intensité du trafic est aussi un facteur d'animation recherché par les activités de service, les banques.

Lors de la construction de ces infrastructures linéaires, les déviations de la circulation traditionnelle peuvent réorienter totalement les pratiques locales en rendant impossible l'accès au centre de ville ou au centre communal. A Conflans-Sainte-Honorine, en 1975-1976, s'est posée la question du passage des piétons résidant dans le faubourg au sud de la Seine quand il s'agit de démonter le vieux pont qu'on venait de remplacer par un viaduc autoroutier!

Cours d'eau, voies ferrées, routes, constituent des « limites naturelles » pour les communes, mais il n'est pas rare qu'à diverses époques, celles-ci aient désiré assurer leur domination sur l'autre côté pour garantir le franchissement de l'obstacle ou renforcer leur suprématie. A la rareté des passages qui isolait l'un de l'autre le développement des deux rives d'un cours d'eau, s'ajoutait jadis la différence du statut entre la commune et les faubourgs d'outre-pont, toujours dépréciés et où l'urbaniste doit encore lutter contre les préjugés, à Orléans, à Tours, à Saint-Quentin, à Rouen... Montereau-Faut-Yonne commande ainsi par deux ponts, le confluent de la Seine et de l'Yonne, mais le pont de Montsoreau ne conduit pas sur la rive droite de la Loire, à la fraction de la commune qui fait face au confluent avec la Vienne; de Candes Saint-Martin pour gagner les taillis de la rive droite de la Vienne à ce confluent, avant 1970, il fallait passer par le pont de Chinon éloigné de 16 kilomètres.

Lien pour les uns, ségrégation pour d'autres, les limites sont donc à considérer à différents niveaux puisqu'un effet de barrière localement sclérosant peut être un facteur d'attraction à échelle plus vaste. Finalement rares sont les limites unanimement reconnues attrayantes comme le Champ de Mars à Paris ou Hyde Park à Londres.

Les grands axes de circulation fixent la localisation d'activités industrielles et commerciales depuis le marchand de poteries pour touristes le long de la route nationale, l'hôtellerie, les fabricants de caravanes et de matériel de camping à la sortie des grandes agglomérations jusqu'aux ateliers et entrepôts des zones industrielles. Ce sont donc des incompatibilités qui sont constatées par l'étude des flux et circulations d'un espace donné. De ces différents niveaux résulte l'organisation de la ville qui n'est pas une simple juxtaposition théorique d'anneaux concentriques ou de secteurs homogènes. L'armature autoroutière de la nouvelle capitale du Brésil facilite les relations par l'automobile entre les groupes d'immeubles – les superquadras – et le centre monumental, mais interdit les trajets à courte distance d'un groupe d'immeubles à l'autre. A de très bonnes liaisons à grande et moyenne distance peut correspondre un compartimentage excessif à échelle locale.

La localisation d'équipements sur un axe de circulation heurte les intérêts contradictoires des communautés riveraines et ceux des promoteurs.

Sur la route nationale 20 Paris-Limoges, deux carrefours très fréquentés ne furent pas aménagés sur la commune d'Olivet durant de nombreuses années tandis qu'un échangeur à la ville nouvelle d'Orléans La Source restait sous utilisé devant desservir l'hôpital et un hypermarché. Mais les promoteurs avaient choisi un terrain à mi-chemin d'Orléans et de son annexe de la Source, sur la commune d'Olivet, en obtenant l'autorisation de construire un échangeur de type réduit à leur usage exclusif, refusant d'engager la même somme pour participer à la construction d'un ouvrage sur un carrefour voisin et de répondre aux besoins de la collectivité.

Les réseaux de circulation coupés par de nouveaux grands équipements sont repensés en fonction des flux régionaux que ceux-ci suscitent, sans intégrer les besoins locaux résidentiels. Chevilly-Larue est une commune écartelée par des infrastructures diverses : les groupes d'habitants, isolés, se tournent vers des centres d'approvisionnement et de services extérieurs à leur commune qu'ils privent de ressources fiscales. Un collège secondaire manque d'équipements sportifs, le stade, de l'autre côté de l'autoroute, n'est accessible que par un échangeur éloigné de dix kilomètres : les installations de Chevilly-Larue servent aux élèves d'un collège de Fresnes. L'impossibilité des relations incite à la scission entre deux communautés devenues étrangères l'une à l'autre comme Alfortville, écart isolé par les voies ferrées du réseau Sud-Est, se sépara de Maisons-Alfort en 1885.

Les intérêts individuels de l'habitant peuvent être contradictoires dans la mesure où une limite lui impose une contrainte pénible mais procure à la collectivité un supplément de ressources. Les taxes versées à la commune par une entreprise sont un profit collectif. Les oppositions de maires voisins à la construction d'établissement dangereux traduisent autant le désir d'obtenir une part de la manne fiscale que des soucis écologiques. Le pactole suppose de grandes inégalités entre les ressources des communes puisque pour un rapport moyen en France, de la patente, de 26 F par habitant, Vogelgrün (Haut-Rhin), 400 habitants, grâce à sa centrale électrique EDF perçoit 1 476 francs/hb. Ainsi des communes de moins de 2 000 habitants ont le potentiel fiscal d'une ville de 40 000 habitants sans en supporter les charges.

Les axes de relations et de transport sont équivoques si on ne précise pas l'échelle de référence. Cette sorte d'infrastructure linéaire ne s'intègre pas au paysage qu'elle coupe avec indifférence comme le notait Emile Zola dès 1887 dans le Messager de l'Europe : à l'Estaque, le chemin de fer passe à mi-côte, « cela jette du tapage et de la vie dans le paysage, mais on peut dire que la civilisation ne fait que passer... de ce continuel torrent de curiosités et d'intérêts qui roule, ils n'entendent qu'un sourd grondement et ne virent qu'un peu de fumée [3]. »

Pour éviter la prolifération des contraintes, les lignes électriques à haute tension sont regroupées dans des couloirs qui s'ajoutent dans la mesure du possible aux zones de protection *non aedificandi* de part et d'autre des autoroutes [4]. Les terrains ainsi gelés restent en culture, se dégradent en friches s'ils ne sont pas transformés en espaces verts ou sportifs, mais le caractère continu de tels couloirs larges couramment de 100 à 400 mètres, à travers une ville, provoque un effet de limite très fort et quasi inamovible.

Les conséquences ne sont pas seulement d'ordre topographique, immédiat ; aux emprises s'ajoutent celles d'activités induites complémentaires.

La voie ferrée suppose une gare de voyageurs qui suscite un noyau animé et populaire rythmé par le passage des trains : le café de la gare, l'hôtel Terminus sont des monuments de la conscience d'une ville, d'une commune de banlieue, entourés qu'ils sont de commerces de détail divers, d'agences immobilières, du marchand de journaux et du bureau de tabac. La rue du XIXe siècle conduisant du centre de ville à la gare est une artère de grande circulation bordée de boutiques très variées, de la quincaillerie aux objets de luxe. Les deux cliniques privées d'Orange sont toujours installées au point de débarquement des clients venant de la campagne et des petites cités satellites. Agissant comme un aimant, la densité du trafic crée une concurrence avec le centre-ville traditionnel.

Les installations techniques des entreprises de transport élargissent l'emprise des terrains nécessaires au garage à l'entretien, à la réparation des matériels. La banlieue de toute grande ville a de vastes triages qui desservent aussi des zones industrielles raccordées au réseau principal par des embranchements particuliers. Si à la route reviennent les petits colis, les relations de faible volume avec les sous-traitants, la desserte d'une clientèle locale, le rail élabore des chaînes de fabrication plus indépendantes des lieux de production des matières premières et des ports. La France comptait 9 100 embranchements particuliers en 1958, 13 000 en 1974 ; par trains complets de 1 200 à 1 800 tonnes la réduction des tarifs atteints 20 à 25 %. Les entrepôts de Pantin à proximité des triages parisiens de Noisy-le-Sec et du Bourget et de deux autoroutes occupent un terrain de 43 000 m^2 dont 15 000 m^2 pour les entrepôts, 7 800 m^2 pour les parkings, 5 800 m^2 pour les embranchements ferroviaires, 14 000 m^2 pour les accès et annexes.

Ce sont les complexes unissant plusieurs modes de transport qui créent les plus vastes zones monofonctionnelles dans des sites spécifiques qui ne sont plus les moins favorables pour d'autres activités économiques, rivalisant maintenant avec l'agriculture ou le tourisme. Ces sites sont imposés par les nuisances ou

---

3. *Contes et nouvelles,* La Pléiade, ed. Gallimard 1976 (page 1098). Zola décrira le même contraste dans l'*Assommoir.*

4. Mais il ne peut y avoir coïncidence, les abords étant des réserves pour d'éventuels élargissements des chaussées.

des impératifs techniques, loin des habitations les plus aisées, du fond de vallée humide, brumeux, pour les voies ferrées jusqu'aux plateaux limoneux pour les aérodromes, aux dunes et plages du littoral portuaire.

Dès qu'il y a transbordement, on assiste à une inflation des surfaces consacrées aux activités de production et de distribution.

De 1 400 hectares en 1936, le port d'Anvers où les investisseurs allemands demandent que les trois quarts des terrains puissent servir à des extensions futures, couvre 5 340 hectares en 1960 et 10 663 dès 1963. Les nouveaux ports contrastent avec les vieux bassins urbains où les installations s'imbriquaient jusque dans la ville. Conçus pour recevoir les marchandises en vrac ou en colis et les paquebots de lignes, ces ports étaient en osmose avec le quartier des compagnies de navigation, des négociants, des banques et des changeurs. L'ère du gigantisme et de la rentabilité maxima impose des conditions économiques précises pour des bassins très spécialisés associant stockage et industries et en les dissociant de l'espace urbain traditionnel : le port ne se modèle plus sur la ville, mais sur la zone industrielle, organisant des chaînes complémentaires le long des côtes ou des estuaires : darses de Fos ou, en Grande-Bretagne, les Teesports, la Clydeside. Les grandes villes portuaires ne sont même plus des villes maritimes, leurs installations dont l'accès est strictement réglementé, closes d'une enceinte que double, à Gênes, une autoroute urbaine, forment un écran entre l'agglomération et la mer qui n'est rejointe que dans les banlieues d'habitat aisé.

Entre les infrastructures, les vieux noyaux villageois étouffent, les cités ouvrières sont isolées, expliquant les effets sociaux et politiques sur la pratique et le vécu des habitants qui reproduisent le morcellement des villes en pays sous développé comme à Ibadan, ville des raffineries nigérienne.

L'aéroport s'entoure d'aussi vastes complexes au fur et à mesure que le trafic aérien croît. Les aires de vol, de stationnement et d'entretien occupent de vastes terrains plans à proximité des grandes agglomérations, car l'accessibilité est un facteur déterminant puisque la moitié des passagers du Kennedy Airport de New York viennent de Manhattan. La distance maximum actuellement recommandée du point de vue économique est à 45 kilomètres du centre de ville. Le gigantisme des installations détermine une région de desserte incluant plusieurs centres et infrastructure particularisée; le Railair Link de Londres-Heathrow est une desserte par autocars vers les gares londoniennes en correspondance avec les trains desservant 92 villes échelonnées de Nottingham à Portsmouth.

Lorsqu'on ne peut construire des espaces par conquête de terrains sur la mer ou les lacs, ou par édification de pistes sur l'eau dans le cas de reliefs contraignants (Hong-Kong, Gênes, Nice) on assiste à la destruction de terres cultivables, de villages, à la rupture des circulations locales. 1 200 hectares sont nécessaires pour l'aéroport Heathrow, 3 000 hectares pour celui de Roissy en France. L'aérogare d'Orly-ouest couvre 26 000 m^2 (78 000 m^2 de plancher en trois niveaux), celle d'Orly-sud occupe 80 000 m^2 (130 000 m^2 de plancher en neuf niveaux). Pour les aires de stationnement, il faut 70 m² au sol par voyageur, contre 3 m² pour le train, 2 m² pour l'autocar.

En même temps qu'il bloque certains axes de l'agglomération et étend un réseau de barrières linéaires au sol, l'aéroport suscite un développement urbain spectaculaire : 65 000 logements sont prévus à Foulness, 3ᵉ aérodrome londonien, dans une ville nouvelle dont les bureaux, les services administratifs d'entreprises à rayonnement international constituent une zone d'emplois à l'échelle régionale. Le deuxième noyau industriel de Los Angeles réunit auprès de l'aéroport, les constructions connexes à l'aviation et les activités nécessitant des transports rapides, les établissements pouvant être reliés aux pistes par un embranchement particulier.

A l'échelle de la ville, l'aéroport peut être un but de promenades grâce à ses commerces, les terrasses de l'aérogare, l'hôtellerie de luxe... L'exemple du plateau d'Orly montre que l'entassement d'espaces monofonctionnels sans plan d'ensemble provoque un engorgement et une rupture dans l'organisation de la banlieue sud de Paris. A grande échelle, les barrières se multiplient, s'enchevêtrent, isolant une partie de la population résidente dans les îlots où les conditions de vie deviennent insoutenables. Si l'aérogare, repère prestigieux peut symboliser le lieu de résidence, sa fréquentation est extrêmement réduite par ce qu'elle représente de désagrément pour ses riverains à qui leur niveau social n'ouvre pas le voyage aérien.

L'aéroport tend à devenir une agglomération spécifique où certaines activités comme l'hôtellerie concurrencent le centre ville traditionnel. Les 18 hôtels proches de l'aéroport de Los Angeles offrent 3 700 chambres en 1970, 3 100 chambres s'y ajoutent en dix ans; à San Francisco, l'accroissement du nombre de chambres en quatre ans est de 358 % (+ 134 % à Seattle, + 418 % à Detroit)...

L'aéroport Kennedy de New York emploie 61 000 personnes directement et, indirectement 101 000; pour Miami les effectifs sont respectivement de 25 000 et 45 000 personnes, de 37 000 et 64 500 personnes pour Los Angeles. Un emploi direct engendre 1,5 emploi supplémentaire dans le secteur des services, emplois de hauts salaires dont les effets peuvent être répulsifs pour certaines activités, certaines entreprises. En huit ans, l'aéroport de Los Angeles accueille 10 % des nouveaux bureaux construits dans l'agglomération.

– activité directe en 1970 = 37 076 personnes - en 1980 = 63 703 personnes + 72 %			
– activités indirectes :			
● hôtellerie	1 739	2 839	+ 63 %
● agences de voyages	400	665	+ 66 %
● bâtiments et TP.	1 460	1 456	⩽ 0 %
● activités induites	61 031	102 995	+ 68 %
Total	101 706	171 658	+ 68 %

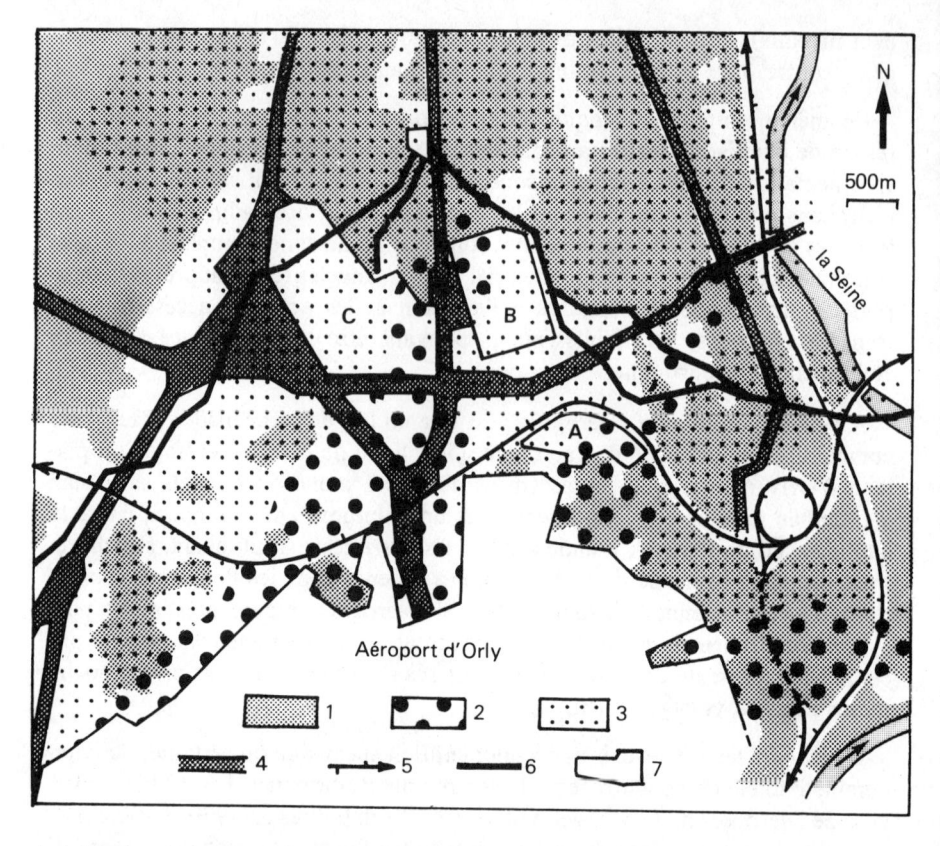

1 : habitations /zones de bruit de l'aéroport : 2, zone A   3, zone B *(d'après F. Charpentier)*
4 : autoroute, voie rapide   5 : voie ferrée   6 : couloir E.D.F.   7 : services publics

A : zone industrielle   B : cimetière de Thiais   C : marché et halles de Rungis

Fig. 9. — Grandes emprises et nuisances sur le plateau d'Orly.

La densité des liaisons en direction du centre de ville incite les entreprises à quitter celui-ci pour les secteurs neufs, prestigieux parce que participant à une idée de la modernité quelque peu inspirée de science fiction dans un paysage d'immeubles tours qui attire l'hôtellerie capable de recevoir les passagers d'avions gros porteurs, d'offrir des salles de congrès et des loisirs stéréotypés (centres commerciaux, cinémas, restaurants) coïncidant avec les images valorisantes auxquelles est sensible le tourisme d'affaires.

L'intensité du trafic, le bruit, la pollution produisent une répulsion sur une vaste zone qui s'élargit avec les progrès techniques : l'aire subissant un niveau de bruit de 90 EPNab. (correspondant au bruit de la circulation automobile) autour des pistes couvre 3,5 km² dans le cas de l'Airbus, 15 km² pour un triréacteur gros porteur, 27 km² pour un triréacteur comme le Boeing 727,

129 km² pour un quadriréacteur... Le problème des couloirs aériens devient insoluble surtout lorsque la gêne s'ajoute à celle d'une route nationale longeant les voies ferrées du réseau Lyon-Méditerranée dans certains quartiers de Villeneuve-Saint-Georges.

RÉPARTITION DES ZONES DE BRUIT DE L'AEROPORT D'ORLY
DANS TROIS COMMUNES RIVERAINES

	Zone A*	Zone B*	Zone C*	Total
CHEVILLY Superficie	11 ha	48 ha	98 ha	157 ha
nbre de logements	20	835	1330	2185
population	72	2917	4644	7633
ORLY Superficie	143 ha	62 ha	47 ha	252 ha
nbre de logements	968	2005	1673	4646
population	3681	7622	6358	17661
VILLENEUVE Superficie	242 ha	172 ha	85 ha	499 ha
nbre de logements	2793	2747	1111	6651
population	8716	8573	3467	20756

* Zone A : courbe isophonique N 96 (55 % des riverains se plaignent); zone B : courbe isophonique N 89 (27 % de plaintes); zone C : 18 % de plaintes.

Une des conséquences de ces nuisances est la discrimination sociale. En bordure des aéroports, des autoroutes ne restent que les habitants les plus défavorisés, captifs des loyers moins chers. Lorsque le taux de déménagement est élevé, comme dans les H.L.M. bordant l'autoroute du Sud, sous la pression de la demande, le taux d'emménagement est également fort!

COMPOSITION SOCIALE DES QUARTIERS ENCLAVES
DANS L'AEROPORT D'ORLY

C.S.P.Insee	Orly, cité jardin	Villeneuve, le Plateau
Patrons industrie-commerce	108	56
Professions libérales	51	11
Cadres moyens	72	51
Employés	125	85
Ouvriers	91	138
Indice 100 : valeur moyenne de chaque commune		

Malgré ses nuisances, l'aérodrome attire la population, la croissance des communes limitrophes est extrêmement rapide surtout là où les voies de circulation rapides procurent une bonne desserte vers le centre de l'agglomération. Nombre d'individus refusent d'attribuer une valeur monétaire aux solutions proposées (déménagement, aménagement des bâtiments) les réponses sont dispersées ôtant de leur signification aux moyennes, si bien que la valeur monétaire de la gêne causée ne peut être mesurée budgétairement. Toutefois, la dépréciation des terrains et de l'habitat n'est pas en concordance absolue avec les contraintes subies.

▶ *Dépréciation des immeubles en fonction du niveau de bruit à Londres-Heathrow* [5]

niveau de bruit :		
⩽ 35 NNI	= dépréciation	0 %
35-40 NNI		3,5 %
40-45 NNI		7,5 %
45-50 NNI		10,0 %
⩾ 50 NNI		15,0 %

La dépréciation est d'autant plus forte que le niveau social de l'habitant est élevé, elles est moins forte dans les zones déjà urbaines – en valeur relative – que dans les zones encore rurales où le calme est un facteur important de la qualité de la vie [6] : – à niveau sonore égal (de 45 à 55 NNI) la dépréciation due à un aérodrome situé dans une banlieue :

	– *déjà urbanisée :*	– *encore peu urbanisée :*
Valeur de l'immeuble = ⩾ *4 000 £*	*– 2,9 %*	*– 10,3 %*
4 000 – 8 000 £	*– 6,3 %*	*– 16,5 %*
⩾ *8 000 £*	*– 13,3 %*	*– 29,0 %*

L'augmentation des prix, la spéculation gomment la dépréciation. En moyenne, autour de l'aéroport O'Hare de Chicago, l'hectare valait 400 $ lors de sa construction en 1940, atteignant 100 000 $ en 1967; autour de l'aéroport de Salt Lake City, les prix croissent annuellement de 8 %; ils ont été multipliés par 5 et par 7, en huit ans, à Washington (Dulles Airport). Ces prix élevés entravent une extension ultérieure de l'aérodrome qui peut être tenté par la présence éventuelle d'une ceinture verte de protection (ville nouvelle d'Arlanda Märsta, en Suède). Seul un changement technologique fait stagner momentanément les prix qui reprennent vite leur inflation.

Admiré comme symbole de la technique moderne l'aérodrome a une image très typée que divulgue la publicité et qui est liée au mode de vie supposé des

---

5. *Les aéroports et l'environnement.* Recueil de rapports pour l'OCDE, Paris, 1975.
6. D'après la commission Roskell, Londres, 1973.

élites qui le fréquentent. On conçoit que les récriminations des classes populaires qui habitent à proximité soient virulentes et que soient sélectionnées les activités économiques qui l'utilisent, du commerce de détail à l'industrie.

Les villes des pays sous-développés ou en voie de développement sont les modèles d'organisation fondées sur le fractionnement : les conditions physiques se joignent fréquemment aux facteurs humains pour renforcer les effets de barrière, témoignant ainsi de l'opposition politique entre les niveaux de vie, entre les secteurs de l'activité économique [7].

L'île originelle de Saint-Louis sur le fleuve Sénégal était un site défensif avantageux contre des attaques venues de la mer ou du continent, mais les extensions modernes dans des zones de la vallée où l'eau stagne n'ont que des liaisons difficiles. Lagos, Port-Harcourt, sont constituées d'îlots séparés par des bras fluviaux ou la lagune que permettent de franchir malaisément quelques ponts ou les services d'un ferry-boat; Monrovia s'étire sur quinze kilomètres le long d'un cordon littoral entre l'océan et un vaste marécage inhabitable... Les accidents du site sont autant d'obstacles pour la capitale afghane où le Kaboul franchit des chaînons montagneux, pour Yaoundé, Addis Abéba dont les plateaux sont séparés par des ravins, des vallées mal drainées imposant une adaptation difficile qui transparaît dans l'organisation urbaine.

S'il n'y a pas de plan type, ces villes présentent des caractères constants; les coupures topographiques se renforçant des clivages de la société, la disposition en auréoles concentriques est extrêmement rare; si elle a existé dans le cas de cités emboîtées à Pékin (villes tartare, chinoise, impériale) ou dans les capitales de l'empire espagnol, elle est gommé par la juxtaposition tentaculaire de secteurs qu'isolent les déficiences des transports et une volonté politique de ségrégation [8]. Les pouvoirs locaux comme à Kaboul, coloniaux comme à Kinshasa, ont fondé auprès de vieux noyaux indigènes des quartiers de prestige qui sont leur résidence et celle de leurs « clients », des fonctionnaires, la cité d'accueil des étrangers, témoignent du prestige national fondé sur l'administration moderne [9].

Le morcellement topographique est la traduction géographique d'une stricte ségrégation sociale, ethnique, économique, raciale, religieuse... L'ensemble des quartiers riches est cohérent si on peut distinguer les secteurs de l'Administration associée à la résidence des cadres nationaux, ceux du grand commerce et des cadres subalternes, proches du port. Sur les sites les plus salubres (plateaux, terrasses) pouvant presque se satisfaire à eux-mêmes, seuls ils bénéficient du maximum d'équipements depuis l'asphaltage des rues, la distribution permanente d'électricité et d'eau, jusqu'aux établissements de prestige, parcs, station radio, hôpitaux, université et cliniques, l'aérodrome.

---

7. Vennetier P., *Les villes d'Afrique tropicale*. Masson, 1976, Paris.
8. Bertrand M.J., *Géographie de l'Administration (l'impact du pouvoir exécutif dans les capitales nationales)*, Ed. M.T. Génin, Librairies techniques 1974, Paris.
9. A Brazzaville par exemple, 60 % des autobus sont immobilisés faute de pièces de rechange.

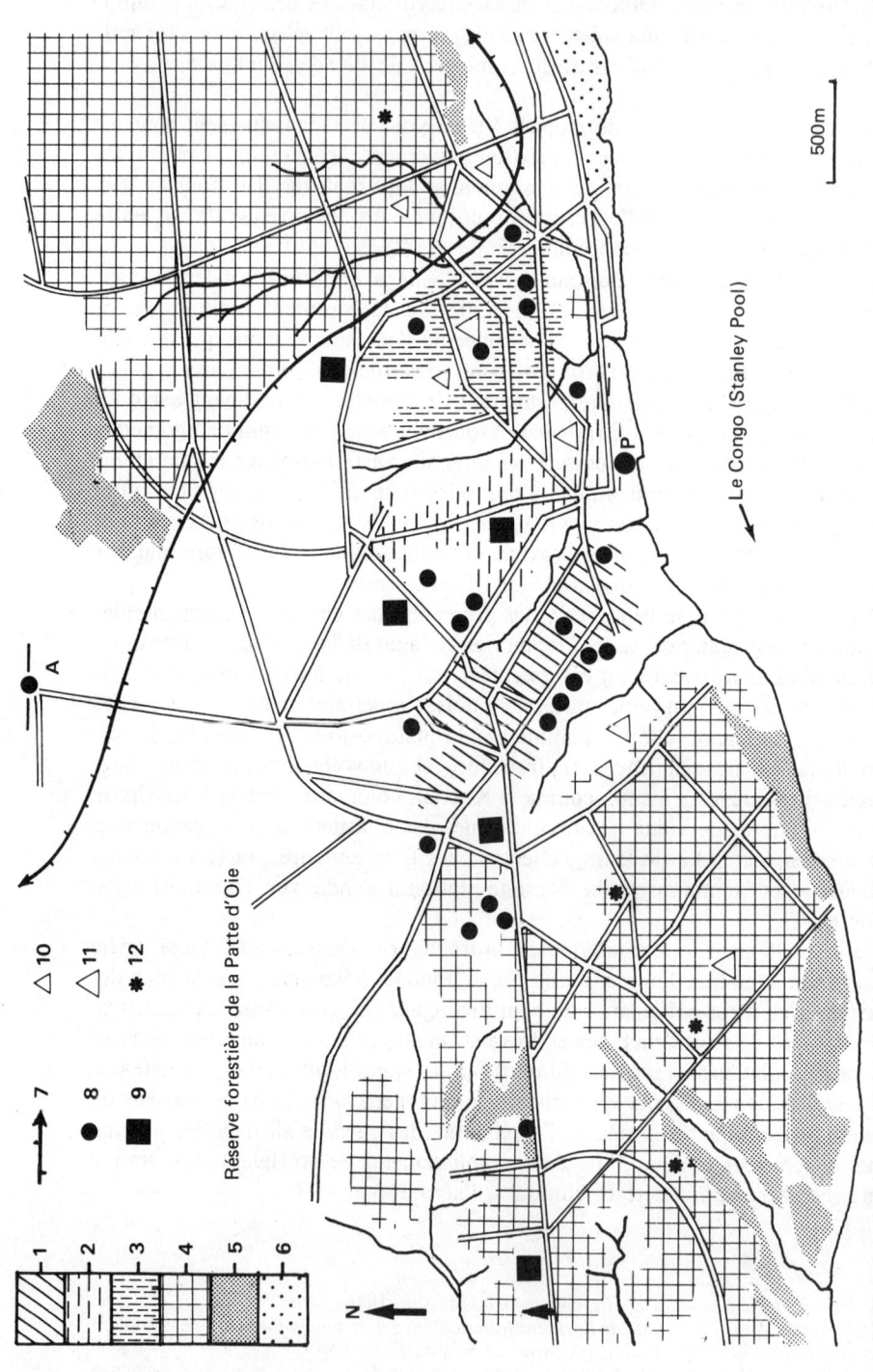

Quartiers "européens" 1 : le Plateau (administration) 2 : Tchad 3 : la Plaine (commerce) Quartiers africains : 4, et extensions entre 1966 et 1974 : 5 Zone portuaire : 6 Voie ferrée : 7 Grands services publics nationaux : 8 (P : Présidence de la République, A : Aéroport, Armée, police : 9 Église : 10 Mission : 11 Marché : 12.

Les quartiers pauvres, la ville indigène, la citadelle, sont une transition vers le bidonville, mal entretenus, mal équipés, autour d'un marché, des souks, auprès de la mosquée et de quelques fondations sociales; s'entassent des populations bénéficiant d'un travail régulier mais sans qualification. Enfin, en périphérie les bidonvilles s'étendent rapidement sous l'affluence des migrants qui dans leurs taudis essaient de recréer en se groupant, les structures de leur société d'origine sur des terrains de faible valeur, collines à pente raide de Rio de Janeiro, marécages dans l'Asie des Moussons (Calcutta), dépôts d'ordures à Lima, quand ce ne sont pas les agglomérations flottantes sur les chenaux de la rivière de Saïgon. Toujours interdits, toujours renaissants par la rapidité d'une croissance démographique désastreuse, atteignant en vingt ans : + 672 % à Mexico, + 629 % à Sao Paulo, + 442 % à Hong Kong (+ 13 % à Londres, + 43 % à Paris).

Entre chaque secteur fortement individualisé s'interposent de larges solutions de continuité entretenues par les élites étrangères puis nationales, dont l'importance topographique est disproportionnée à leur rôle économique réel. Ces frontières sont de nature variée, utilisant le relief ou résultant d'aménagements divers. Cuvettes et marigots découpent N'Djaména (Fort Lamy) et Brazzaville où la voie ferrée du Congo-Océan est un rempart franchissable en quatre points seulement; soixante-dix hectares de camps militaires isolaient parfaitement la ville française sur le plateau d'Abidjan du village d'Adjamé et du reste de la Côte d'Ivoire. Les cités indigènes de la capitale belge du Zaïre (Kinshasa) étaient barrées par des chaînes au sud d'une zone *non aedificandi* occupée par des usines, des casernements, le golf et, jadis, l'aérodrome.

Le fractionnement nait avec la ville elle-même, répondant aux soucis coloniaux et à l'avidité des notables locaux propriétaires terriens ou bénéficiaires de droits concédés. L'histoire de Brazzaville démontre les modes de mise en place du puzzle. [10].

Auprès des quartiers de l'administration française, un premier village est constitué par des commerçants fournissant la jeune agglomération en produits de base et le trafic d'exportation; les migrants ruraux viennent s'y installer en reconstituant les cadres de vie traditionnels jusqu'à ce qu'en 1901, l'expansion de la ville européenne les chasse. La volonté de morceler la société locale d'une part, d'autre part la solidarité ethnique, vont mettre en place des noyaux d'habitations isolés et caractérisés par l'appartenance ethnique ou nationale qui sont à l'origine de l'urbanisme actuel : Bacongo, Poto-Poto, villages sénégalais, annamite, cités dortoirs surveillées pour lesquelles le plan en damier sera rendu obligatoire au début du XXe siècle afin de contrarier la reconstitution des structures vernaculaires, cependant que les chrétiens mariés religieusement s'installent en contrebas de la colline qui domine la mission catholique.

Cet aménagement autoritaire mis en place en 1911 sépare désormais chaque

---

10. Mayindou F., *Brazzaville et l'organisation régionale du Congo* (thèse) Université de Paris VIII, 1976.

86 Pratique de la ville

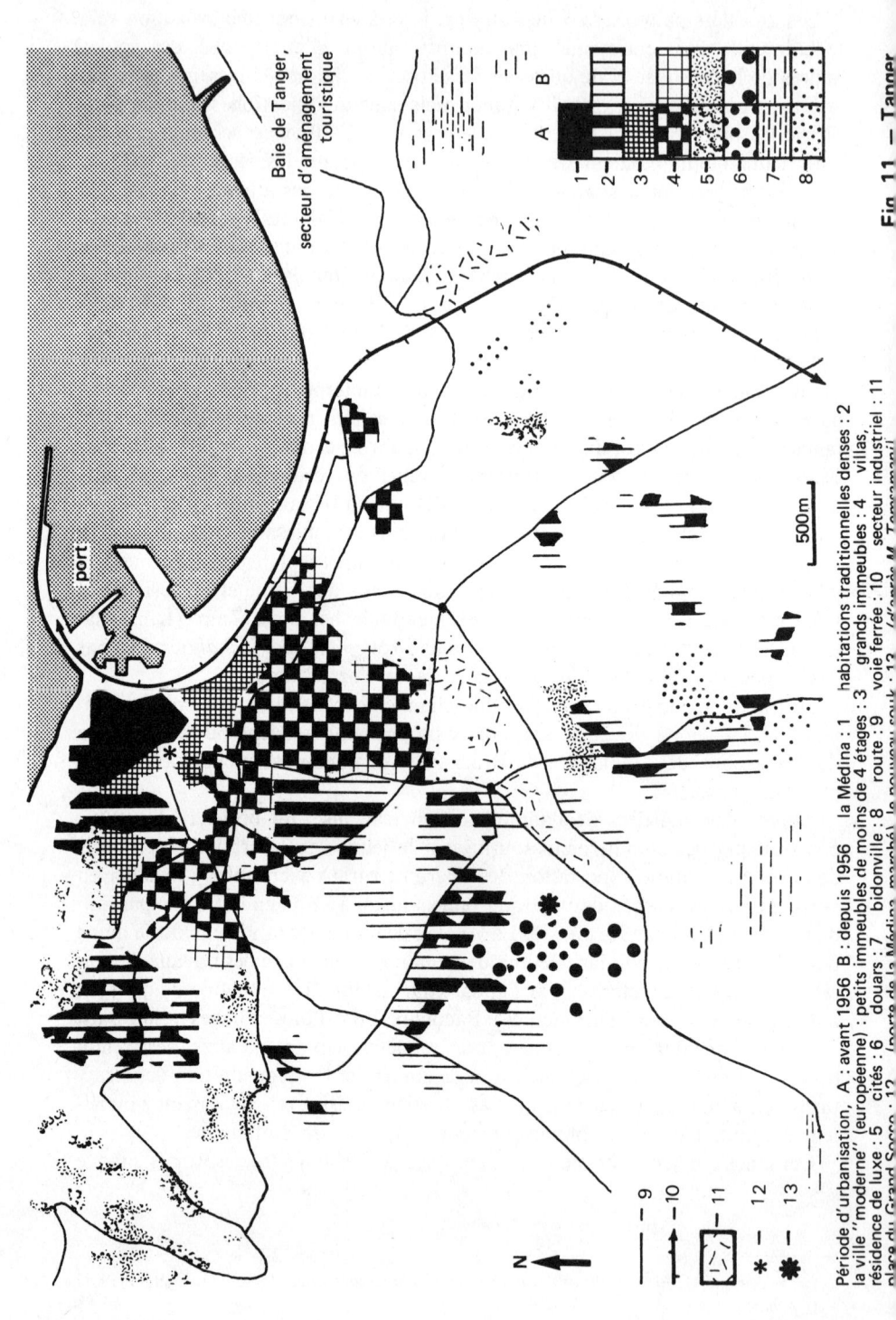

Baie de Tanger, secteur d'aménagement touristique

port

500m

N

Fig. 11 — Tanger

Période d'urbanisation, A : avant 1956 B : depuis 1956   la Médina : 1   habitations traditionnelles denses : 2
la ville "moderne" (européenne) : petits immeubles de moins de 4 étages : 3   grands immeubles : 4   villas,
résidence de luxe : 5   cités : 6   douars : 7   bidonville : 8   route : 9   voie ferrée : 10   secteur industriel : 11
place du Grand Socco : 12   (porte de la Médina, marché), le nouveau souk : 13   (d'après M. Tamsamani

famille sur une parcelle attribué par un « droit d'habiter », procédé déroutant pour des populations traditionnellement organisées communautairement. D'autant plus que la croissance de la capitale de l'Afrique Equatoriale française ne peut plus être contrôlée par le pouvoir; celui-ci transformera le droit d'habiter en un droit d'occupation concédé aux notables bakongos et tékés, selon le droit romain, propriétaires fonciers abusifs et sans scrupules qui s'autoriseront toutes les exactions sur des « locataires » soumis à leurs intérêts à travers un partage absolument sclérosant hérité des concessions coloniales ou effet de la propriété coutumière. Des villes nouvelles comme San Pédro, port de développement du sud ouest de la Côte d'Ivoire, n'échappe pas à cette fatalité sous la pression de la spéculation.

Une telle scission obtenue par le déplacement de villages indigènes et le regroupement de certaines classes de population [11] peut devenir bénéfique en fournissant aux aménageurs des nouveaux Etats de vastes terrains de dégagement, des réserves foncières dont l'utilisation permet de résoudre à moindre frais les problèmes d'extension du centre de ville et de liaisons entre secteurs différents. Ces terrains militaires contigus aux quartiers européens reçoivent les infrastructures routières, servent d'exutoire aux besoins des jeunes administrations, sont affectés à des équipements sociaux ou culturels.

Il devient de plus en plus difficile pour le citadin d'échapper aux effets de limite dans des villes qui atteignent une dimension régionale. Pratiquement les effets d'une mobilité individuelle accrue sont annulés par l'allongement des distances et l'encombrement. Certains seuils sont atteints, dans les rythmes quotidiens comme dans les migrations de vacances en masses compactes : accroître les infrastructures conduit à la destruction, pas seulement physique, du milieu traversé et, incitant à une plus grande demande, multiplie sans fin les données d'un problème jamais résolu.

L'extension d'espaces spécialisés et typés à l'extrême, qu'ils soient résidentiels ou de production, répond peut-être aux théories d'un rendement maximum; elle contrarie certainement l'épanouissement des individus et de la collectivité. En ce sens l'architecture et l'urbanisme qui anihilent progressivement les réactions de défense vis-à-vis du milieu, peuvent inquiéter. « Le travail en miettes »[12], la ville en morceaux, affectent d'abord ceux qui sont le moins armés pour réagir contre un cadre de vie appauvri dont ils sont prisonniers à jamais.

---

11. Le quartier de la Médina à Dakar résulte du regroupement lors de l'épidémie de peste de 1914, des populations indigènes déjà éjectées du Plateau par la conquête française.
12. Friedmann G., *Le travail en miettes*. Gallimard 1964; Laborit H., *L'homme et la ville*, Flammarion 1971, Paris.

4. Organisation et desserte

La localisation d'aucune activité, d'aucun groupe d'habitants n'est neutre; la ville est une imbrication d'espaces fonctionnels dont la disposition ne saurait être due au hasard, elle répond à une logique issue du croisement de nombreux facteurs, politiques économiques, technologiques. L'embourgeoisement des centres urbains n'est une évolution inéluctable que dans la mesure où le sens de l'histoire présenté comme s'imposant à tous, sert les intérêts de quelques-uns. L'histoire économique peut expliquer que dans le col de la Villette, à Paris, seul passage bas vers le nord et l'est européen minier où sont rassemblés voies ferrées et canal, se soient concentrées les industries lourdes sur des sites où la proximité d'épaisses couches de gypse avait suscité la fabrication de chaux et de plâtre. Elle ne peut justifier les conditions d'habitat et de vie des classes les plus modestes, le sous-équipement des banlieues populaires et leur mauvaise desserte par les transports en commun. Les solutions aux distorsions géographiques et à l'inégal développement ne sont pas la voie la plus aisée, mais le choix est possible.

La physionomie de l'organisation urbaine.

Chaque activité subit des impératifs technologiques, choisit son espace, le construit, le renforce selon des considérations socio-psychologiques qui sont celles de ses dirigeants. Les projets pour de nouvelles implantations des services de l'Etat, pour les sièges sociaux de grandes sociétés productrices de biens ou de services sont symptomatiques de la qualification des espaces urbains et de leur valeur subjective. Il convient de ne pas minimiser le « quartier vécu » des entreprises. La notion « d'environnement de qualité » est d'abord sociale avant d'être une justification économique, elle assure la permanence de la localisation d'un type d'activité sur un site donné en y perpétuant structures et paysages : la Préfecture, la caserne, l'hôpital, la cathédrale, la gare sont des symboles autant que des services ou des monuments.

La ville siège d'une Préfecture jouit d'un prestige qui ne tient pas seulement à sa taille démographique ou à son rayonnement économique. Elle est le symbole de l'autorité de l'Etat et des instances qui y siègent; lui retirer sa Préfecture équivaut à une dégradation même si de larges compensations lui sont offertes.

Si le quartier de la cathédrale se caractérisait par l'association de demeures aristocratiques et des établissements religieux le long de rues calmes ceinturant de vastes îlots où les jardins occupent une grande place, les administrations de l'Etat et les notables y maintiennent une atmosphère compassée dont le contraste est autant spectaculaire que brutal avec le centre communal. Les bâtiments préfectoraux, monumentaux, sont admirés et craints, abritant un pouvoir dont le siège est extérieur à la ville, lointain et mystérieux, dans la mesure où tout en bénéficiant du prestige de la centralité, ils sont volontairement à l'écart du noyau municipal, point de convergence des axes de communication traditionnels au tissu très dense et à la forte activité commerciale.

Toujours sur les franges du centre-ville, les Préfectures sont au milieu d'îlots de résidence aisée construits à l'époque moderne. Leur cadre architectural, le contenu social composé des classes dirigeantes participant de près à la vie politique, assurent une homogénéité apparente que l'intrusion progressive, récente, des activités des services supérieurs n'a pas troublée. Même si les rues sont étroites, les coefficients d'occupation du sol restent faibles et le parc est, partout, proche, à une distance inférieure à celle des normes prévues pour les squares desservant un îlot de résidence. L'urbanisme administratif contemporain dépend d'un héritage d'autant plus contraignant que les institutions sont anciennes, pourtant la Préfecture, l'Hôtel de ville, le Palais de Justice sont beaucoup plus fréquemment installés qu'on ne le croit généralement dans des constructions spécifiques modernes. S'ils occupent naturellement les locaux des institutions royales ou communales d'avant la Révolution, la plupart d'entre eux disposent d'immeubles conçus spécialement au cours du XIXe siècle et les guerres ont nécessité de nombreuses reconstructions récentes.

BATIMENTS ADMINISTRATIFS EN FRANCE
(en % du total de chaque activité)

date de construction	avant le XVIIe s.	XVII XVIIIe s.	XIXe s. avant 1870	après 1870	XXe s.	Total
Préfecture	-	8	8	26	18	60
Hôtel de ville	9	11	11	16	11	58
Palais de Justice	4	13	40	13	4	74

Les institutions provinciales ont pu utiliser les infrastructures mises en place sous l'Ancien régime, pourtant la proportion est (relativement) faible de services extérieurs installés dans des immeubles dont la destination première était autre, que ce soient des évêchés, des couvents, des hôtels nobles confisqués après 1790 ou 1905, ou achetés, et dont l'architecture convenait au prestige des bureaux.

REUTILISATION DE BATIMENTS NON ADMINISTRATIFS
(% du total de chaque type de bâtiment)

– bâtiments occupés par = – origine : évêché couvent hôtel particulier	la Préfecture 13 11 16	l'Hôtel de ville 7 7 21	Le Palais de Justice 4 13 9

Pour mettre en évidence l'organisation urbaine à travers la disposition des équipements dont le niveau de desserte est au moins celui de la ville, des indices ont été calculés à partir de la mesure, sur les plans de 338 villes françaises [1], de la distance séparant l'équipement considéré du « point central » de la ville et de la longueur d'axes dans le centre de ville. Le *point central* est déterminé par l'intersection du plus long axe qu'on puisse tracer dans le centre de ville, avec le plus long axe qui lui soit perpendiculaire. (Une localisation au cœur du centre urbain donne un indice nul; sur la limite même du centre de ville = 100).

Le système des relations, leur densité peuvent être saisis par un rapport entre le nombre des carrefours et d'intersections de voie et le nombre d'orientations des axes principaux. Ces taux varient peu quelque soit la taille de la ville, les écarts les plus notables concernent les villes de 50 000 à 100 000 habitants qui semblent une transition entre petites et grandes agglomérations de structures sinon de formes homogènes.

L'organisation urbaine repose sur des niveaux de centralité qui reflètent par leur variété, l'histoire de la communauté. Partout la convergence vers trois éléments majeurs est remarquable : l'hôtel de ville, la cathédrale, le marché, qui dans 99 % des cas, sont à l'intérieur de la ville médiévale fortement personnalisée en servant de référence générale aux localisations et aux pratiques. Il est possible de définir théoriquement des couronnes correspondant à des nuances de cette centralité.

● Le centre-ville municipal et commercial, avec l'hôtel de ville, le marché couvert, les grands magasins, le théâtre, est juxtaposé à la « cité aristocratique » dominée par la cathédrale et devenue le lieu privilégié des administrations de l'Etat. L'indice de *densité des relations* y est supérieur à 10; dépassant 16 dans la partie la plus ancienne, compris entre 10,5 et 15,8 dans ses extensions de l'époque moderne. La forme de la zone centrale est, en moyenne ovoïde; bien que plus oblong, parfois étiré le long d'une rue principale, le centre des petites villes présente une uniformité dont témoignent de faibles écarts à la moyenne. A l'opposé, dans les grandes agglomérations de plus de 100 000 habitants, si les surfaces diffèrent la forme tend à un polygone convexe souvent hérité d'une succession de murailles défensives ou fiscales.

---

1. A l'exception de la région parisienne.

Tailles des villes =		⩽ 20 000 hb			20-50 000			50-100 000			⩾ 100 000 hb		
		Ve	M	80	Ve	M	80	Ve	M	80	Ve	M	80
Cathédrale	+	213	51	112	91	24	49	68	23	58	64	26	61
	−	0		16	0		9	0		1	6		12
Hôtel de ville	+	349	68	133	135	26	66	86	23	63	133	27	76
	−	0		20	0		18	1		6	6		12
Marché couvert	+	287	61	136	200	28	75	129	29	76	80	34	57
	−	4		23	1		9	6		10	4		17
Palais de justice	+	288	74	168	114	41	89	124	40	86	137	40	109
	−	5		38	1		12	6		12	1		10
Poste	+	689	93	212	488	40	81	170	47	111	132	38	86
	−	3		31	2		12	0		4	1		15
Préfecture, Sous-Préfecture	+	595	113	256	287	51	136	136	49	114	149	49	91
	−	20		49	4		12	4		2	1		15
Champ de foire	+	305	111	197	164	61	142	129	70	126		✻	
	−	3		60	29		37	43		47			
Gare routière	+	473	130	351	319	76	172	180	80	139	152	66	114
	−	45		66	2		22	14		31	10		24
Parc public	+	833	170	278	153	57	107	261	73	140	278	86	153
	−	20		93	2		36	30		37	37		49
Cité administrative	+	459	120	280	229	137	174	112	69	110	229	71	167
	−	78		96	37		64	23		29	25		31
Hôpital public	+	684	188	526	389	99	211	211	98	189	450	118	246
	−	13		55	3		39	8		48	34		39
Caserne	+	524	216	449	342	110	233	297	116	186	461	113	220
	−	63		119	12		43	33		52	20		70
Gare ferroviaire	+	1201	315	548	599	125	251	273	138	171	366	104	295
	−	83		151	42		62	47		62	26		66
Commerce (grandes surfaces)	+		✻		542	58	✻	556	44	373	838	50	590
	−				3		✻	1		12	4		18

− Ve : valeurs extrêmes de l'indice; M : valeur médiane; 80 : valeurs entre lesquelles sont comprises 80 % des villes étudiées.
− ✻ : nombre de données insuffisant ou nul
− + : valeurs supérieures; − : valeurs inférieures.

TAILLE DES CENTRES DE VILLE

Surface (hectares)	1/2 médiane inférieure	médiane	1/2 médiane supérieure
⩽ 20 000 habitants	10,3	16,0	25,9
20 000 à 50 000 habitants	17,2	27,8	37,5
50 000 à 100 000 habitants	29,4	41,6	63,8
100 000 habitants ⩽	54,0	75,0	104,0
Valeurs médianes	25,3	36,3	54,0

● Une couronne de part et d'autre des limites du centre urbain comprend les équipements qui sont de création relativement récente et peu soucieux de la proximité du pouvoir local, ou qui répugnent à se fondre dans un cadre prestigieux mais vieux et dense. Cette zone de transition juxtapose les activités industrielles, artisanales anciennes, des quartiers de résidence bourgeoise du XIXe siècle entre les couvents de la Renaissance à l'époque moderne, les cliniques, les professions libérales. La poste centrale est dans le prolongement du centre commercial sur un axe hôtel de ville-gare où l'on trouve aussi la gare routière qui se détache de la gare ferroviaire (emprise linéaire vaste formant une barrière

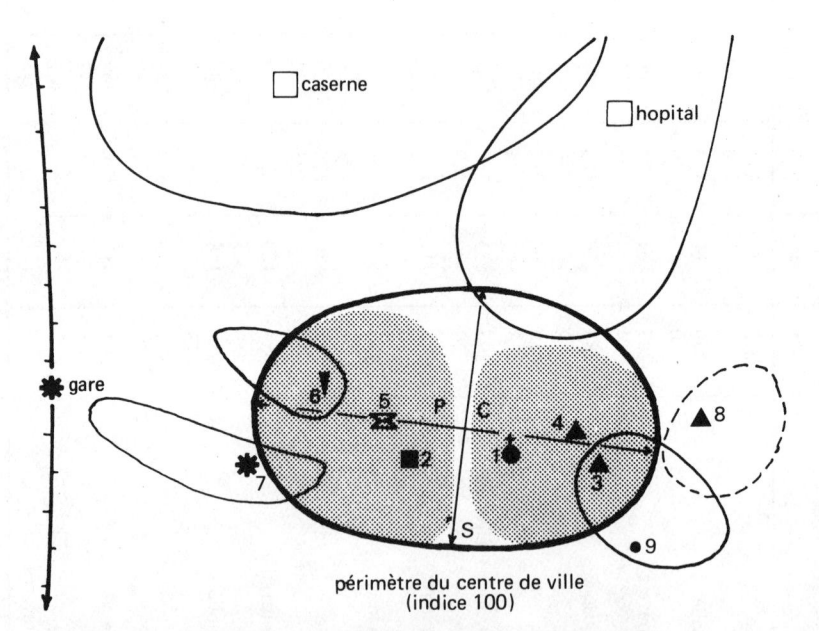

1 : cathédrale   2 : hôtel de ville   3 : Préfecture   4 : palais de Justice
5 : marché couvert   6 : poste centrale   7 : gare routière   8 : cité administrative
9 : parc public   C : point central intersection de l'axe principal P avec l'axe secondaire S.

Fig. 12. — Affinités schématiques des équipements urbains.

hôtel de ville

cathédrale ou église principale

préfecture ou sous-préfecture et cités administratives

gare ferroviaire

1 : représentation du point central A : villes de < 50 000 hb. B : > 50 000 hb
2 : échelle pour la valeur 100 de l'indice

Fig. 13. — Localisation de cinq services urbains.

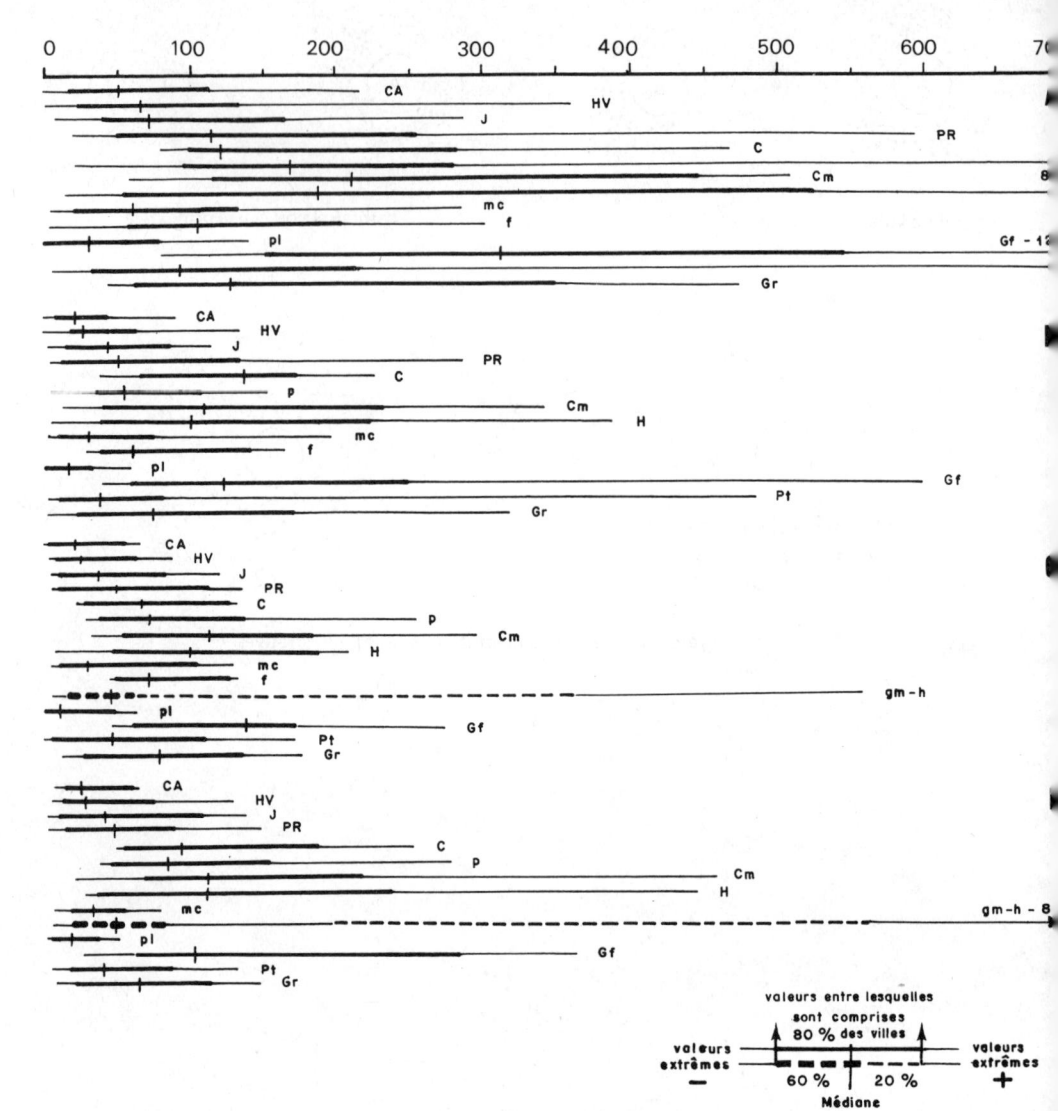

Villes de moins de 20 000 hb : A   de 20 000 à 50 000 hb : B   de 50 000 à 100 000 hb : C   de plus de 100 000 hb

Ca : cathédrale ou église principale   HV : hôtel de ville   PR : préfecture ou sous-préfecture
C : cité administrative   p : parc   Cm : caserne   H : hôpital   mc : marché couvert   f : place du champ de foire
gm-h : grands magasins et hypermarchés   pl : place, cours central, mail   Gf : gare ferroviaire   Pt : poste centrale
Gr : gare routière   Périmètre du centre ville : indice 100

Fig. 14. — **Position des principaux équipements et services publics par rapport au centre de ville.** (selon l'indice de centralité)

continue) pour se placer sur un nœud de convergence de la voirie près d'une ancienne porte de la ville, du marché ou de la place qui fut le champ de foire.

LA LOCALISATION D'EQUIPEMENTS URBAINS; INDICES MEDIANS.

- cathédrale = 31; hôtel de ville = 36; marché couvert = 38;
- palais de justice = 48
- poste = 54; préfecture ou sous-préfecture = 65
- champ de foire = 80; gare routière = 88; parc = 96;
- cité administrative = 99
- hôpital public = 125; caserne = 138; gare ferroviaire = 170

● Les périphéries contrastent avec le centre en juxtaposant de vastes plaques ou des faubourgs linéaires uniformes par leur physionomie, leurs fonctions etc... L'indice de *densité des relations* ayant marqué une rupture, diminue de valeur à partir de 4,3/7,8 (selon la taille de l'agglomération) par ressauts successifs, jusqu'aux taux nuls du milieu agricole. Avec l'hôpital, puis les casernes et les installations ferroviaires, sont réunies les localisations postérieures à 1840 et, alors, extérieures à la ville. L'essor industriel, l'expansion contemporaine les

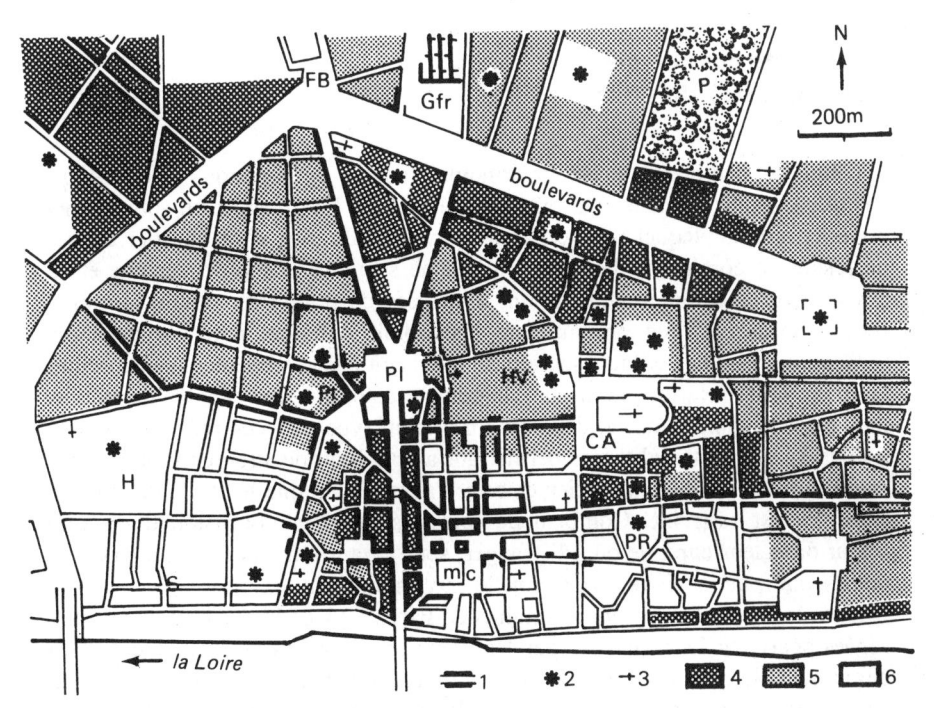

1 : commerces   2 : services publics, administrations   3 : lieu de culte   Habitat 4 : aisé   5 : moyen
6 : pauvre   CA : cathédrale   HV : hôtel de ville   J : palais de Justice   PR : préfecture   H : hôpital
Pt : poste   mc : marché, halles   Gfr : gares ferroviaire et routière
pl : place du Martroi   R : rue Royale   B : rue de Bourgogne   FB : faubourg Bannier

Fig. 15. — Le centre d'Orléans.

ont progressivement ennoyées. Les bâtiments étaient conçus spécialement selon les normes de l'époque pour l'activité qui y était installée; dans le cas de transferts récents, ils peuvent s'avérer moins fonctionnels (cités administratives dans des casernes déclassées, mutations industrielles...)

Un seuil pour les villes de 40 000 à 60 000 habitants, marque un changement d'échelle : les rapports entre les distances séparant chaque équipement tendrait à se réduire mais l'allongement des intervalles entre chacun des équipements n'est donc pas dû à un plus grand éparpillement mais à l'extension de l'agglomération et du centre de la ville. Les trajets sont plus longs, le contact avec le milieu rural faiblit, le citadin dès lors mesure ses déplacements par le temps de parcours seul correctement évalué et non plus par la distance dont l'estimation devient de plus en plus aléatoire, jusqu'à l'exemple de Paris où aucune commune mesure ne relie la réalité aux évaluations.

L'appréciation de la desserte est fondamentalement différente selon qu'on vit en milieu rural, dans des villes moyennes ou dans de grandes métropoles. La mobilité devient un facteur qui favorise quotidiennement la pratique différenciée et étendue des citadins tout en permettant la partition de l'espace en secteurs spécialisés.

La desserte commerciale ou la diversité de l'offre

L'activité commerciale est le principal facteur d'animation, l'élément qui structure le plus fortement la pratique de la ville. Sa diversité ou son absence est le critère sur lequel repose l'appréciation qualitative d'un quartier au lieu de résidence comme au lieu d'emploi. Il ne s'agit pas de proposer une étude des structures commerciales qu'ont analysées de nombreux ouvrages magistraux consacrés à ce domaine de l'économie urbaine, mais de constater qu'actuellement les contacts sociaux se réduisant par le repliement sur la cellule familiale et les relations de travail, le commerce paraît seul capable de susciter un espace communautaire, de créer un certain type de « centralité ». En effet, il constitue le principal thème permettant à l'habitant de structurer sa connaissance de la ville, de l'apprécier et cela d'autant plus que le choix des thèmes possibles est restreint. Combien de touristes aussi, à l'occasion d'un court séjour dans leur capitale ou à l'étranger, sont autant attirés par une course aux achats que par la visite traditionnelle aux monuments?

Dans les arrondissements populaires de Paris, 72 à 85 % des personnes interrogées décrivent leur quartier par les commerces, moins de 20 % d'entre eux citant aussi la proximité du travail, des services publics divers dont les écoles, les espaces de loisirs et les transports. Dans les arrondissements aisés à l'urbanisme aéré, le commerce garde sa place même si les espaces verts deviennent un élément important; dans les VIIe et XVIe arrt. les commerces sont cités par 50 % des habitants, les espaces verts et les parcs par 37 %. De plus, les habitants installés depuis peu de temps ont une connaissance fonctionnelle de l'espace qui se fonde d'abord sur leur pratique quotidienne (75 à 95 % des personnes interrogées). Ce n'est que dans les secteurs isolés de banlieue, polarisés sans de réelles possibilités de choix que l'équipement commercial est peu noté, supplanté par des thèmes fonctionnels immédiats proches du logement : à la Source (Orléans) à la Grande Borne (Grigny), 65 à 80 % des résidents citent les terrains de jeux, la verdure ambiante contre le quart d'entre eux pour le centre commercial.

A partir de seuils de rentabilité représentés par un minimum de population desservie, compte tenu du rythme de fréquentation spécifique à chaque activité, la normalisation préconise de prévoir pour les équipements commerciaux, 4 hectares pour 10.000 habitants. Cette surface varie dans la réalité par des différences de politique commerciale, de densités démographiques et architecturales, des effets d'attraction variés dépassant les aires de chalandise prévues ou, au contraire, de l'impact de la concurrence extérieure. Dans cinq centres de ville anciens, en France, pour une moyenne de 5,9 ha pour 10.000 habitants, les écarts ne sont pas considérables sauf dans un cas : Strasbourg 2,5 ha/10.000 hb, Nancy, 3,6 ha, Rennes 4,1 ha, Toulouse 6,9 ha, mais Grenoble 12,7 ha.

EXEMPLE DE NORMES DE DESSERTE PRECONISEES PAR LES CHAMBRES DE METIERS [2].

---

boulangerie-pâtisserie – fréquentation quotidienne
 – 2.500 à 3.000 hb dans un quartier résidentiel.
 – 4.000 à 5.000 hb dans une cité dortoir.
triperie – fréquentation hebdomadaire
 – 6.000 à 10.000 hb.
coiffure – fréquentation mensuelle
 – coiffure homme : 1.500 – 2.500 hb,
 – coiffure femmes : 1.000 – 1.500 hb,
blanchisserie – fréquentation mensuelle semestrielle : 4.000 à 5.000 hb.
horlogerie-bijouterie – fréquentation exceptionnelle : 2.000 à 5.000 hb.
prothèse dentaire – fréquentation exceptionnelle : 20.000 à 30.000 hb. (4 à 5 dentistes).

La norme n'a guère de sens que pour les activités de fréquentation courante, dont l'aire de chalandise est limitée; les commerces de luxe et certains services ont une attraction trop diversifiée pour se plier à un cadre qui tiendrait difficilement compte d'une influence dépendant de la qualité des produits, de la renommée de la firme ou du praticien. La fréquentation des établissements est très hiérarchisée selon qu'ils offrent les biens les plus courants ou les objets et les services les plus sophistiqués – mais aussi les plus soumis à la mode – pour une élite favorisée.

Le « petit commerce » dans son ensemble est jugé favorablement, étant regardé comme créateur d'ambiance par l'animation qui résulte de la conver-

---

2. Nomenclature simplifiée des établissements artisanaux en milieu urbain. Assemblée permanente des Chambres de Métiers, 1968, Paris.

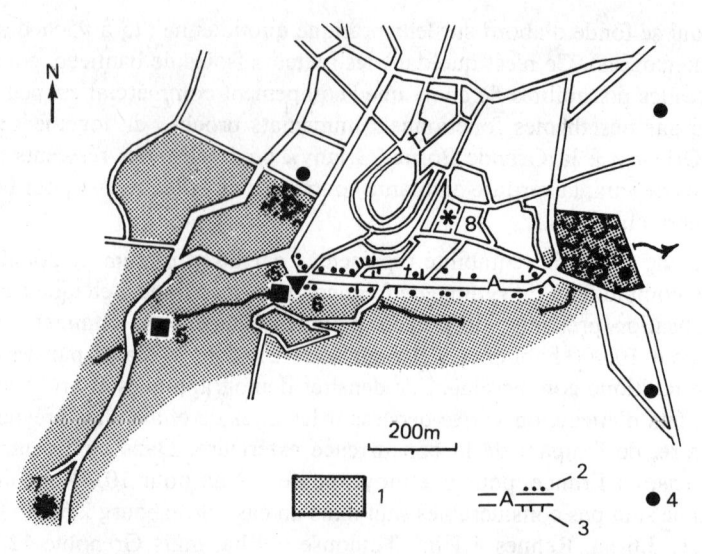

1 : quartier des curistes   A : ave. des États-Unis, commerces ouverts de mai à septembre : 2 , toute l'année : 3   4 : tennis, piscine, club hippique
5 : thermes   6 : casino-théâtre   7 : hôpital   8 : hôtel de ville

Fig. 16. — Une ville saisonnière : Châtel-Guyon.

gence de flux multiples. Bien que les prix qu'il pratique soient estimés chers, qu'on déplore la vétusté des boutiques, on apprécie d'avoir affaire à un spécialiste qui peut conseiller et assurer l'entretien après la vente. Dans l'image de la ville européenne, ce boutiquier professionnel reste lié à la rue commerçante dont le décor, les éclairages attirent, il s'oppose au vendeur anonyme, interchangeable des magasins en libre service, et c'est pour les rues de commerces d'alimentation que cette image est la plus forte bien que ceux-ci soient associés à d'autres activités (l'habillement surtout qui devient une menace pour l'alimentation quand elle faiblit).

STRUCTURES DE DEUX AXES COMMERÇANTS DANS PARIS

	Points de vente		Etat des établissements		
	%	nombre	neuf. modernisé	seulement entretenu	vétuste
Rue Lévis, XVIIe *	100,0	152			
alimentation	28,9	44	17	2	25
habillement	32,3	49	30	3	16
autres commerces	38,8	59	41	4	14
Avenue des Gobelins XIIIe **	100,0	101			
alimentation	11,8	12	8	2	2
habillement	31,7	32	25	7	-
autres commerces	56,5	57	36	19	-

* Vieille rue centre d'approvisionnement entre le quartier populaire des Batignolles et la riche plaine Monceau - ** avenue d'urbanisme haussmanien.

Dans une aglomération, en moyenne près de trois quarts des points de vente sont concentrés dans la vieille ville bien que des effets de concurrences apparaissent qui font que l'alimentation courante y croît moins vite que les autres activités moins soumises à la rivalité avec les magasins de grande surface périphériques. Pour une même activité, la localisation dans l'agglomération urbaine différencie qualitativement les établissements et les modalités de l'offre, les rues spécialisées, dans le centre, bénéficient d'une clientèle qui vient de loin attirée par la diversité de l'assortiment.

Dans une rue, dans un centre commercial, une hiérarchie s'établit. A Chicago, le long d'Ashland Avenue, deux intersections sont particulièrement recherchées, avec la 63e et avec la 79e rue où l'intensité du passage des piétons est maximum, par la concurrence le prix des boutiques y représente 80 fois celui pratiqué dans le reste de l'avenue [3]. Les rues Lepic, Cler, Levis à Paris, Warwick Way à Londres présentent un semblable contraste entre un tronçon extrêmement animé par des boutiques d'alimentation que prolonge le reste de la rue sans vitrines. Là où la densité commerciale est la plus forte et les prix les plus élevés, sur la rue se pressent les boutiques s'adressant à la clientèle de passage; les activités bénéficiant d'une clientèle fidèle (couture, coiffure) acceptent de se replier dans les cours voire même dans les étages si elles sont très spécialisées (numismatique par exemple) [4].

Dans le centre de ville, la place centrale où se tient encore parfois un marché, est le point de rencontre coutumier, à proximité de la gare routière, d'un parc de stationnement, d'un grand magasin. Entre les cafés, des boutiques souvent anciennes offrent une gamme de produits variés, l'alimentation représente de 10 à 25 % des points de vente et l'habillement le quart. La grand'rue qui traverse la ville de part en part est un long alignement de magasins de luxe où l'alimentation n'est représentée que par les pâtissiers, les confiseurs, les salons de thé. Spécialiste, le commerçant doit disposer d'un stock extrêmement diversifié et volumineux dont la rotation est lente; engageant de gros capitaux, il prend des risques financiers qui sont la condition du maintien de ce qui fait sa spécificité et son renom.

Appuyé sur les halles, un pôle d'approvisionnement alimentaire mêle les commerces de gros et de détail dont au moins la moitié sont d'alimentation, près des limites de la vieille ville et d'artères créées ou réaménagées au XIXe siècle (comme l'avenue de la Gare) qui forment une ceinture de larges boulevards ou une étoile divergente que prolongent les routes. Profitant de la circulation, s'y pressent des services (coiffure, cinéma), les banques, les agences immobilières, les cabinets médicaux et juridiques, des bureaux...

La variété des choix est un facteur d'attraction et de publicité. La conjonction de l'artisanat et de la vente du meuble fait le succès du faubourg Saint-Antoine

---

3. Berry Brian. *Géographie des marchés et du commerce de détail.* A. Colin, 1971, Paris.
4. Le prix des boutiques repousse aussi dans les cours les magasins de meubles, les galeries de tableaux qui nécessitent de grandes surfaces d'exposition.

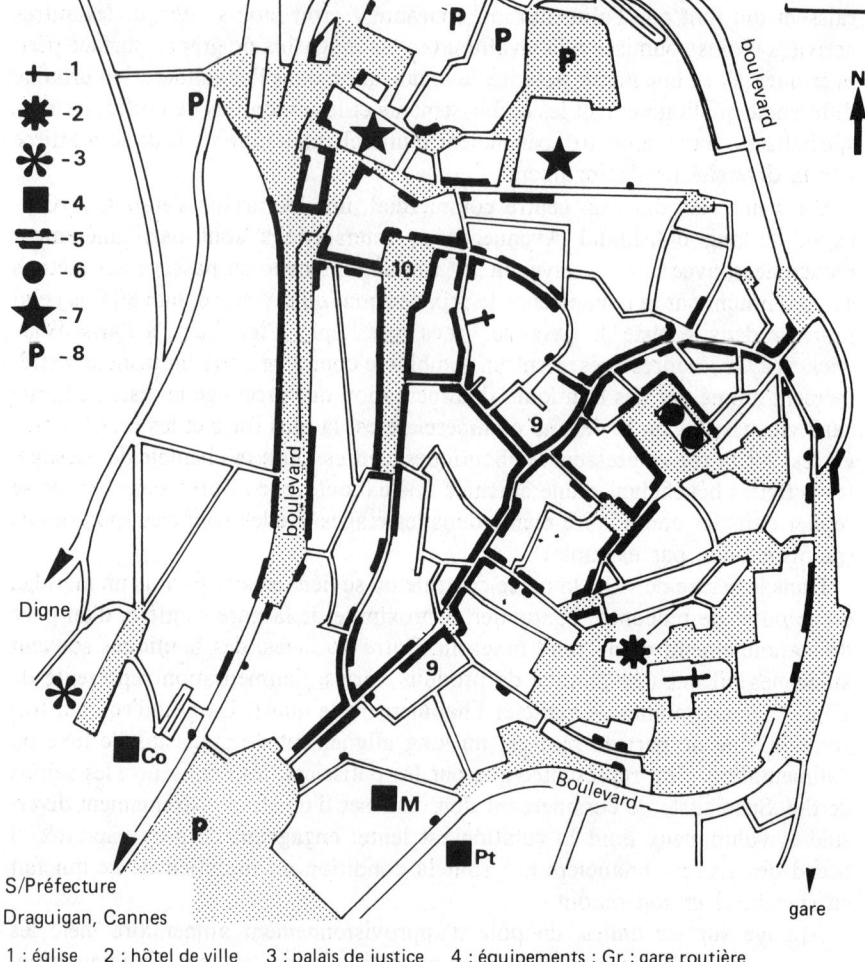

1 : église   2 : hôtel de ville   3 : palais de justice   4 : équipements : Gr : gare routière
Pt : poste   M : musée   Co : casino   5 : commerces   6 : marché couvert
7 : magasin de grande surface   8 : parc de stationnement   9 : grand'rue (rues Droite et J-Ossola)
10 : marché forain place aux Aires

Fig. 17. — Commerce et centralité à Grasse.

comme les activités spécialisées s'adressant à une clientèle bien définie ont intérêt à se regrouper; éditeurs et libraires du Quartier Latin, galeries d'art à Saint-James, antiquaires dans les rues pittoresques des vieilles cités qui offrent leur décor architectural, mode à Carnaby Street comme à la Chaussée d'Antin.

Les sorties de ville sont essentiellement fonctionnelles. A la déchéance de quelques vieilles boutiques d'alimentation, de bistrots, s'opposent les commerces de l'automobile, stations service, garages, accessoires, hôtels et motels échelonnés le long des routes et des déviations, près des échangeurs autoroutiers, d'autant plus loin dans la campagne que l'agglomération urbaine est importante. Ils sont rejoints par des activités nécessitant de grande surface d'exposition pour des achats exceptionnels pour lesquels l'acheteur consent un long déplacement; éventuellement dans l'entassement du centre de ville ne reste qu'une vitrine. Jusque dans les zones industrielles, c'est l'alignement derrière leur parking, des marchands de meubles, de luminaire, de matériels professionnels et de jardinage, de matériels de camping et de caravane, des monteurs de maisons préfabriquées, des hypermarchés.

Dans la banlieue, les « centres commerciaux » allient plusieurs modes de vente, le libre service, un magasin de grande surface s'adjoignant quelques boutiquiers indépendants, succursalistes ou en franchise dont le choix n'est pas très varié (l'alimentation occupant plus du tiers des points de vente). Un assortiment réduit suffit qui répond à une pratique fondée sur le groupement des achats. Se déspécialisant, le commerçant n'a qu'un stock réduit à rotation rapide mais couvrant une large gamme de besoins; il vise au dépannage des clients, adultes, jeunes, actifs qui en dehors des éventuelles visites au centre de ville, disposent de peu de temps et réclament des horaires adaptés. Mais la standarisation des produits, l'absence de contacts avec le vendeur (la lenteur aux caisses de l'hypermarché aux heures de pointe) dans une ambiance de fête artificielle qu'on sent destinée à inciter aux dépenses, confèrent un caractère déshumanisé et affecté que redoutent particulièrement les personnes âgées, les femmes au foyer... Finalement mal intégrés psychologiquement au quartier, « grandes surfaces » et « centres commerciaux » sont regardés comme un danger pour le « petit commerce » seul capable d'animation. Le jugement social contredit cependant souvent la pratique économique.

C'est par le commerce que commence l'appropriation de l'espace. La rue est représentée, mémorisée suivant l'utilisation qu'on en a, l'attention qu'on lui prête, lorsque l'environnement change, sa valeur et la perception varient simultanément : les centres commerciaux sont perçus comme des espaces denses, en sortir est concomitant à une représentation élargie des voies d'accès. Un cheminement sans point de repère ni attrait est toujours ressenti plus long qu'il n'est dans la réalité, un tronçon de rue commerçant est raccourci. Ces déformations ont été mesurées sur les plans du quartier vécu dessinés par des habitants de Boulogne-Billancourt : les voies fréquentées pour les services qu'elles offrent (moitié nord de la rue Paul-Bert, avenue André-Morizet avec la mairie et la poste) sont perçues comme courtes ainsi que les rues étroites qu'on suit chaque jour pour aller aux écoles de la rue de Billancourt et à la place Marcel-Sembat. A l'inverse, les rues peu fréquentées jugées sans intérêt sont rallongées dans l'esprit des habitants. Une rue tortueuse est sous-estimée à l'inverse d'une longue avenue rectiligne : les caractéristiques s'en trouvent renforcées, ce qui corrobore le fait qu'une perspective butant sur un monument ou un immeuble haut incite à raccourcir les distances par rapport à une perspective sans fond. L'urbanisme classique a habitué aux illusions d'optique, à corriger les lois de la perspective, cette perception géométrique n'est pas sans conséquence quant à la compréhension des plans dispersant les bâtiments.

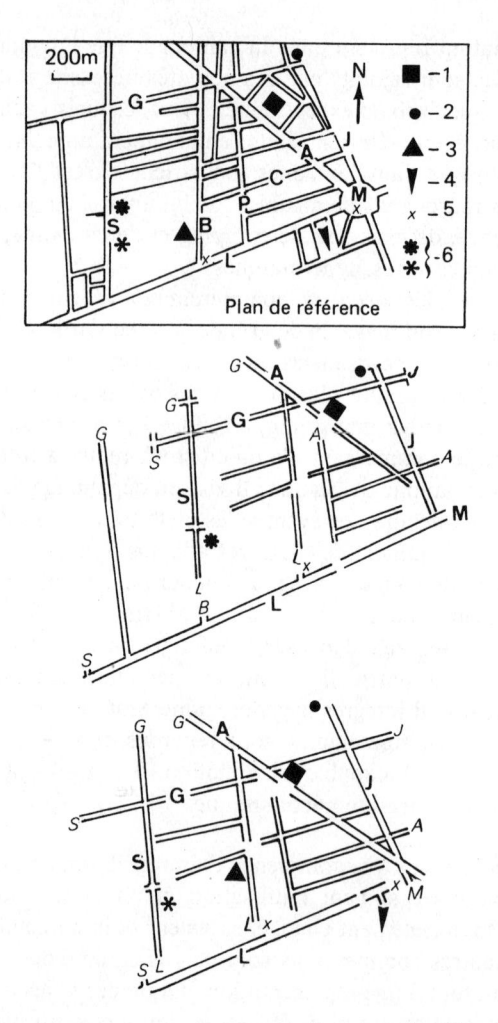

1 : mairie   2 : poste   3 : école   4 : marché   5 : métro   6 : domiciles
M : place Marcel Sembat   L : ave. du gnl. Leclerc   J : ave. Jean Jaurès   A : ave. A. Morizet
G : ave. du gnl. Galliéni   S : rue de Silly   B : rue de Billancourt   P : rue Paul Bert
C : rue Carnot

Fig. 18. — Les déformations de l'espace d'après deux quartiers vécus à Boulogne-Billancourt.

Plus que tout autre activité, le commerce est soumis à la mode, à un engouement saisonnier pour un lieu ou une catégorie d'objets d'autant plus éphémères qu'ils dépendent du goût d'un moindre groupe d'individus.

La rue traditionnelle n'est pas exempte de telles évolutions : la rue Mouffetard célèbre marché populaire subit actuellement une mutation consécutive à son renom, la rénovation de maisons anciennes, ou leur remplacement par des immeubles luxueux provoque un bouleversement sociologique qui supporte mal les boutiques d'alimentation et les bistrots. Toute modification dans le paysage incite à un déplacement des activités. L'expansion des bureaux au sud de la Seine modifie les pratiques dans l'ouest du VIIe arrt., mais le transfert des Halles de Paris à Rungis en 1970 a intensifié la fréquentation nocturne du Quartier Latin à un moment où la révolte étudiante permettrait d'y retrouver le frisson du noctambule!

DEFORMATION DES DISTANCES PERÇUES A BOULOGNE-BILLANCOURT
(POUR 100 REPONSES)

longueur représentée pour 100 m réels	rue P.-Bert		avenue Albert-Morizet		rue Carnot	avenue Général-Leclerc		avenue Général-Galliéni	rue de Billancourt	sente de la Pyramide
1	2	3	4	5	6	7	8	9	10	
⩾ 120	1	12	10	28	14	24	31	9	–	
100-120	8	19	18	19	47	57	47	26	4	
80-100	28	38	33	23	31	16	10	25	49	
50- 80	39	23	24	2	9	2	12	29	38	
⩽ 50	24	8	15	–	9	1	–	11	9	
Total	100	100	100	100	100	100	100	100	100	

2 – au Nord de la rue G.-Sorel
3 – au Sud de la rue G.-Sorel
4 – entre rue P.-Bert et pl. Sembat
5 – entre rue de Billancourt et Bert
7 – entre rue de Billancourt et pl. Sembat
8 – entre av. Galliéni et Leclerc

Il aura fallu attendre douze années et une passade pour les tissus lamés pour que les rues de Chartres et de la Goutte d'Or, ghetto interdit et déclaré dangereux durant la guerre d'Algérie, soient « récupérées »; un magazine féminin, en 1976, conseille ses lectrices : « les vendeurs sont sympathiques, habitués aux fouineuses et, si on discute un peu le prix, ils font un petit rabais. »!

Les secteurs habités par des groupes ethniques marquent l'image de la ville. Si les boucheries cachères et les pâtisseries des quartiers juifs restent d'intérêt local, les restaurants et les épiceries chinois sont un attrait touristique dans les villes américaines. A Paris, près de la gare de Lyon terminus ferroviaire des lignes de la Méditerranée, les quelques rues d'un quartier asiatique abritent maintenant des immigrés nord africains tandis que la vogue des restaurants chinois et vietnamiens auprès des employés de bureau, grâce à des menus simples et relativement peu onéreux, entraîne la dispersion des premiers occupants autour des quartiers d'affaires et de tourisme, de la Chaussée d'Antin à Montmartre et à la Chapelle, de Javel à Montparnasse et au Gros-Caillou

L'exemple type d'une transformation radicale est celui des passages couverts.

Depuis le XVIIIe siècle, le passage couvert était une opération d'urbanisme visant à drainer la circulation des piétons dans une voie abritée hors des encombrements, en faisant bénéficier des boutiquiers de l'afflux d'une clientèle

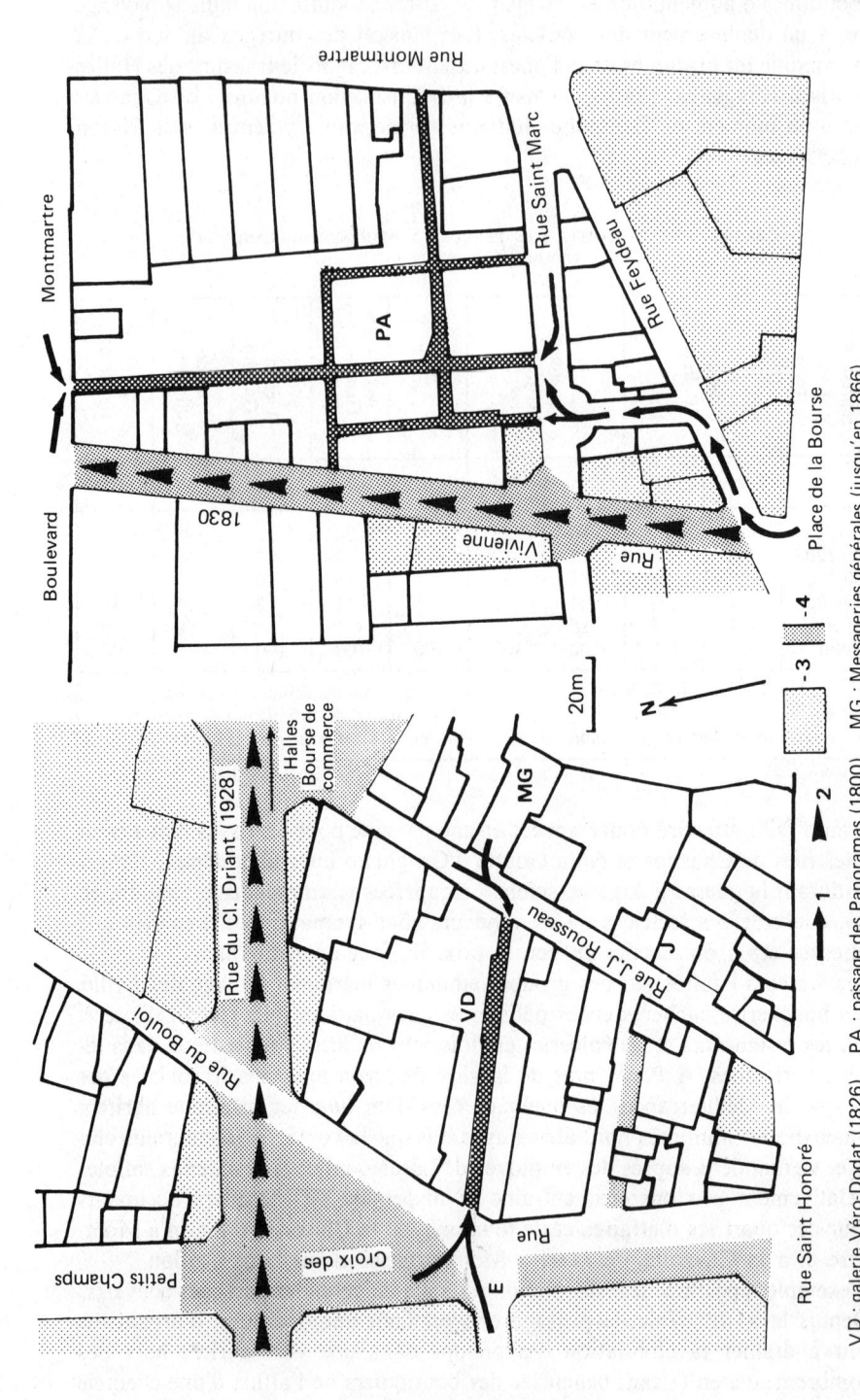

Fig. 19. — Déplacement des flux de circulation et des activités commerciales : l'exemple de deux passages couverts parisiens.

VD : galerie Véro-Dodat (1826)   PA : passage des Panoramas (1800)   MG : Messageries générales (jusqu'en 1866)
1 : itinéraires originaux   2 : itinéraires actuels   3 : îlots modifiés   4 : voies ouvertes depuis la création des Passages

sans soucis. Utiliser les cours intérieures de l'îlot représentait un gain de rentabilité pour les constructeurs. Lieu d'innovation qui bénéficia le premier de l'éclairage au gaz, dans le centre-ville à la mode, le passage participait à la vie boulevardière de Paris, de Bruxelles, de Milan, les spectacles y occupaient une large place auprès des cafés, salons de thé, boutiques de luxe et de l'édition.

L'urbanisme haussmannien en larges avenues, le détournement des flux de piétons et l'attrait du grand magasin conduiront à la désafection de ces passages des 1er et IIe arrondissements au moment où le centre des Affaires parisien se déplace vers l'ouest, du Palais Royal, du boulevard des Italiens vers les Champs-Elysées et le Roule. Délaissés, vétustes, ils sont récupérés par l'artisanat et le commerce de gros du Sentier : l'imprimerie dans le passage du Cerf et, avec la confection, dans le passage du Caire; les Panoramas et Vivienne sont de vrais entrepôts.

Depuis 1960, le renouveau du passage marque une conception fort différente aussi bien à la gare Montparnasse qu'à Eléphant and Castle. L'espace clos est un labirynthe dont le client est roi, même si le plan comme à Parly II ou à Eléphant and Castle paraît reproduire simplement une rue commerçante. Sur plusieurs niveaux parfois l'ambiance sonore, l'éclairage théâtral mettant en valeur la luminosité des vitrines, tentent par leur luxe apparent et clinquant une clientèle de cadres et d'employés, de visiteurs. Dans ce piège, les « niveaux » ont remplacé les étages effaçant l'image dépréciée du sous-sol du grand magasin (habituellement consacré à l'entretien, la droguerie, l'équipement ménager) et supprimant la référence au rez-de-chaussée et à la sortie; celle-ci n'indique que le passage du magasin à l'axe de circulation principal du labirynthe.

La tradition du passage couvert a été retrouvée au Japon : un étroit réseau de galeries souterraines relie les gares des entreprises de transports en commun aux immeubles de bureaux et à des parkings, en offrant, sans aucun effort de décoration, à une foule canalisée et pressée des produits de première nécessité, l'habillement, des restaurants, des bars.
- centre d'Umeda (Osaka) = 11 900 m^2 de surfaces commerciales (53 m^2 par boutique) dont 86 restaurants et bars, 87 habillements, 50 alimentations.
- centre d'Hankyu-Sanbangaï (Osaka) = 18.548 m^2 de commerces (100 m^2 par boutique) dont 61 restaurants et bars, 71 habillements, 46 alimentations et 6 services divers.

C'est l'utilisation d'une circulation de piétons considérable dans un pays où la gare n'a pas en soi de caractère monumental étant conçue comme un simple déversoir de foule. Rien de comparable en France où les boutiques dans les 43 stations de métro les plus fréquentées (31 ont un seul point de vente) restent marginales; les galeries marchandes dans les gares de la S.N.C.F. et du R.E.R. sont, sauf à Saint-Lazare (29 boutiques), hors les trajets directs des voyageurs. Les rythmes de vie européens et japonais diffèrent en ce que, pour les premiers, le lieu et le temps de travail sont bien particularisés dans l'existence quotidienne, l'entreprise n'assure pas un encadrement quasi paternel et constant, elle n'est pas le pivot essentiel de la vie sociale. La pause entre la sortie du travail et le retour chez soi répond à l'impérieux besoin des japonais de trouver un exutoire aux tensions d'une vie professionnelle exclusive où toute expression doit être contrôlée et répondre aux normes. Les relations d'amitié recoupant forcément le milieu de l'emploi, celui-ci est intégré à la vie privée. Dans les cafés et bars, petits à lumière tamisée, dont la densité dans le centre des villes est des plus fortes au monde, le japonais extériorise d'autant plus aisément ses refoulements qur le tradition admet que ce qui est dit en buvant ne prête pas à conséquence.

Le marché forain est pratiqué comme une détente, un retour à la vie provinciale, son attraction est très puissante surtout qu'il vise à compléter la desserte par les commerçants sédentaires, voire à la suppléer, et que sa concurrence exerce un effet notable sur les prix depuis la disparition des marchands des quatre saisons. Dans les marchés, à Paris, 86 % des places sont consacrées à l'alimentation (21 % pour les fruits et légumes, 19 % pour le poisson, 17 % pour les volailles et gibiers); proportion identique dans les grandes agglomérations de province. Dans les petites villes où l'afflux des agriculteurs est important, la part de l'habillement, de la quincaillerie peut représenter jusqu'à la moitié des places concédées.

Sa complémentarité suppose que le marché se tienne, en ville, les jours de repos des personnes actives, le samedi ou le dimanche. Chaque commune en banlieue a au moins un marché le dimanche matin; dans Paris où le rythme est de 2 ou 3 fois la semaine, 9 marchés seulement sur 41 n'ont pas lieu en fin de semaine.

On assimile à tort le marché au souk de la ville musulmane, qu'il s'agisse même des rues commerçantes européennes et des marchés indiens, parce que, d'abord, la diversité de ses structures est aussi grande que celle de n'importe quel autre lieu commercial.

Fonctionnellement, le souk – ou le bazar – du centre de ville est l'équivalent d'une cité des affaires associant des activités économiques multiples, les commerces de gros et de détail, l'artisanat, aux banquiers, aux changeurs, aux guides, aux hôteliers, à des services. Les localisations s'ordonnent à partir de la mosquée qui, point de convergence des circulations, attire les boutiques de détail de produits de luxe; les échoppes des artisans se répartissent sur la périphérie. Ce bazar central est le niveau supérieur d'un réseau comprenant les souks de quartier et les souks des faubourgs assurant aux portes de la ville les échanges avec les ruraux, les nomades; ce sont les bazars de la porte sud-est d'Alep ou de l'ouest de Kaboul. En Tunisie, au Maroc, le souk artisanal ne vend qu'en gros et demi-gros.

A l'individualité de chaque maison dans la rue commerçante de type occidental ou indien, le souk – qui exclut totalement l'habitat ce qui permet de le clore la nuit et les jours chômés – oppose sont unité architecturale composée d'ensembles d'autant plus cohérents que se regroupent par rue des activités semblables ou s'adressant à une même clientèle. Ces éléments sont communs à tout paysage commercial; dans le réseau des ruelles bordées d'échoppes, surgissent les Khans, bâtiments de plusieurs étages entourant une cour et servant d'ateliers et d'abri pour les marchandises de faible prix, les marchandises de valeur étant entreposées, du moins dans les pays subissant une saison pluvieuse ou froide, dans des halles voûtées. Bordée d'arcades, la place royale d'Ispahan est le modèle d'un espace monumental, religieux, politique, commercial habituel en Iran et au Maroc mais aussi en Espagne catholique.

Le commerce vise plus à satisfaire les besoins de vente et d'expansion de l'entreprise que les exigences du client, acheteur et rien que cela. Créateur de désir, l'établissement de vente est agencé de manière à justifier comme étant la meilleure solution sociale, la disposition des produits visant à faire coïncider avec les buts de l'entreprise les désirs d'acquisition individuels. Les hypermarchés placent au fond du hall les stands des produits banals, alimentation, entretien, afin que les clients dont ils sont le principal motif de fréquentation, défilent devant les étalages de biens plus ou moins anomaux pour lesquels le désir n'est pas spontané. Le sol en pente ralentit la marche au retour vers les caisses, poussant un charriot plein on est sensibilisé encore par les tentations exposées à portée de main. Cette création de désirs est une dynamique qui ne dépend plus du client qu'on astreint à refléter l'image, valorisante, d'un mode de vie normalisé et asséné par les publicités et par la presse.

La variété des pratiques et des structures ne peut être mise en parallèle avec la desserte dans les pays d'économie planifiée où le commerce doit se soumettre aux règles du plan dont il subit les insuffisances et les contradictions. La répartition des points de vente est normalisée comme le sont les approvisionnements; la fréquentation s'effectue en fonction des arrivages et des livraisons. La ménagère subit chaque jour les queues interminables, sans savoir quel produit au juste elle pourra acquérir et sans garantie d'être servie. Un marché parallèle « libre », surtout pour l'alimentation, assure le strict minimum de souplesse dans les approvisionnements strictement standardisés du moins pour la majeure partie de la population.

La ville socialiste est une planification de l'espace, des besoins, du temps. Mais à des tarifs préférentiels, fournissant des fabrications étrangères même interdites, un circuit de distribution spécifique assure aux élites officielles le seul service de qualité, de la même manière qu'elles disposent de logements, de véhicules, de datchas à leur usage exclusif et de domestiques bénéficiant eux-mêmes d'avantages particuliers. Ce que la population ne peut se procurer doit rester ignoré; le profit est secret. Comme une réception luxueuse n'est pas retransmise par la télévision, les établissements réservés aux élites ne sont signalés en aucune façon et leur accès est filtré, que ce soient la pharmacie, les hôpitaux et cliniques du Kremlin, du Bolchoï, des académies, ou les magasins.

En système libéral, c'est à des archétypes qu'il contribue lui-même à former que le commerçant doit répondre : images de marque dont la localisation n'est pas indifférente. Un haut niveau de vie demande des biens et services de qualité; les blanchisseries ne se maintiennent qu'en milieu bourgeois, elles assurent un travail précautionneux convenant à la qualité des vêtements qui leur sont confiés, encore que certaines spécialisations aient disparu comme la dissociation entre l'artisan lavant les chemises et celui nettoyant et empesant cols et plastrons. Le cireur de chaussures qui recevait les souliers maintenus par des formes dans une housse marquée au chiffre du client a disparu, ainsi que le barbier chez qui chaque client avait un rasoir personnel pour chacun des jours de la semaine et que cet artisan apportait avec lui le dimanche en venant officier à domicile. Devenu coiffeur, il s'intitule fièrement éthéirologue capilliculteur biosthéticien, visagiste conseil. On ne trouve plus en ville de lavoirs publics, les tonneliers, les manufactures de chandelles, les fournisseurs d'harnachements pour les voitures à chevaux, les perruquiers pour cochers et couturiers de livrées pour domestiques... Des commerçants s'étaient spécialisés dans la fréquentation d'une clientèle riche, comme les établissements Nicolas, cavistes installés en dehors des rues – centres d'alimentation, dans des avenues bordées d'immeubles de rapport en pierre de taille appareillée, parmi les commerces de luxe...

Les agences bancaires ont une attitude semblable. Au rez de chaussée d'un immeuble cossu sur une voie passante ou une place, de préférence à l'angle d'une rue, elles recherchent les arrêts des transports en commun, la proximité des commerces courants (mais sans se mêler à eux), de la poste aussi malgré sa concurrence. Le banquier s'adresse aux habitants ayant un revenu élevé, industriels et commerçants, professions libérales, cadres supérieurs, notables qui constituent plus du quart, jusqu'au tiers de ses clients. Les fonctionnaires utilisent plutôt les chèques postaux, entreprise d'Etat, de même que les ouvriers qui ont de la banque une perception extrêmement typée (moins de 10 % de la clientèle). Sollicités par la publicité fondée sur la sympathie, la confiance, la franchise amicale, alléchés par la possibilité de « faire travailler son argent pour travailler un peu moins » les employés sont volontiers clients : les techniques bancaires se sont adaptées à leur besoins de gens pressés en multipliant à proximité des immeubles de bureau, aux stations des transports en commun, des guichets n'offrant qu'une gamme de services réduits mais efficaces aux heures de pointe, complétés par un distributeur de billets [5].

LA CLIENTELE PRIVEE DES COMPTES COURANTS BANCAIRES

employés = 43,31	cadres supérieurs = 6,48
sans profession, retraités = 12,06	professions libérales = 6,18
cadres moyens = 10,20	industriels, commerçants = 5,76
étudiants = 7,44	divers = 1,32
ouvriers = 7,26	Total = 100,00

Les comptes ouverts par les entreprises se groupent à « l'agence principale » d'un secteur bancaire, seule capable d'assurer une gestion complexe et de procurer des prêts; son rayonnement est donc vaste alors que celui des autres agences, dans Paris, est essentiellement contenu dans un cercle de rayon de 400 mètres en subissant ou profitant des facteurs d'attraction et de répulsion du tissu urbain.

---

5. Cénac R., *L'impact géographique des agences bancaires en milieu urbain*, Maitrise, Université de Paris, 1974.

Organisation et desserte 109

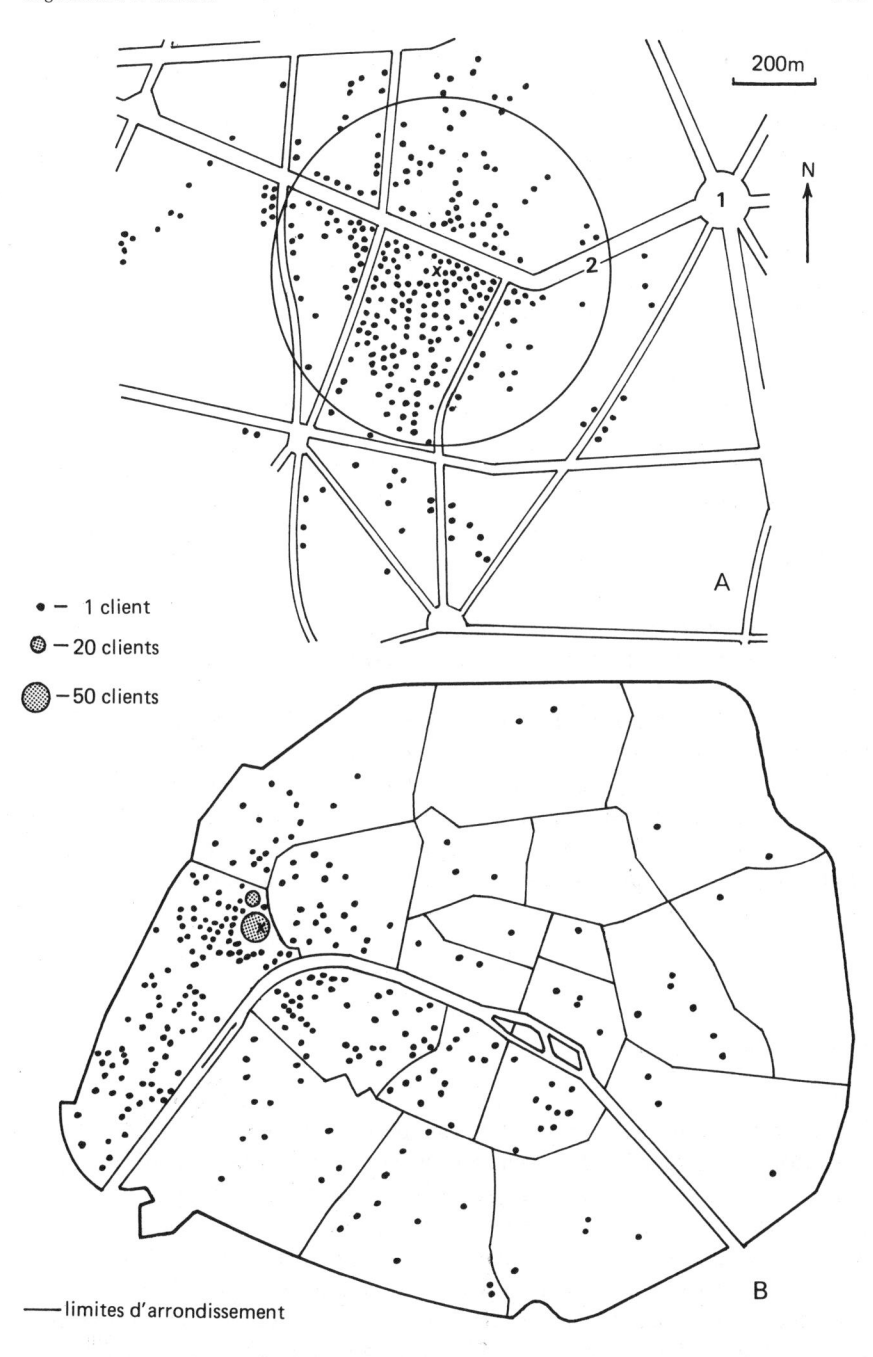

• — 1 client
◉ — 20 clients
◍ — 50 clients

——— limites d'arrondissement

A : une activité de service banal "de quartier"   B : un commerce de luxe
1 : place d'Italie   2 : bd. Blanqui

Fig. 20. — Types d'attraction commerciale dans Paris.

L'antagonisme entre la résidence de luxe et le commerce en général, l'interdit jeté contre les boutiques d'alimentation traduisent la conception qu'une classe sociale a de sa dignité et des impératifs qu'elle impose à son milieu ambiant. Les bruits, les odeurs peuvent être recherchés comme un dépaysement et accentuer le pittoresque des moments de loisirs, on s'encanaillait aux Halles, on fait « les Puces », mais il ne saurait être question que ces spectacles animés et populaires déprécient le cadre de la vie quotidienne. Reconstruit, l'îlot du village Suisse a substitué les antiquaires aux fripiers et aux brocanteurs. Les boutiques ont rarement été associées à l'hôtel particulier, elles ne sont apparues au rez de chaussée de l'immeuble de rapport que lorsque les baux commerciaux ont permis de compenser les pertes subies par la fixation du taux des loyers. Cette ségrégation très prononcée s'explique aussi par les facteurs du prix de vente des logements d'un immeuble, la moins value provoquée par les commerces d'alimentation les fait rejeter aux limites de l'habitat populaire, au contact de toutes les clientèles. Les familles aisées disposent de plus de temps pour leurs courses, utilisant la voiture, quand elles ne sont pas faites par la bonne ou la femme de ménage. Les aires de chalandise des rues d'approvisionnement alimentaire des quartiers « bourgeoise » sont toujours très vastes, d'autant plus que le personnel de service achète près de son domicile, chez ses propres commerçants, et fait livrer chez ses patrons parfois assez loin, à l'autre bout d'un arrondissement.

Si la desserte commerciale est diversifiée, la clientèle est autant hétérogène, ses besoins, ses possibilités, ses désirs sont les facteurs fondamentaux des comportements complexes. La vie commerciale urbaine est une permanente action réciproque entre un équipement qui s'impose à la population et une clientèle qui choisit selon la mode, des facilités pratiques... Critères économiques et attitudes psychologiques sont en balance remettant sans cesse en cause les situations acquises.

L'usager normalisé

La pratique d'un quartier dépend donc de la présence plus ou moins dense d'équipements diversifiés. La prévision des besoins pour une population urbaine dont les effectifs croissent très rapidement, les nécessités imposées en Europe par la reconstruction d'après-guerre incitèrent à définir une planification qui repose, quel que soit le régime politique de référence, sur une géométrie de l'espace d'esprit tout cartésien : la ville ne sera pas un terrain d'aventure. Les équipements sont prévus suivant une répartition hiérarchisée en rapport avec le nombre d'habitants à pourvoir, en distinguant semble-t-il, trois niveaux qui reflètent à la fois la fréquence des déplacements et la taille économiquement optimale de l'installation, puisqu'on accepte de parcourir un plus long trajet pour atteindre par exemple, un stade fréquenté hebdomadairement, que pour conduire deux ou quatre fois par jour les enfants à l'école. D'autre part, les

commerces nécessitant un certain groupement des boutiques, cela tempère leur dissémination. En moyenne, on constate [6].
— les équipements résidentiels = groupes scolaires, halte-garderie, terrain de jeux, bureau de poste annexe; l'aire de compétence couvre 20 à 32 hectares compte tenu des densités de la population.
— les équipements de quartier = collège secondaire, terrain de sports, crêche et centre social, pour 45 à 55 hectares et des commerces de voisinage pour 38 à 44 hectares.
— les équipements de niveau général dont l'aire de compétence peut dépasser les limites de l'opération d'urbanisme considérée = collège et lycée, établissement de culte, grands établissements sportifs pour 50 à 110 hectares, établissements de soins, maison des jeunes...

Si les deux premiers niveaux sont semblables dans l'ensemble des pays européens, l'Europe socialiste admet des répartitions moins serrées malgré une plus forte densité résidentielle pour le niveau général et, en particulier, pour les commerces qui rendent compte de la faiblesse et de la monotonie de la consommation familiale. En Pologne, les normes représentent :
— 11 à 33 hectares pour les équipements résidentiels (11 à 17 hectares pour les écoles maternelles, 47 ha pour les équipements sportifs)
— 100 à 190 hectares pour les équipements de quartier; 71 ha pour les centres d'approvisionnement de base.
— 190 à 620 hectares pour les équipements généraux dont l'attraction dépasse largement les limites des villes nouvelles.

Cette conception est fondamentalement quantitative et ne retient ni les modes de vie, ni les désirs, ni les conditions locales de la desserte qui peuvent accroître à l'extrême la longueur des déplacements. Particulièrement lorsque le promoteur désire implanter un centre commercial régional, les points d'approvisionnements locaux, courants, font défaut dans la plus grande partie des zones habitées. La pratique que les habitants, jamais consultés, ont ou auront de l'espace n'est pas l'objet d'études et de prévisions.

Les localisations ne correspondent pas à l'aire de desserte, les normes ne tiennent pas compte de la répartition géographique des équipements standardisés qu'elles proposent par rapport aux densités et à l'éloignement. Les analyses a posteriori des urbanistes sont éloquentes (à l'exception des opérations dans les villes nouvelles) par leur mutisme au sujet des équipements collectifs.
— « Intégration au milieu urbain. Le « Hameau de la Chapelle » est un prolongement du vieux village d'Esparron de Verdon, sur le bord d'un vaste lac artificiel. A 50 m des premières maisons du village, le hameau est relié à lui par plusieurs chemins et routes. Malgré les quelques équipements du village, et le petit centre commercial intégré à l'opération, le Hameau est assez isolé; un service de car assure la liaison avec Gréaux-les-Bains (15 km) et Manosque (30 km). Présence d'équipements touristiques liés au lac artificiel (port de plaisance, plage...)

---

6. A partir d'exemples français, britanniques et italiens.

La situation géographique reste dans une imprécision que masque l'indication de quelques distances sans grande signification : peut-on imaginer la vie quotidienne dans de pareilles conditions?
– « L'ensemble est situé à 1500 mètres du centre et du port de Bandol, sur le flanc de la colline surplombant la ville. La liaison se fait par deux voies passant sous la ligne S.N.C.F. reliant Marseille à Vintimille. L'urbanisation existante du milieu urbain consistait principalement en petits ensembles d'habitations et en villas isolées occupant de vastes parcelles. Les villes de Marseille et Toulon en sont distantes de quarante et trente kilomètres environ. En partie basse de l'ensemble, un petit centre commercial est prévu mais non commencé. A pied, l'ensemble reste très isolé du centre, surtout pour les logements du haut de la colline [7]. »

Les tableaux de chiffres dits « significatifs » se rapportent pour plus du tiers à des éléments paysagers et au stationnement automobile, le restant décrivant les pièces du logement et quelques densités (nombre de logements, surfaces de plancher, de jardin). La vie collective n'utiliserait que les surfaces de voirie et de stationnement, les surfaces de pelouses, de cheminements, les aires de jeux et les placettes, les surfaces de parkings en plein air... Où s'approvisionne-t-on? Où conduira-t-on les enfants à l'école? Où trouvera-t-on piscine et équipements sportifs? Où sont les services de soins et médicaux, les distractions, etc...?

Le point de vue de l'urbaniste même théoricien reste celui du marchand d'immeubles décrivant son produit avec un luxe de détail valorisant l'objet sans s'intéresser à ce qu'il remplisse convenablement sa fonction; l'anecdote prend le pas sur l'essentiel.

On peut distinguer trois modes de localisation des équipements à grande échelle, celle du projet architectural.
– sur un même lieu à vocation centrale, autour d'une place ou d'un patio, sont rassemblés les équipements administratifs, sociaux et scolaires, commerciaux, culturels. Cette disposition polarise fortement le lotissement mais ne favorise pas la fréquentation d'équipements sportifs ou autres sur sa périphérie.
– L'éclatement en de nombreux points plus ou moins spécialisés incite à une pratique géographique de l'ensemble du quartier et peut contrebalancer des attractions externes si l'essentiel des besoins sont satisfaits et si les axes de circulation sont lisibles et correctement balisés.
– Un déséquilibre résulte de l'évolution chronologique du quartier, du lotissement. Les équipements se trouvant regroupés dans le secteur le premier construit, les trop longs trajets poussent les habitants les plus éloignés à chercher satisfaction à l'extérieur, surtout si le plan s'ouvre largement vers le dehors. La volonté du promoteur de réunir les équipements sur une limite du lotissement afin que, desservant aussi des environs parfois éloignés, ils attirent

---

7. Etude réalisée par l'IAURP, l'OREAM Provence Côte d'Azur pour le Secrétariat général du groupe central des villes nouvelles (DAFU, Ministère de l'équipement). *Cahiers de l'IAURP*, n° 36-37, 1975, (fiches 52 à 60).

un supplément de clientèle, impose des trajets pénibles et inspire un sentiment d'isolement et de frustration.

On constate trop souvent une incohérence dans les localisations surtout pour les équipements dont la fréquentation est quotidienne, répétée : les déplacements dépassent 400 mètres, atteignent jusqu'à 1500, 2000 mètres. Rarement, par exemple, la relation arrêt des transports en commun-centre commercial est considérée, rallongeant inconsidérément les parcours des personnes actives rentrant chez elles le soir. Pratiquement, des systèmes de relations complexes du type habitat-commerces-crèches/écoles-bureau de poste-autobus ne sont jamais pris en considération. La seule animation soignée est celle des « centres urbains », terme équivoque car ils se réduisent à la seule fonction commerciale selon le principe que cette sorte d'activité est « sans doute la plus attractive et celle qui a le plus fort pouvoir animateur [8]. Pour simpliste qu'il soit souvent, le « centre commercial » est un point de convergence obligatoire et le seul conçu pour attirer la population.

Un espace relativement uniforme, resserré est plus facilement compris, investi socialement et pratiqué que les espaces largement ouverts avec une décoration végétale sommaire, sans orientations perceptibles où les immeubles d'habitation sont répartis en îlots indépendants. Lorsqu'il existe une certaine diversité des types de logements, individuels ou collectifs, cette répartition se fait toujours par secteurs homogènes en fonction des promoteurs, cloisonnement qui réduit au strict minimum les contacts sociaux comme à la ville nouvelle Orléans-La-Source. Les vastes espaces verts en dehors d'opérations prestigieuses en milieu boisé, manquent d'imagination, réduits qu'ils sont à des pelouses chichement plantées – interdites aux habitants – aux bacs à sable, aux aires de jeux autour du toboggan. Excentrés, les équipements socio-culturels ou sportifs n'ont qu'une faible fréquentation; ils sont peu connus, peu accessibles dans un environnement inanimé et même répulsif par un manque de soin (comme un éclairage nocturne insuffisant!)

La localisation périphérique peut cependant offrir des avantages, le calme, à condition que les difficultés d'accès ne s'ajoutent pas à un éparpillement incapable de structurer le tissu urbain (cas du Mont Mesly à Créteil, de Sarcelles). Dans le centre local, l'information est meilleure mais des impondérables sociologiques vont jusqu'à provoquer des effets de répulsion; le commérage de résidents épiant les personnes fréquentant le centre culturel d'Etouvie, à Amiens, aboutit à la réticence de ses adeptes.

L'éloignement des transports en commun qui desservent mal les nouveaux quartiers impose des rythmes fatigants dans les grandes agglomérations où la distorsion domicile-travail croît. Que la population parte tôt le matin et rentre tard le soir en dépit de la journée continue n'est guère propice à l'animation, à la pratique de loisirs collectifs. Sauf aux heures de sortie des écoles, ces vastes lotissements sont vides, déserts.

---

8. *Analyse de l'organisation de l'espace dans six grands ensembles de la Région parisienne*, Lecureuil J., rapport IAURP 1972, Paris (page 44).

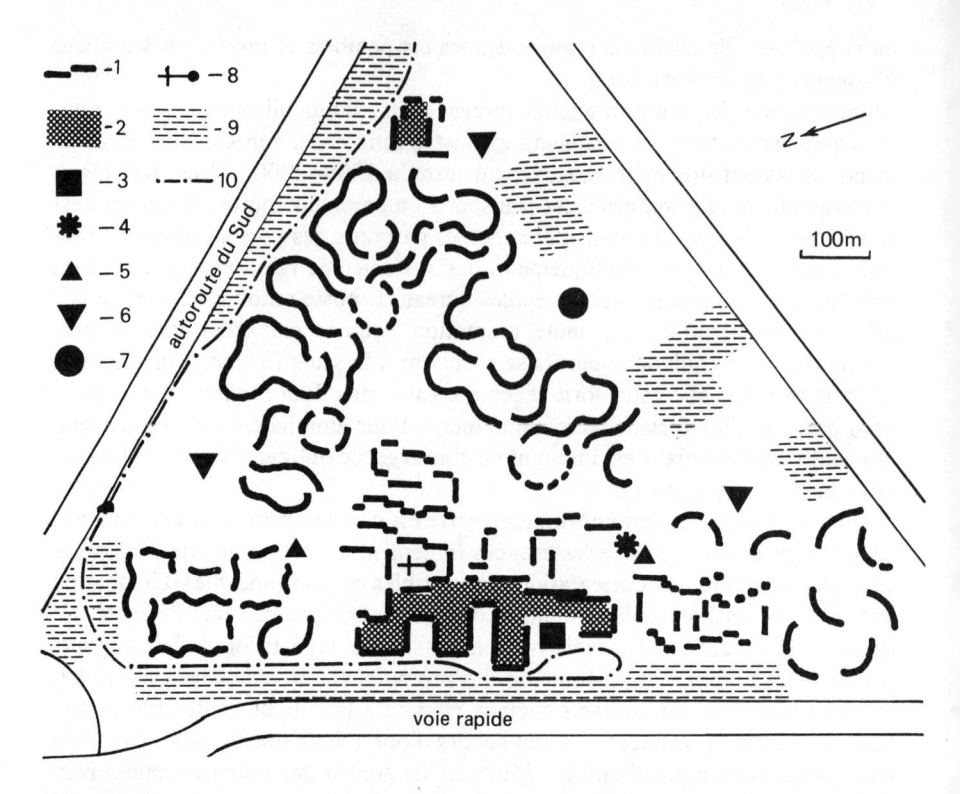

1 : batiments   2 : centre commercial   3 : cinéma   4 : maison des jeunes   5 : crèche   6 : écoles
7 : collège   8 : église   9 : parc de stationnement   10 : ligne d'autobus

Fig. 21. — L'équipement prévu d'un grand ensemble, la Grande Borne à Grigny.

Si les équipements banals, crêches, bureaux de poste, centres de protection sociale sont rejetés en périphérie, ceux qui sont utilisés comme arguments de vente dépassent les normes préconisées; un centre nautique, une salle omnisports intéressent une aire d'attraction vaste et valorisent une opération immobilière qui se veut de prestige. Leur réalisation est mieux assurée et leur capacité d'accueil est souvent sans rapport avec le nombre des résidents censés les utiliser. La piscine découverte sur le toit de l'immeuble justifierait des prix élevés si ce réservoir d'eau n'était imposé par les services de protection contre l'incendie.

Les modifications apportées en cours de construction affectent peu le plan masse, ce qui reste finalement l'essentiel aux yeux des réalisateurs peu soucieux des perturbations qu'elles produiront sur la vie des futurs habitants.

Les équipements sociaux pâtissent les premiers des modifications du projet initial. Après la période de conception qui peut représenter jusqu'à 75 %, 100 % de la durée de la construction elle-même fréquemment retardée, les révisions ont un but d'économie. L'ouverture d'un centre commercial important à proximité remet en cause l'équipement du nouveau quartier et compromettra gravement l'approvisionnement, même quotidien, des résidents. En général, les ensembles commerciaux auxquels on veut donner une large attraction sur les communes voisines ont du mal à être menés à terme, l'attirance vers les centres traditionnels moins étroitement programmés et animés intrinsèquement par la force des habitudes conserve l'essentiel des flux convergents. L'Administration se méfie de la prolifération des centres commerciaux régionaux, (soumis à l'approbation de commissions paritaires en France depuis la loi Royer de 1973) et les commerçants attendent que le programme de logements soit entièrement réalisé pour juger de leur rentabilité.

▶ *Exemples d'écart entre la norme et l'équipement réalisé dans des grands ensembles de la région parisienne au début de l'installation des habitants.*
(indice + ou − 100 par rapport à la norme = 0)

        groupe scolaire = moyenne − 12 (0 à −25)
        collège = −63 (0 à −75)
        centres sociaux = −61 (0 à −100)
        protection infantile = −66 (−50 à −100)
        crèche = −83 (−50 à −100)
        halte garderie = −70 (−40 à −100)
        maisons de jeunes = −50 (−100 à +100)
        bureau de poste = −72 (−50 à −100)
        équipements sportifs = −66 (−50 à −100)
        piscine = −50 (−100 à +100)
        commerces de voisinage = −40 (−40 à +50)
        commerces, niveau général = +50 (0 à +100)

Aussi graves sont les retards qui affectent les installations collectives culturelles, sociales et sportives finalement supprimées : coûteuses, elles ne rapportent rien et dépendent d'un financement public dont les délais sont le principal handicap à leur réalisation (Poste et télécommunications, crèches, enseignement, dispensaires, etc.) Dans un grand ensemble d'Habitations à Loyer Modéré pour jeunes ménages, ni le centre social, ni le centre de protection infantile n'a été prévu, puis la crèche et le foyer de jeunes travailleurs durent être abandonnés faute de crédits.

▶ *Retard par rapport aux équipements prévus, 5 ans après la fin des travaux.*

        foyer de jeunes travailleurs = 70 %
        crèches = 50 %
        maison de jeunes = 50 %
        protection infantile = 50 %
        équipements sportifs = 35 %
        cultes = 30 %
        collèges secondaire = 30 %

centre commerciaux de voisinage = 15 %
maison pour personnes âgées = 10 %
centres sociaux = 10 %
(grands ensembles de la région parisienne, 1970-1974)

Aussi ancienne que la ville, la sectorisation n'est que la répartition des habitants sur une base géographique dans des buts qui furent à la fois militaires et fiscaux. Dans l'Italie et la France médiévales, à chaque quartier était confiée la défense des remparts, mais les circonscriptions administratives devinrent vite un cadre de société tel que le montre encore à Sienne, à travers les fastes du pallio, la rivalité entre ces quartiers pour conquérir l'honneur de garder l'étendard de la commune durant l'année.

La nouveauté de la sectorisation tient à l'extension de son application dans tous les domaines et à l'amorce d'une nouvelle conception. Faute d'un tel moyen d'analyse et de prévision, des insuffisances pourtant dramatiques ne sont pas même mises en évidence. La commune de Vitry dans le Val-de-Marne (91.000 habitants) n'a pas de commissariat de police en 1975 : 8 inspecteurs et 2 gardiens de la paix assurent des tâches administratives dans une annexe du commissariat d'Ivry logée dans un ancien pavillon. Pour 154.850 hb, ces deux communes ne disposent que de deux cars de police secours, d'une voiture et d'un vélomoteur.

La carte hospitalière française adopta (en 1969) comme unité de base *la zone de desserte* « définie comme la surface géographique couverte par l'ensemble du territoire situé à 25 kilomètres, ou moins, du centre de l'agglomération siège de l'hôpital public ». S'y est substituée depuis la notion plus réaliste du *secteur,* à la fois zone de desserte donc cadre de programmation des besoins, chaîne structurée de soins où les établissements assurent la continuité des soins médicaux et post-médicaux. Ainsi conçue, la carte hospitalière ne devait plus être un découpage immuable traditionnel dans l'esprit administratif mais, dépendante des besoins, elle s'adapterait dans le temps (croissance de la démographie et de la consommation) et dans l'espace (nouveaux équipements).

Toutefois, une certaine rigidité pourrait résulter d'une conception étroitement administrative enclinte à concentrer les établissements au chef-lieu de circonscription. Bien des villages ont été condamnés par la fermeture de leur école ou de leur bureau de poste.

La carte scolaire détermine une hiérarchie des établissements et des aires d'attraction selon les cycles d'enseignement : un *district d'enseignement* du second cycle comprend dix *secteurs* du premier cycle et dessert de 50 000 à 200 000 habitants selon la concentration démographique. Dans les villes, le découpage est difficile, le réseau des transports urbains contrariant une apparente homogénéité géographique, les regroupements de secteurs sont en fait des secteurs desservis par plusieurs établissements. Pour toute création ou extension d'établissement hospitalier, la décision du ministère de la Santé repose sur six niveaux; par exemple en ce qui concerne l'hospitalisation générale :
– le canton pour les cliniques d'accouchement sans possibilités chirurgicales.

– l'arrondissement pour les services médicaux et chirurgicaux autres que ceux de la région.
– la région pour les prématurés, les pouponnières, les enfants débiles, les services de réadaptation fonctionnelle, les enfants inadaptés, les maisons de régime et de convalescence.

Cette méthodologie se calque sur celle des aires d'attraction et des réseaux urbains, elle se fonde sur une hiérarchie de la centralité établie à partir d'un classement considérant le nombre et la spécialisation des équipements urbains hospitaliers, en supposant résolus les problèmes de prévision des effectifs et des locaux, de fiabilité des données, des recensements.

Des exceptions échappent à la règle. Les hôpitaux de l'Assistance Publique de Paris sont dispensés de la procédure de coordination et dans Paris, les circonscriptions hospitalières n'ont aucun caractère contraignant, ne trouvant d'application réelle que dans le cas des secours de la police ou des pompiers sur la voie publique. Les malades choisissent ordinairement un établissement médical ou chirurgical sur les conseils de leur médecin (selon ses accointances professionnelles) ou en fonction des conditions d'accès, des régimes de prévoyances particuliers comme ceux des fonctionnaires ou des industries pétrolières...

Les surfaces des secteurs hospitaliers sont aussi différentes que le sont leurs peuplement. Si les régions Nord, Basse Normandie, Alsace, Franche-Comté, comme les départements du Vaucluse et des Bouches-du-Rhône sont finement découpés, six départements constituent un seul secteur centré sur la ville-Préfecture.
– Pyrénées-Orientales, secteur de Perpignan = 4143 km^2
– Haute-Vienne, secteur de Limoges = 5555 km^2
– Indre, secteur de Châteauroux = 6906 km^2
– Loir-et-Cher, secteur de Blois = 6422 km^2
– Tarn, 2 secteurs de 2890 km^2 (moyenne)
– Corrèze, 2 secteurs de 1962 km^2
– Bouches-du-Rhône, 6 secteurs de 875 km^2
– Pas-de-Calais et Nord, chacun sept secteurs de 964 km^2 et 825 km^2 (en moyenne).

La proximité ne semble pas avoir été déterminante dans des découpages ménageant des pédoncules étroits s'intercalant entre deux secteurs dont le centre hospitalier serait plus proche : tels les secteurs en croissant de Saulieu entre Dijon et Chalon s/Saône, de Loches entre Tours et Blois. En montagne, le déterminisme topographique s'impose fréquemment, la vallée de la Durance modèle le secteur de Digne comme la vallée de l'Arc pour Chambéry ou de la Drôme pour Valence.

L'exemple du département du Puy-de-Dôme est remarquable par l'essentiel de l'extension du secteur de Clermont-Ferrand-Riom dans la montagne (60 % de ses 315.000 habitants résidant à l'ouest de la faille de la Limagne) que justifie l'absence de cités importantes, malgré les difficultés des relations. Par contre, d'abord ville des Limagnes, la capitale de l'Auvergne s'y trouve concurrencée par Issoire et Thiers (secteurs de 52.800 et 44.500 hb); Ambert (35.700 hb) dessert le sud-est accidenté et isolé de part et d'autre de la vallée de la Dore, sur les monts du Forez et du Livradois. Le rapport entre les secteurs extrêmes démographiquement est de 8,8.

Les limites administratives répondent à un certain nombre de critères dont certains coïncident avec des effets de barrières perceptibles et pratiqués par les habitants.

L'Administration *stricto sensu* – ministère de l'Intérieur par exemple – et les paroisses sont sensibles à la notion toute stratégique des « frontières naturelles » représentées en ville par les cours d'eau, les infrastructures de transport, les voies larges à forte circulation. Mis en place au milieu du XIXe siècle, le découpage en zones concentriques de type parisien suit les ceintures d'avenues qui occupent le tracé d'enceintes militaires et fiscales comme les Grands Boulevards, les Boulevards extérieurs d'Haussmann sur le mur d'octroi des Fermiers

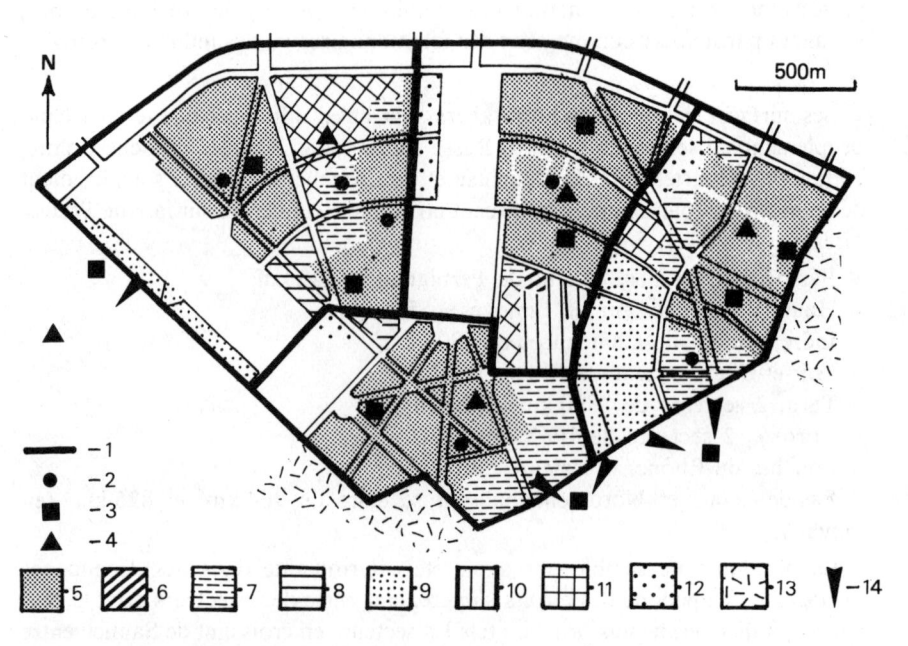

1 : limites de quartier administratif   2 : école   3 : poste   4 : église

Ilôt ou partie d'ilôt où coïncident avec le quartier administratif :
5 : les secteurs scolaire, postal et la paroisse
6 : les secteurs scolaire et postal
7 : le secteur scolaire et la paroisse
8 : le secteur postal et la paroisse
9 : le secteur scolaire
10 : le secteur postal
11 : la paroisse
12 : pas de coïncidence   13 : secteurs d'autres arrondissements dépendant du VIIe
14 : secteurs du VIIe dépendant d'autres arrondissements

Fig. 22. — Effets de sectorisation dans le faubourg Saint-Germain.

généraux, les boulevards des Maréchaux et le boulevard périphérique sur les fortifications dites de M. Thiers.

Les limites radiales sont moins régulières surtout dans le centre des villes où elles reflètent la trame complexe des ruelles médiévales étroites sans continuité topographique même si elles supportaient un trafic intense : rues Mouffetard, de Sèvres, du Faubourg Poissonnière, du Faubourg du Temple, du Faubourg Saint-Antoine... Une percée récente dans le vieux tissu urbain permet des réajustements : les boulevards Sébastopol et Saint-Michel depuis le Second Empire forment un axe méridien qui scinde en deux aussi l'île de la Cité en supplantant les routes antiques (rue St-Jacques, St-Denis, et St-Martin). Les grand'routes quittant la capitale sont des limites habituelles : cours de Vincennes, avenues du général Leclerc, de la Grande Armée. Mais le boulevard Ornano, l'avenue Jean-Jaurès percés après 1865 ne sont pas limites d'arrondissement qui suivent toujours la route des Poissonniers et la rue de Meaux. Dans la périphérie, si le village de Belleville s'est vu partagé entre les XIXe et XXe arrondissements parce que seule sa grand'rue traversait entièrement les terres annexées à Paris en 1860, on respecta les zones de peuplement, villages ou lotissements, en passant dans l'espace interstitiel encore non bâti soit en les longeant (entre la plaine Monceau et les Batignolles, la rue de Tocqueville est aussi une frontière sociale), soit en suivant un accident du terrain, (la vallée de la Bièvre, rue de la Santé). Mais alors que les cours d'eau sont partagés par leur axe médiant entre deux circonscriptions, les voies ferrées pour des raisons de pratique administrative et fiscale sont entièrement comprises dans l'une d'elles.

Un découpage administratif est rarement remis en cause sauf dans des cas qu'illustre Orléans, où la commune a voulu conserver le bénéfice de la croissance de sa banlieue en gardant les revenus des emplois nombreux implantés dans la nouvelle ville de la Source : à travers les communes de Saint-Denis-en-Val et d'Olivet, elle s'est fait attribuer « un couloir » long de 4 kilomètres et large de 1 qui permet le rattachement administratif de la Source en continuité avec le territoire communal.

Les services scolaires tiennent compte de la distance avec le domicile des enfants et du danger pour eux à traverser les grandes artères de circulation, du moins dans les zones anciennement urbanisées car les banlieues subissent de longs retards. La sectorisation postale encore marquée par la tournée des facteurs, englobe des tronçons complets de voies, c'est donc à travers l'îlot que passe la démarcation.

Au fur et à mesure que l'Etat étend ses interventions dans les domaines économiques et sociaux, l'emprise administrative se fait chaque jour plus contraignante encadrant fortement les pratiques et compliquant singulièrement les réseaux de flux à l'échelle de la commune et de l'agglomération [9]. Car la norme quantitative retient le rapport des équipements au nombre d'usagers des-

---

9. Bertrand M.-J., *Géographie de l'Administration*, Institut International d'Administration Publique, Bulletin n° 32, 33 et 35; décembre 1974 à juillet 1975, Paris.

servis et non la desserte qualitative, distance entre le domicile et l'établissement. Cette « densité de desserte » est un facteur psychologiquement important par la présence qu'elle suppose; l'église qui fut un monument fondamental de la vie quotidienne et de la symbolique de l'espace est en train de se dissoudre, n'étant plus apparent dans la ville nouvelle, concurremment avec la grave diminution de la pratique religieuse.

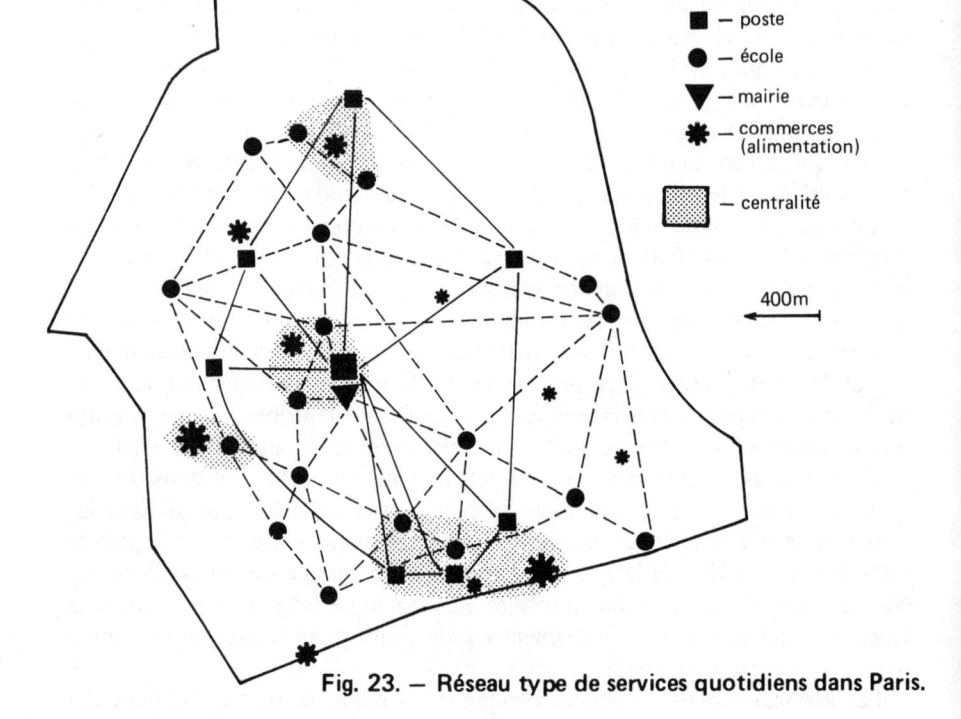

Fig. 23. — Réseau type de services quotidiens dans Paris.

Le caractère obligatoire de l'encadrement s'impose à tous, mais tous ne bénéficient pas de mêmes facilités. Le centre de la ville – à Paris, les sept premiers arrondissements, les rioni à Rome – sont desservis par un réseau assez serré de services, réseau qui se relâche progressivement en direction de la périphérie. La densité des équipements est un facteur de cohésion géographique du quartier vécu pour les habitants des centres communaux en banlieue, quand ceux des quartiers de lotissement doivent parcourir de longs trajets, tantôt parce que les équipements sont éloignés, tantôt parce qu'ils sont très dispersés. Dans Paris, (à part les écoles) les arrondissements périphériques XIIe à XXe, présentent une répartition assez lâche. Seuls les groupes scolaires desservent une aire dont le rayon est inférieur à 400 mètres en moyenne, encore que certains établissements surchargés répartissent les enfants dans les écoles des secteurs voisins qui leur imposent des trajets quotidiens excessifs.

RAYON DE L'AIRE DE DESSERTE
(moyennes calculées sur Paris, 10 communes de sa banlieue
et 5 villes de plus de 200 000 hb)

	centre-ville	Moyenne	périphérie
mairie	350 mètres	990 mètres	2010 mètres
église paroissiale	205 mètres	465 mètres	1100 mètres
bureau de poste	141 mètres	454 mètres	679 mètres
école	90 mètres	325 mètres	650 mètres

Malgré le caractère contraignant de l'équipement public, toutes les possibilités ne sont pas utilisées; il est habituel de constater que les droits de chacun ne sont pas bien connus, que les personnes âgées les plus démunies, que les familles nombreuses ne demandent pas les aides auxquelles elles peuvent prétendre souvent parce qu'elles ignorent l'existence des services.

QUELS SERVICES PUBLICS EXISTENT DANS VOTRE VILLE ?
(questionnaire à l'échelle de l'agglomération)

L'Hôtel de ville, cité par 97 % des personnes (bien localisé par 96 % d'entre elles).
La Préfecture = 89 % (77 %)
Le Palais de justice = 53 % (95 %)
La nouvelle Cité administrative = 52 % (46 %)
Les « impôts » = 49 % (61 %)
distinguent : la Direction des Impôts = 8 % ($\geqslant 1$ %)
          la Trésorerie générale = 12 % (77 %)
La Chambre de Commerce = 32 % (58 %)
La Sécurité Sociale = 46 % (63 %)
Le service de l'Equipement = 18 % (52 %)
Le Rectorat = 3 % ($\geqslant 0$ %)

Le centre et la direction régionale des Postes et télécommunications, l'ONISEP, l'office national des Anciens Combattants, sont cités par moins de 1 % des personnes interrogées qui, comme le Rectorat, sont concernées par ces bureaux. Aucune réponse ne fait allusion à la direction de la navigation, la gendarmerie, la prison. L'importance visuelle du monument conditionne les réponses de manière évidente. Une cité administrative est notée en tant que bâtiment, ses services sont ignorés au point qu'on peut rarement les énumérer puisque pour 100 personnes évoquant une cité administrative :
– 32 % connaissent les services relevant de l'Equipement,
– 31 % connaissent les services relevant de la Main d'œuvre et de l'Emploi,
– 18 % connaissent les services relevant de l'Action sanitaire et sociale,
– 6 % connaissent la direction des Prix,
– moins de 1 % citent soit l'Aménagement forestier, l'Aménagement des eaux, l'Aménagement agricole, et le génie rural soit les statistiques agricoles.
De même un hôtel de ville est avant tout la municipalité, l'état-civil, le bureau

d'aide sociale, et à Paris, le commissariat (mairie d'arrondissement); les autres services ne sont cités que par moins de 5 % des personnes interrogées. Un exemple extrême est celui de la Maison de la Culture de la Porte de la Plaine dans le XVe arrondissement : sa piscine fréquentée par les enfants des écoles est fréquemment citée même par des adultes qui ne l'utilisent pas, mais son théâtre reste absolument inconnu. Aucune affiche visible n'annonce les programmes et les troupes se succèdent devant les fauteuils vides. Un sociologue pourrait poser la question de la correspondance entre les spectacles d'art et d'essai et les goûts des habitants d'un quartier populaire mais le manque d'information est tel que l'existence d'un équipement dans un bâtiment bien connu par ailleurs, est ignoré dans Paris!

Les équipements sportifs, les stades sont autant desservis par la méconnaissance des possibilités. Connus, repérés, mais non ouverts au public, ils sont partout ressentis comme étant extérieurs au quartier vécu, destinés à des privilégiés (les « autres ») parce que trop chers même si le prix d'accès est modique, parce qu'il faut adhérer à une association qu'on ne connaît que par ouï-dire. En dehors des écoliers, nombre d'installations coûteuses restent sous-utilisées.

La polyvalence d'un équipement, la multiplicité des services diversifient les usages qu'on en a et les rythmes de fréquentation. En fonction de la composition du paysage, de l'ensoleillement, des flux de circulation, des jeux, le jardin du Luxembourg se compose d'ensembles particularisés pour qui vient chercher le calme ou se distraire du passage, promener des bébés ou amuser les enfants, s'adonner aux échecs ou aux cartes avec des connaissances du quartier. Depuis 1960 environ, l'urbanisme anglo-saxon associe plusieurs types d'équipements dans un même ensemble architectural :
— intégration matérielle qui est la réunion de services planifiés dans un même bâtiment comme le « centre » de Brickebacken dans la banlieue d'Orebrö, en Suède (école primaire + « centre des associations » + une église + une bibliothèque + un centre commercial). L'avantage est aussi une économie des surfaces affectées à chaque équipement qui bénéficie des services communs, si celle-ci est utilisée pour l'amélioration de la qualité.
— intégration sociale des habitants, par les contacts diversifiés à l'occasion de la fréquentation des équipements. En ce sens, la Maison de la Culture d'Amiens n'est pas un « équipement intégré » : théâtres, hall d'exposition, discothèque, bibliothèque sont fréquentés essentiellement par les étudiants et les enseignants (53 % des adhérents) par les membres des professions libérales et les cadres (11 %), par les employés (16 %) [10].
— intégration administrative qui n'est pas la moins difficile à réaliser, par le décloisonnement des services et des responsabilités.

Jusqu'à présent, les « équipements intégrés » le sont partiellement, ne regroupant qu'un type de fonction : centres socio-culturels et de loisirs, centres socio-

---

10. Par rapport à la composition socio-professionnelle de l'agglomération, les employés sont moins intéressés que les cadres et les professions libérales; les ouvriers sont absents.

médicaux, centres commerciaux du type Agora. Les services municipaux, les perceptions, la poste et la police sont l'objet de regroupement dans des hôtels administratifs de plus en plus nombreux dans les grandes agglomérations : sept projets dans l'agglomération lyonnaise en quatre ans :
– ixe arrondissement (La Duchère) = 5350 m^2 de plancher, dont : services municipaux 2460 m^2, poste 348 m^2, police 374 m^2, Sécurité sociale 348 m^2, lycée 1820 m^2.

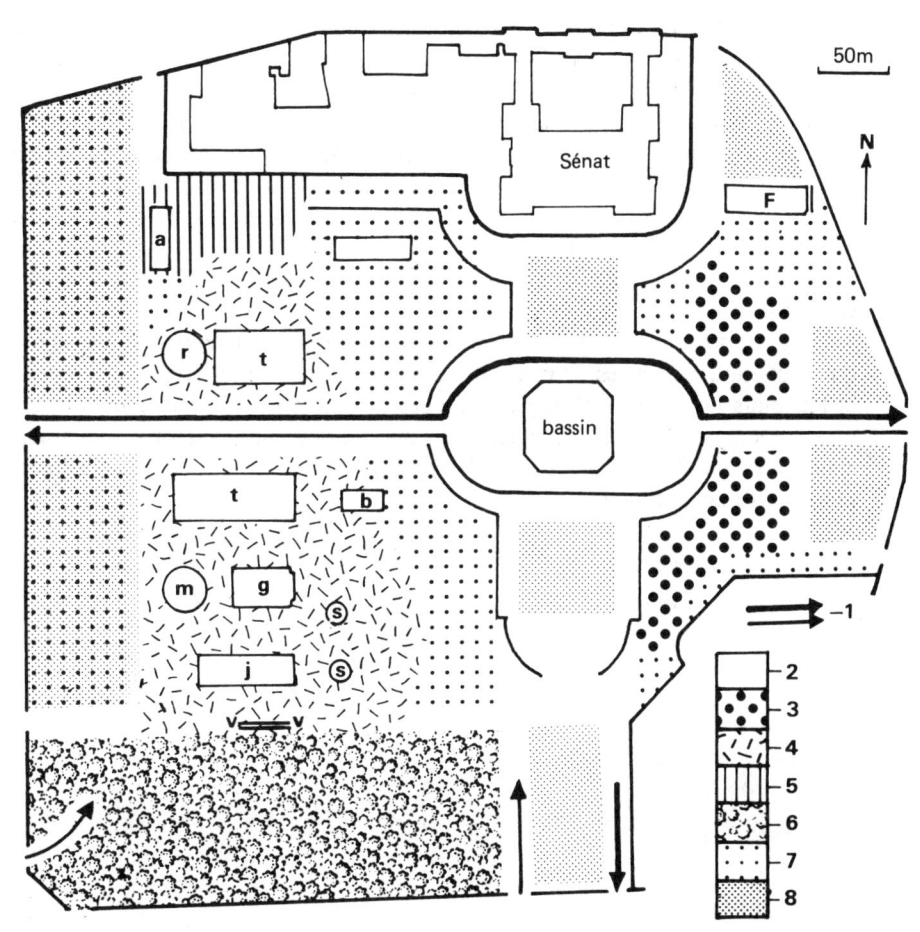

1 : circulations   2 : espace ouvert, ensoleillé, poussièreux, très passager, mouvementé tout le jour, (badauds, étudiants, touristes)   3 : quinconces ombragés, très passagers, bruyants   4 : quinconces animés par les enfants en fin d'après-midi et le mercredi   5 : espace ouvert, ensoleillé : très jeunes enfants, joueurs de cartes, d'échecs (hommes âgés) l'après-midi   6 : jardin horticole et jardin anglais : promenade, calme, lecture   7 : espace ombragé, peu fréquenté   8 : pelouse, repos
F : fontaine Médicis (touristes)

a : abri   t : tennis, longue paume   r : patins à roulettes   m : manège   g : guignol
b : balançoires   j : jardin d'enfants   s : bac à sable   v : voitures à pédales

Fig. 24. — Le jardin du Luxembourg. La pluralité d'un espace intensifie ses rythmes de fréquentation.

- Saint-Priest = 3473 m^3, dont : mairie 3023 m^2, perception 450 m^2.
- Vénissieux = 13.051 m^2, dont : mairie 11.000 m^2, perception 590 m^2, police 1461 m^2.
- Ecully = 3040 m^2 pour la mairie, la poste et la police.
- Vaulx-en-Vexin : 5780 m^2 pour la mairie, la perception et la Sécurité sociale.
- Sainte-Foy-lès-Lyon = 3900 m^2 pour la mairie et la bibliothèque, et 3560 m^2 pour la poste, la police, le centre social et une résidence pour personnes âgées.

On reste donc loin du modèle initial qui est de retrouver la variété fonctionnelle permettant de mêler les activités des groupes résidents, les rythmes, en référence à l'image idéalisée du centre de la ville médiévale creuset de la communauté. Pour l'instant l'imagination manque ainsi que les moyens financiers et juridiques originaux. C'est là un problème grave, comme pour l'insuffisance de l'information, dans une société où la diffusion des nouvelles et la publicité de consommation sont très développées sans souci d'une information « fonctionnelle » face à la divulgation de l'information « passionnelle » vendue par les « mass-media ». Les journaux ou bulletins locaux sont trop rares et, quand ils existent, loin de faciliter les démarches des habitants, de les informer sur la collectivité et sur leurs droits, ils visent à la propagande électorale des élus et des partis.

L'Administration à tous les niveaux considère l'usager comme un assujetti qui peut faire valoir ses droits, qui est sensé ne pas les ignorer non plus que la loi, mais pour qui il n'est pas nécessaire de faire un effort d'éducation qui serait le support de la vie civique. Elle s'oppose donc aux entreprises commerciales qui vont chercher le client, lui créent des désirs au prix d'un matraquage publicitaire envahissant.

5. Les rythmes et les lieux

Rien n'est plus dépendant que la consommation d'un déterminisme économique et social. Le pouvoir d'achat et les désirs évoluant selon les modes et la conjoncture, caractérisent les classes sociales dont la répartition géographique sert de base à la desserte commerciale. La très grande diversité des comportements individuels entrave le calcul de moyennes significatives, si en valeur les dépenses sont sensiblement différentes, les taux de répartition dans les budgets restent souvent comparables. La part relative des dépenses d'alimentation ne décroît pas automatiquement de manière inversement proportionnelle à celle des biens d'équipement au fur et à mesure qu'augmente le pouvoir d'achat, mais à la répartition par produits, par qualités varie nettement.

Habitudes et consommations

La part des achats alimentaires qui atteint jusqu'aux deux tiers des revenus des citadins des pays d'économie planifiée socialiste ainsi que dans les pays en voie de développement, reste stable et peu « élastique » ailleurs : plus élevée en moyenne chez les ouvriers que chez les classes aisées et les employés (jusqu'à 40 % contre 32 %, en France, en 1950). Des familles modestes y consacrent moins du quart de leur budget préférant manifestement se priver sur la nourriture pour acquérir et entretenir d'autres biens de consommation, voire en s'endettant excessivement. Parallèlement à la croissance du pouvoir d'achat, les sommes consacrées aux boissons alcoolisées augmentent plus que celles des boissons non-alcoolisées - sauf en France où les premières représentent toujours plus de 10 % des dépenses alimentaires. La demande de fruits se développe alors que celle du pain diminue - et en Allemagne aussi celle de la viande. Par contre, en Italie, les achats de viande de bœuf suivent les revenus : les ouvriers en consomment annuellement en moyenne, et selon le salaire, 4,8 à 20,2 kg, les employés 17,2 à 20,8 kg.

C'est par la qualité que les inégalités des modes de vie sont le plus marquées, les ménages modestes se contentant de produits bon marché : l'écart qualitatif est certainement plus représentatif des différences sociales que l'accroissement des quantités, principalement dans le cas des familles nombreuses pour qui les dépenses de nourriture ne peuvent descendre au-dessous d'un seuil minimum.

La consommation urbaine est de plus en plus caractérisée par une discordance entre les besoins énergétiques nouveaux créés par des efforts de vigilance et la tension nerveuse, et le conservatisme des régimes alimentaires fondés sur les glucides et les lipides :

régime du citadin...	en Europe occidentale,	aux U.S.A.
protéines	12 %	15 %
lipides	30 %	40 %
glucides	58 %	45 %

Une part grandissante de la population sera amenée à ne consommer que 2 000 calories par jour, soit 20 à 30 % de moins que les chiffres recommandés vers 1965; les calories seront absorbées sous des formes plus assimilables (poissons, laitages, viande) que les graisses et féculents de jadis. Nait une diététique qui se détache des bases sociales et religieuses en bouleversant les modes d'alimentation conservés des origines rurales. L'abus des sels minéraux, par exemple, est caractéristique de l'empirisme des industries alimentaires face à la demande urbaine de conserves quand la proportion de femmes exerçant une profession est élevée...

Cette diététique découle des conditions de vie citadines. Le temps consacré par les habitants des villes à leurs repas ne cesse de diminuer, de 128 minutes par jour dans les campagnes françaises, 97 minutes à Paris, à 32 minutes par jour aux U.S.A... La composition des repas s'en trouve modifiée, favorisant les mets rapidement préparés et digérés, à haute valeur énergétique (viande, fruits et légumes), ainsi que les préparations stérilisées ou congelées industriellement. Au dédain pour les « bas morceaux » à bouillir, répond la demande accrue pour les pièces à griller ou à rôtir dont les prix augmentent parallèlement et qui sont la spécialité de restaurants des quartiers de bureaux. En dix ans, leur consommation a cru de 34,5 % en Grande-Bretagne, de 50 % en France, de 67 % en Allemagne Fédérale et aux Pays-Bas, de 107 % en Italie.

L'évolution des attitudes glissant de la revendication du droit au travail au droit aux revenus, le changement des rythmes annuels, la popularisation de certains biens, dont l'automobile, ont entraîné en vingt ans la progression des dépenses de loisirs, de vacances, d'achat et d'entretien d'un véhicule, en même temps que celles de prévoyance de santé. La part du logement dans les budgets français reste ambiguë : stable durant cinq decennies, elle diminue même entre 1950 et 1960, conséquence de l'encadrement légal des loyers hors la conjoncture économique, et de la dévaluation qui réduit considérablement après 1946, le remboursement des prêts obtenus durant l'entre-deux guerres grâce aux lois sociales. La libéralisation progressive des loyers et les acquisitions immobilières à partir de 1962, font gonfler ce poste budgétaire, surtout chez les jeunes ménages; la loi de Schwabe (les dépenses de logement croissent quand les revenus diminuent) étant à nouveau vérifiée.

Dans les budgets aisés, la part des gages pour le personnel de service a peu varié bien que le nombre des domestiques ait considérablement diminué; la part des charges sociales croissant très vite par rapport au salaire versé directement.

DÉPENSES DES MÉNAGES D'OUVRIERS ET D'EMPLOYÉS SELON LES REVENUS, EN BELGIQUE, ALLEMAGNE FÉDÉRALE, FRANCE ET ITALIE

	Belgique				Allemagne Fédérale				France				Italie			
	Ouvriers		Employés		Ouvriers		Employés		Ouvriers		Employés		Ouvriers		Employés	
	Mini	Maxi	Mini	Maxi	Mini	Maxi	Mini	Maxi	Mini	Maxi	Mini	Maxi	Mini	Maxi	Mini	Maxi
Salaire																
Pain	16,9	15,9	14,5	14,6	20,2	16,7	19,0	15,8	15,2	12,2	13,1	10,8	21,1	9,7	26,6	16,1
Viande	33,8	34,3	32,5	32,8	34,3	32,6	31,1	28,5	33,0	36,0	33,3	35,1	21,8	36,0	22,6	27,4
Poisson	2,7	3,0	3,6	3,6	2,1	2,2	2,0	2,1	4,3	4,4	4,4	5,2	6,3	4,2	5,5	5,2
Lait, fromage	12,7	9,9	10,2	9,3	10,0	8,5	10,7	9,6	10,2	9,6	9,4	10,1	13,0	11,9	11,4	11,5
Matières grasses	12,9	11,9	11,4	11,2	11,1	9,2	11,5	9,4	9,5	7,5	8,7	6,9	12,9	9,4	11,4	10,8
Fruits	6,3	7,9	7,9	8,6	5,5	6,8	7,3	9,3	5,0	6,6	5,5	8,1	5,0	7,8	4,5	9,2
Légumes	8,1	8,6	11,2	9,2	6,7	7,9	8,4	8,4	7,4	8,4	10,8	9,9	12,8	9,3	10,6	9,9
Boissons non alcool.	2,3	2,6	2,3	2,5:	2,2	2,7	2,3	3,2	1,5	2,1	1,3	2,2	0,4	1,2	0,3	1,3
Boissons alcoolisées	4,3	5,9	6,4	8,2	7,9	13,4	7,7	13,7	13,9	13,2	13,4	11,7	6,7	10,5	7,1	8,6
A ALIMENTAIRE	100	100	100	100	100	100	100	100	100	100	100	100	100	100	100	100
Livres, journaux	4,4	2,9	3,2	4,8	4,0	3,1	4,3	3,0	3,1	2,7	3,2	4,3	0,8	2,6	1,1	5,0
Tabac	10,5	6,3	4,6	3,9	9,9	8,9	8,2	5,4	15,5	5,0	14,2	3,2	18,2	7,3	19,3	5,5
Habillement	52,6	57,8	45,7	44,6	41,2	37,4	41,1	35,5	35,8	39,2	38,0	37,7	39,1	48,7	41,1	41,8
Equip. int. ménager	9,2	14,2	27,6	28,5	31,1	37,7	28,6	41,0	25,4	28,0	26,6	33,9	25,0	28,9	25,3	36,4
Nettoyage	2,6	2,4	2,8	3,0	1,9	1,7	2,2	2,2	0,7	1,3	1,2	2,1	0,2	0,7	0,3	0,9
Soins personnels	18,2	13,9	13,3	12,0	9,5	8,4	11,8	10,0	15,8	20,7	12,8	14,9	12,8	9,3	9,2	8,2
Coiffure, beauté	2,5	2,5	2,8	3,2	2,4	2,8	3,8	2,9	3,7	3,1	4,0	3,9	3,9	2,5	3,7	2,2
B NON ALIMENTAIRE	100	100	100	100	100	100	100	100	100	100	100	100	100	100	100	100
Loyer	18,9	30,6	17,1	17,8	23,1	11,3	24,2	14,9	20,6	8,4	12,5	10,4	34,5	12,6	14,5	13,6
Assurances	1,4	0,7	0,5	0,5	0,6	0,3	0,3	0,3	1,5	0,4	1,0	0,8	0,1	0,1	2,0	2,2
Energie domestique	5,6	2,9	3,6	3,1	6,9	3,6	5,7	3,2	6,2	3,2	2,4	2,2	2,9	1,5	2,6	2,1
Enseignement	1,6	2,3	2,1	4,3	0,8	1,3	1,4	2,8	2,1	3,3	1,9	4,5	0,7	5,8	6,7	7,8
Biens services non alimentaires B	72,5	63,5	76,7	74,3	68,6	83,5	68,4	78,8	69,6	84,7	82,2	82,1	61,8	80,0	74,2	74,3
C TOTAL	100	100	100	100	100	100	100	100	100	100	100	100	100	100	100	100

(Revenus les plus élevés et les plus bas) d'après les Communautés Européennes, office statistique

En valeur relative, les dépenses vestimentaires sont comparables quel que soit le revenu et les goûts. Dans le domaine de la toilette et des soins individuels, les choix, la mode produisent une extrême dispersion; pour une moyenne de 6,5 à 13 % du budget, les familles nombreuses n'y consacreraient que 2 % au maximun mais pour les plus riches les taux varient de 4 à 14 %.

C'est en Italie et en Allemagne Fédérale que la loi d'Engel selon laquelle les dépenses alimentaires diminuent au fur et à mesure que la consommation croit est le mieux confirmée, passant de 42 % à 27 % des budgets totaux. Ce sont pourtant l'Allemagne et l'Italie qui s'opposent le plus par leur niveau de vie et leurs modes de consommation. Dans la péninsule méditérranéenne où la faim lui a donné un prix inestimable, la nourriture est un élément d'apparence du statut social , de la « *bella figura* » qui classe dans la société. Le luxe qu'est le souci de ne pas manger trop et de « garder la ligne » n'apparaît que chez les classes aisées du Nord; l'accumulation des aliments est belle en soi, le commerçant romain, le restaurateur napolitain ou sicilien orne son magasin comme une corne d'abondance ou un autel de confrérie baroque.

La demande de soins médicaux de toute nature est un témoignage de développement. Les Français y consacrent 8 % du produit national brut en 1975 (6 % en 1969), la part dans les budgets familiaux passant de 5 % en 1950 à 12 % en 1975. D'un pays à l'autre, d'une région à l'autre, l'évolution ne se poursuit pas à la même allure, ni aux mêmes niveaux, ne serait-ce qu'en conséquence des différences entre les régimes d'assurances et de prévoyance. Trois facteurs sont essentiels qui stimulent la consommation médicale : la stucture démographique, l'appartenance socio-économique, la résidence urbaine.

Les vieillards exigent plus de soins constants, ce sont les régions dont la population est jeune qui ont la plus faible consommation, alors que les moyennes agglomérations et les villes où s'installent les retraités (sur la Côte d'Azur par exemple) nécessitent une desserte dense; les inactifs âgés constituent la charge la plus lourde pour les organismes de protection sociale. Les cadres, les employés consacrent aussi une grande part de leur budget aux dépenses de santé, les prestations les plus faibles caractérisant les régions agricoles et celles d'industries primaires. Le lien de ce type de consommation avec les activités tertiaires montre l'influence prépondérante de l'urbanisation sur la consommation médicale d'un pays; elle sera de 50 % plus forte pour un Parisien que pour un agriculteur.

Les prestations versées par habitant par la Sécurité sociale dans la région Provence-Côte d'Azur représentent 2 fois celles de la région Poitou-Charente; les prestations versées en Alsace, 1,6 fois celles du Limousin. Les dépenses sont d'autant plus fortes que la région est urbanisée et moins industrialisée.

▶ *Résidence et consommation médicale en France :* population agricole = 100; ville de 2 000 à 100 000 habitants = 107; villes de plus de 100 000 habitants =116; agglomération parisienne = 148.

Les maladies sont aussi un indicateur social. Si le cosmopolitisme des grandes cités en fait un refuge fortuit mais constamment renouvelé de maladies éxogènes, la nourriture, l'environnement quotidien agissent qui déclarent des troubles psycho-somatiques et des affections spécifiques. Les Japonaises sont peu atteintes par le cancer du sein, mais résidant aux USA, elles atteignent les mêmes taux inquiétants que les Américaines. Certaines maladies sont discriminatoires, comme les épidémies de poliomyélite ou de typhoïde transmises par l'eau polluée, qui atteignent essentiellement les secteurs d'habitat ouvrier, les banlieues les plus pauvres mal desservies en eau potable.

▶ *Répartition des malades lors de l'épidémie de poliomyélite de Cannes-Nice en 1957* (d'après H. Picheral, *Espace et Santé,* Montpellier 1976) : ouvriers et manœuvres = 42,5 %; employés = 18,4 %; ouvriers agricoles = 14,6 %; cadres moyens = 9,8 %; exploitants agricoles = 9,8 %; cadres supérieurs = 4,9 %.

A Marseille les quartiers populaires furent seuls touchés, particulièrement ceux habités par les gitans, les nord-africains, dans les bidonvilles et les « cités provisoires » où la maladie résista le plus longtemps.

Les différences géographiques peuvent être considérables; équipements, niveaux et modes de vie opposent les groupes comme en Belgique, les régions wallonnes et flamandes :

INDICATEURS DU NIVEAU DE VIE DES MENAGES D'OUVRIERS [1]

(pour 100 ménages)	*en région wallonne*	*en région flamande*
possèdent une automobile	= 31,93	= 21,60
.. un appareil de télévision	= 43,28	= 50,07
.. une machine à laver	= 90,05	= 67,17
.. un réfrigérateur	= 26,62	= 19,94
.. le téléphone	= 10,36	= 5,22
emploient du personnel de service...	= 2,80	= 0,94

Les habitudes sont stables même quand l'individu évolue socialement surtout en matière d'alimentation. M. Thouvenot a montré la superposition remarquable des limites linguistiques de la Lorraine avec celles de la gastronomie régionale [2]. Quittant Paris vers le Nord, l'apparition des marchands de frites au bord de la route nationale 2 au-delà de la butte de Villers-Côtterets annonce l'approche de la Wallonie autant que l'apparition de la maison d'un seul niveau, en brique, caractérise la Picardie au nord de Creil.

La taille de la ville reste un facteur important déterminant l'offre et la demande.

---

1. *Budgets familiaux 1963-1964.* Office statistique des Communautés européennes. Bruxelles 1965 (Fasc. Belgique page 44, 45 et 182)
2. Thouvenot « Consommations et habitudes alimentaires de la France du nord-est » *Analyse de l'Espace,* Université de Paris I n° 3/1975.

En Belgique, le « panier alimentaire » des ménages d'ouvriers habitant dans les grandes villes diffère sensiblement de celui des ménages d'ouvriers des petites agglomérations [1] où sont supérieures les consommations de lait (123 litres contre 87, annuellement), d'œufs (225 contre 150), de beurre (17 kg contre 10), de pommes de terre et de sucre, par contre la demande en fruits frais, légumes, viandes de veau et de bœuf est inférieure.

REPARTITION DES DEPENSES DES MENAGES D'OUVRIERS
ET D'EMPLOYES SELON LA TAILLE DE LA VILLE

D'après Communautés européennes	Belgique		Allemagne Fédérale			
	ouvriers		ouvriers		employés	
dépenses, villes =	1	3	2	3	2	3
Alimentation	67,1	68,0	62,4	64,0	57,5	58,3
Habillement	23,8	19,0	17,7	16,5	18,7	18,1
Equipement, entretien maison	3,0	3,3	15,4	14,2	17,8	17,1
Nettoyage, teinturerie	0,4	2,3	0,5	0,9	0,9	1,2
Soins personnels	5,7	7,4	4,0	4,4	5,1	5,4

(Employés = denrées non disponibles pour Belgique)

D'après Communautés européennes	France				Italie			
	ouvriers		employés		ouvriers		employés	
dépenses, villes =	2	3	2	3	2	3	2	3
Alimentation	66,2	65,7	58,9	56,0	72,3	73,2	61,5	66,2
Habillement	15,3	14,4	18,2	17,9	16,5	14,2	18,1	16,2
Equipement, entretien maison	11,7	11,8	15,3	16,2	8,1	8,7	16,5	12,2
Nettoyage, teinturerie	0,2	0,8	0,4	1,1	0,1	0,3	0,2	0,5
Soins personnels	6,6	7,3	7,2	8,8	3,0	3,6	3,7	4,9

Total par colonne = 100 – 1, villes de ⩽ 2 000 hb; 2, ⩽ 5000 hb; 3, ⩾ 100 000 hb.

La demande dépend aussi de la commercialisation. Un produit ou un type de produits proposé régulièrement par le commerçant suscitera une habitude fondée sur la facilité que peut soutenir la publicité. Les ouvriers des usines Peugeot disséminés dans la Porte d'Alsace sont approvisionnés par un marchand ambulant qui ne vend pas de viande mais propose des rôtis de dindonneau préemballés de prix moins élevé. L'adaptation est donc double : la desserte doit s'adapter à l'évolution des modes de vie et des consommations ainsi qu'aux transformations de la géographie sociale de la ville et de la région. L'offre doit répondre aux attitudes psycho-sociologiques conditionnant les régimes alimentaires [3].

---

3. En tenant compte de spécificités : les Asiatiques n'ont pas de lactase, enzyme intestinal permettant la digestion du lait qu'ils ne peuvent absorber en tant que boisson mais sous forme de yaourt qui ne contient plus de lactose.

Tout caractère de cérémonie rituelle est absent des repas en Amérique du Nord, surprenant l'Européen habitué à un plaisir gastronomique. Les aliments sont vendus pré-emballés, aseptisés en vue d'une longue conservation et prêts à être cuisinés sinon simplement réchauffés, le commerçant n'a pas à assurer la présentation, la parure des produits. Les rythmes s'en trouvent modifiés, de quotidien l'approvisionnement s'effectue une fois la semaine ou le mois; les collations sont prises à toute heure, là où on se trouve grâce aux distributeurs automatiques, aux snack-bar et cafétéria. En famille, les repas sont peu formels, sans tradition de durée, de répartition des plats et d'horaire : le rôle de la mère de famille est allégé d'autant et le rôle pédagogique de la réunion adultes-enfants autour de la table, les codes de la politesse sont très affaiblis. L'alimentation substitue à la gastronomie les soucis d'une diététique moralisée par l'hygiène. La peur des microbes, la recherche de vitamines sont des préoccupations permanentes qui se joignent à des modes pour les régimes-miracle, les produits organiques ou biologiques, mêlant les théories les plus scientifiques au charlatanisme commercial.

Paris dispose de 14,5 % des commerces de détail français, suivie de loin par Lyon (2,4 %) et Marseille (2,2 %) tandis que l'Italie, moins centralisée, donne une proportion de 5 % pour Rome. Un point de vente approvisionne donc 32 Parisiens, 70 Lyonnais, 77 Marseillais, et 60 Romains. Préfecture, Périgueux est à la fois moins peuplée et moins bien desservie commercialement qu'une sous-préfecture comme Béziers, mais une agglomération minière, simple juxtaposition de corons et de puits comme Bruay-en-Artois n'a qu'une desserte minimum qui la place sous la dépendance de Béthune et de Lille :

	population	*nombre d'établissements commerciaux (détail)*	*nombre d'établissement pour 1000 hb.*
Périgueux	indice 100	indice 100	14 établ.
Béziers	140	181	18 -
Bruay en Artois	204	161	11 -
Lille	819	828	14 -

Dans la Communauté européenne, 138 boutiquiers approvisionnent 10 000 habitants, la Belgique avec 205 commerces pour 10 000 habitants a le réseau le plus dense, double de celui de l'Allemagne fédérale et de celui des Pays Bas, mais l'Allemagne emploie 40 personnes pour 1000 habitants, traduisant une structure plus concentrée de son réseau de distribution face à l'émiettement italien (31 personnes pour 1 000 hb).

Le commerce évolue rapidement depuis 1875; dans le VIIe arrondissement de Paris, disparait plus de la moitié des boutiques d'alimentation auxquelles se substituent des commerces de luxe, loisirs, suivant un mouvement particulièrement accéléré dans le Faubourg Saint-Germain. Le nombre des établissements est passé de 1 237 en 1875 à 1 621 en 1970, favorisant le quartier du Gros

Caillou qui groupe maintenant 41 % des points de vente de l'arrondissement contre 28 % il y a un siècle [4]. Le déclin a affecté surtout les commerces de l'alimentation qui, de 58 % en 1875 passent à 21,6 % des commerces en 1970, et les équipements individuels tandis que se sont multipliées les boutiques pour les soins personnels et l'hygiène, la diététique, les objets de luxe, les loisirs.
– VIIe arrt. : en 1875 : 72,7 hb pour un commerce de détail ou 110, 2 hb pour un commerce d'alimentation.
– VIIe arrt. : en 1970 : 61,3 hb pour un commerce de détail ou 283, 1 hb pour un commerce d'alimentation.
– XVIe arrt. : en 1970 : 88,2 hb pour un commerce de détail ou 280, 4 hb pour un commerce d'alimentation.

En 1878, le guide Baedeker conseillait aux voyageurs de déjeuner entre 10 et 13 heures, de dîner entre 17 et 18 heures pour éviter l'affluence : les heures de repas se sont décalées comme la restauration parisienne a changé de visage. Aux restaurants à la carte, chers, il était conseillé de préférer ceux à prix fixe, voire les établissements de bouillon fondés par le boucher Duval et ses imitateurs. Les crèmeries étaient alors, « des espèces de restaurants-cafés d'un ordre inférieur, fréquentés par les ouvriers et souvent aussi par des personnes des classes plus élevées qui veulent vivre à bon marché ». Aussi populaires, les marchands de vin offraient un dîner à heure fixe ou se contentaient de cuire la nourriture apportée par le client; « bien des hommes de la bonne société, ne se gênent pas cependant pour y entrer se rafraîchir d'un verre de vin qui vaut ordinairement mieux que le breuvage pâteux vendu à maint endroit sous le nom de bière, on transpire moins avec du vin qu'avec de la bière ».

Le cafetier moderne s'étonnerait de l'art de servir pratiqué au temps de Karl Baedeker : « Dès que vous entrez, un garçon se présente pour savoir ce que vous désirez et s'empresse de vous servir. Si vous demandez du café, il apporte sur un plateau une tasse et ses accessoires et il appelle le garçon chargé de verser le café *(versez!)*. Le matin on sert habituellement le café au lait (une tasse) avec pain et beurre... L'après-midi on ne sert que la *demi-tasse*... Si l'on n'aime pas le café fort ou si l'on veut se rafraîchir on demande un mazagran, c'est-à-dire du café dans un verre et une carafe d'eau ».

C'est sans doute dans les modes de loisirs que les changements d'habitudes sont les plus marqués. La fête gratuite et collective disparaît, rejetée parce qu'encombrant la voie publique, supplantée par d'autres activités tandis que la foire se renferme en salons spécialisés. Au lieu des concerts, aubades et défilés, des jeux et mâts de cocagne, des courses et concours, des bals sur la place publique et dans chaque auberge, la fête villageoise ne demande aucune participation active : quelques manèges, un concours de tir pour les chasseurs, et le « parquet », construction close d'accès payant qui n'apporte pas d'autre animation que le trafic automobile. Saltimbanques et troupes populaires comme les

---

4. Le faubourg Saint-Germain : 52 % des points de vente en 1970, 68 % en 1875.

guinguettes ont été supplantés par les cinémas « de quartier » qui, à leur tour, disparaissent après le music-hall et le café-concert. Il ne reste, sans spontanéité, de ces entreprises que celles correspondant à la demande des groupes aisés clients de loisirs variés et chers. La voiture permet la migration hebdomadaire vers la résidence secondaire et l'itinéraire touristique et, surtout, les moyens audio-visuels introduisent le spectacle – plutôt que la culture – dans les lieux les plus reculés, chez les familles les plus modestes, mais en incitant à la passivité physique et intellectuelle. Adultes, enfants, bornés devant leur poste de télévision ingurgitent à domicile sans volonté de choix ni d'effort, des heures durant, des émissions stéréotypées.

LES STRUCTURES DU COMMERCE DE DETAIL
DANS LE VIIe ARRT. DE PARIS EN 1875 ET 1970

secteurs	activités *	1	2	3	4	5	Total
Faubourg Saint-Germain	– en 1970	17,6	19,9	7,8	43,8	10,9	100
	en 1875	58,6	14,3	4,2	11,7	10,8	100
Breteuil-Fontenoy	– en 1970	29,4	13,7	11,9	22,9	22,1	100
	en 1875	48,7	19,5	1,3	13,9	13,9	100
Gros-Caillou	– en 1970	25,4	21,7	11,8	21,7	19,4	100
	en 1875	58,8	18,7	4,8	6,3	10,6	100
Total VIIe arr.	– en 1970	21,6	20,1	9,8	33,3	15,2	100
	en 1875	58,0	15,7	4,3	10,4	10,9	100

* = 1 : Alimentation; 2 : Habillement; 3 : Equipement et entretien ménager; 4 : Luxe, loisirs, sports; 5 : Hygiène, auxiliaires de la santé.

Des activités périmées sont remplacées par d'autres mieux adaptées à la demande des clientèles dont on peut suivre ainsi les goûts par le déplacement géographique des points de vente, cela suppose évidemment que la gamme de l'offre réponde aux besoins et aux désirs. Mais le prix d'un bien ou d'un service varie suivant la forme et le statut de l'établissement d'une part, suivant sa localisation dans l'agglomération urbaine d'autre part. Le même produit de luxe est plus cher dans un quartier populaire que dans un quartier bourgeois où la clientèle féminine prend le temps de choisir et de comparer, alors que dans le premier les points de vente de cette sorte étant peu nombreux, l'activité professionnelle, ne laissent pas le loisir aux habitants de faire un tel effort. Les écarts de prix d'un secteur à l'autre ne reposent pas sur la seule différence des qualités.

La majorité des clients a le sentiment, renforcé par la publicité répétée, que les « grandes surfaces » en libre service pratiquent des prix inférieurs à ceux des autres formes de distribution. Les écarts de prix sont effectivement favorables pour les articles du bas de la gamme, les plus courants, les plus banaux, qui, de qualité moindre, sont proposés sous une marque de distribution ou une sous-marque tandis que chez le détaillant indépendant, le premier prix sera celui d'un produit de marque nationale. Les moyennes d'écarts de prix les plus importantes concernent l'épicerie sèche, les boissons et les conserves; pour la viande (à qualité égale), les produits d'entretien et les biens non-alimentaires en général, elles sont moins significatives dans la mesure où les avantages portent sur un seul produit ou sont limités dans le temps à des ventes « promotionnelles », pratique publicitaire unanimement utilisée à l'occasion du blanc, des arts ménagers, des vacances, de la rentrée scolaire...

Les commerçants indépendants ne sont capables de rivaliser que lorsque, pour un certain volume d'achats, les grossistes leur consentent des avantages identiques; cela explique la disparition des boutiques isolées dont les ventes sont insuffisantes et la concentration géographique du commerce urbain.

La solution des groupements juridiques de commerçants organisant leur gestion et le renouvellement de leurs stocks en commun, permet d'obtenir des conditions avantageuses en réduisant les frais généraux, organisant la publicité, que ce soit les simples groupements d'achats, les chaînes volontaires associant aux détaillants les grossistes, ou la franchise qui est la concession d'une marque, de produits, d'un service avec le bénéfice de la notoriété d'une enseigne (Catena, Obi, Pingouin-Stem).

Les produits sont moins chers dans les banlieues à forte croissance dont l'équipement – déspécialisé – est déjà important; ils sont plus onéreux dans les banlieues peu denses où le commerce, insuffisant et disséminé, jouit d'un monopole sur les biens courants que dans les centres urbains traditionnels, là où un large éventail des choix transparaît dans l'indice de dispersion des prix qui y est maximum alors qu'il est très réduit dans les hypermarchés.

REPARTITION MOYENNE DES PRIX DE PRODUITS ALIMENTAIRES

	centre-ville	banlieue équipée	banlieue insuffisamment équipée
crèmerie	100	99	102
fruits et légumes	100	95	98
viande	100	99	101
boissons	100	97	99

REPARTITION MOYENNE DE PRIX DANS L'AGGLOMERATION PARISIENNE SELON LA FORME COMMERCIALE

	VIIIe arrt. quartier des Affaires	arrt résidentiel aisé	arrt. et commune populaires	banlieue habitat collectif
mag. populaires, grande surface succursaliste,	95	98	96	93
chaîne	99	100	97	96
détaillant indépendant	102	105	101	102
marché forain	–	102	94	92

Parmi les « grandes surfaces », les hypermarchés sont compétitifs essentiellement par les rayons d'épicerie, boucherie, boissons, mais les prix les plus bas sont ceux pratiqués par les producteurs fréquentant les marchés forains.

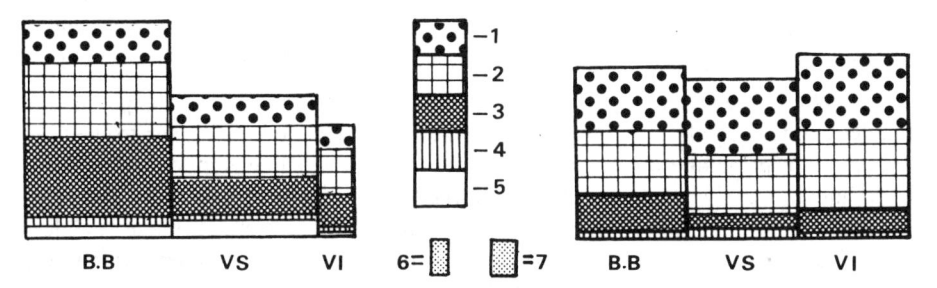

B-B : Boulogne-Billancourt   VS : Versailles   VI : Viroflay
1 : patrons, cadres supérieurs   2 : cadres moyens, employés   3 : ouvriers
4 : personnel de service   5 : divers   6 : effectifs = 1250 personnes
7 : revenus bruts moyens = 200 000 fr en 1970 pour l'ensemble d'une CSP

Fig. 25. — Effectifs et poids des catégories socio-économiques.

Rarement un quartier est homogène, le schéma des structures socio-professionnelles rend mal compte du poids économique de chaque groupe représenté et du volume réel de sa consommation, comme le montre l'exemple de la vallée de Sèvres à Versailles, dans la banlieue parisienne. L'espace résidentiel n'offre pas toutes les commodités désirées par l'ensemble des habitants et auxquelles certains ne peuvent accéder. Ernest Hemingway indique par exemple l'itinéraire que suit un affamé qui, de la closerie des Lilas veut rejoindre le Panthéon sans passer devant les boutiques de nourritures qu'il ne peut acquérir [5]. Les groupes minoritaires doivent chercher à l'extérieur le complément à leurs besoins dans la mesure où le déterminisme culturel permet une pratique différenciée de la ville.

Les rythmes de fréquentation :
Familiarité et complémentarité.

La pratique urbaine est évidemment à la fois spatiale et temporelle, les fréquentations se répartissent dans une chronologie personnelle élaborée pour des intentions précises, travail, loisirs, approvisionnements, visites amicales ou familiales... Plus que les barrières topographiques, l'incapacité à nouer des contacts sociaux rétracte cette connaissance qui peut se borner au seul site rési-

---

5 Hemingway E., *Paris est une fête*. Gallimard, 1964, Paris (pages 70 à 72).

dentiel; M. Orleans a décrit ce phénomène de « site récalcitrance » à Los Angeles où les deux facteurs se cumulent [6]. Particulièrement sensibles aux changements, les sociologues nord-américains s'attachent à l'idée « d'orbites » urbaines; les établissements des groupes sociaux se déplaçant dans la ville suivant une logique géographique, témoignent aussi des transformations de statuts et d'images sociales de ces groupes. Le contenu symbolique des sites évolue simultanément pour ceux qui les habitent et pour ceux qui les fréquentent.

Cette fréquentation de la ville est toujours fondée sur des besoins précis qui déterminent un choix pragmatique des lieux. La sélection repose sur trois critères : – la proximité ou les facilités d'accès; – la diversité des fonctions (centres d'intérêt) qui s'y exercent et qui, multipliant les motifs de déplacement, accentue la force de l'habitude; – la correspondance des lieux avec une image sociale.

Plus un secteur est hétérogène plus les modes de consommation diffèrent en ayant les chances de trouver le maximum de satisfaction sur place. Finalement, s'établit un système de relations spatiales et rythmiques entre les différents composants de la ville, qui forme trois niveaux géographiques de complémentarité : – au-delà du quartier résidentiel étroit, – une aire familière plus ou moins régulière témoigne d'une utilisation continue et diversifiée d'un espace bien connu et habituel (tel le centre administratif et commercial de la commune); – des pôles complémentaires imposant un assez long déplacement sont fréquentés pour des besoins spécifiques sur des rythmes plus ou moins rapides, ils constituent une « sortie » à la routine journalière [7].

Les études des *aires d'attraction* ou *de chalandise* ne montrent que superficiellement ces phénomènes de complémentarité qui guident les choix sur des critères économiques, sociaux et psychologiques dont l'ensemble seul est apte à rendre compte de l'impact d'une fonction urbaine. Les *aires de fréquentation* sont une répartition des flux par rapport à la coïncidence des offres et des demandes; elles résultent donc de compromis.

L'aire de familiarité continue prolonge directement le quartier de résidence, elle est parcourue aisément au prix d'un déplacement court et concerne les achats de produits courants, les services administratifs, les soins médicaux, les loisirs et des achats divers pour lesquels peuvent jouer de fortes concurrences extérieures (disques, vêtements...), l'essentiel des besoins banaux s'y trouvent satisfaits pour peu que l'équipement soit suffisant. Mme J. Gauthier-Frisch [8] a montré la concentration des relations autour du domicile pour les familles que leur bas niveau de revenus incite à établir des liens de solidarité dans le voisi-

---

6 Orléans Peter, *Différential cognition of urban residents, effects of social scape on maping*, Arnold, 1973, Londres.
7. Travaux de l'Association Universitaire de Recherches géographiques, Université de Paris I; du centre d'Etudes régionales et d'Aménagement de l'Université de Caen; du Groupe de recherches sur l'Espace économique du centre d'Etudes des Techniques économiques modernes; du Centre d'Etudes pratiques de la Croissance régionale et urbaine, Université de Paris VIII.
8. In *Paris et l'agglomération parisienne*. PUF 1952, et *Paris, essais de sociologie 1954-1962*. Editions ouvrières 1965. Paris.

nage, aussi bien pour obtenir crédit du boutiquier que pour les relations amicales. Ce n'est qu'en milieu populaire que les déplacements visent véritablement à combler les insuffisances de la desserte; dans les quartiers aisés les trajets parcourus sont plus longs, même pour les achats courants, les limites du quartier vécu n'étant plus senties comme une frontière protectrice stricte.

LOCALISATION DES ACHATS D'ALIMENTATION
ET D'ENTRETIEN DANS LA BANLIEUE OUEST DE PARIS

	dans la commune		hors la commune	
	alimentation	entretien	alimentation	entretien
Louveciennes	83,3	57,9	16,7	42,1
Neuilly	90,0	87,8	10,0	12,2
Courbevoie	91,0	87,6	9,0	12,4
Nanterre	91,1	92,1	8,9	7,9
Poissy	97,1	97,7	2,9	2,3
Puteaux	97,4	94,8	2,6	5,2

Quant à l'absence de certains équipements dans le quartier, les revendications sont d'autant plus virulentes et nombreuses que des équipements similaires existent ailleurs dans la commune. Il y a progression des niveaux d'intervention, l'habitant n'exigeant pas encore la création dans son propre quartier mais limitant ses demandes pour la commune au sujet d'installations qu'il doit fréquenter dans les communes voisines. Ceci témoigne de deux degrés d'appropriation : la commune n'est connue, perçue que confusément hors le centre où l'habitant désire trouver ce qui le met en rapport avec la collectivité; c'est là qu'il se rend quand il « sort » (théâtre, centre commercial)... ensuite son quartier doit fournir ce que chacun aime avoir près de son domicile à défaut de le posséder chez soi, tennis, piscine, café-bar, écoles, et « ses » commerçants... qui feront l'objet de réclamations lorsque l'ensemble de la commune sera équipé.

Les structures régionales de la desserte, celles de la société, les possibilités de circulation guident les comportements qui reproduisent à l'échelle de la ville la complexité du vécu au lieu de résidence.

Les attractions que suscitent, par exemple, les nouveaux magasins de grande surface en libre service par rapport à celles des centres urbains traditionnels ne sont pas une simple alternative. Les flux sont multiples qui résultent à la fois des localisations, de la spécialisation des activités et de leur dynamisme. S'il est une hiérarchie des villes et des équipements, celle-ci n'est pas « pyramidale », sauf pour les administrations dont un niveau contient tous les niveaux qui lui sont inférieurs (et eux seuls). Un centre d'attraction exceptionnelle n'est pas forcément, aussi, quotidien, hebdomadaire et mensuel. Un réseau se tisse sur la ville et sa région dans le prolongement de l'aire de familiarité, comprenant aussi la résidence secondaire des fins de semaine.

La question de la répartition des choix entre les centres de ville et les « grandes surfaces » et autres équipements de la périphérie urbaine, se pose différemment pour le rural, l'habitant d'un bourg ou d'une petite cité, le banlieusard... Après une période d'adaptation aux interférences créées par la modification des structures, le client choisit suivant les services et produits offerts, selon ses intérêts pécuniers et les avantages des déplacements (rapport distance-temps-économies) que peuvent contrarier des effet de barrière tels qu'ils apparaissent dans le quartier vécu. Plus intégrée au tissu urbain que le cours d'eau, la voie ferrée est moins nettement perçue; en tant que barrière elle n'agit que sur le milieu très proche, au-delà de sa zone de bruit et de vision, elle est surtout regardée comme un moyen de transport. Les conséquences sont donc contradictoires selon le niveau d'un équipement ou la forme commerciale d'un établissement : en privant d'une partie de la clientèle voisine, l'autoroute comme la voie ferrée draîne une clientèle plus éloignée soit au point de transbordement, la gare, soit à l'hypermarché.

Trois cas de fréquentations multiples ont été retenus.

La population des grands ensembles d'habitat collectif correspond le mieux à la clientèle des hypermarchés, elle y trouve le complément à l'offre locale résidentielle, généralement suffisante mais étroitement programmée. Pour l'ameublement, de grands magasins spécialisés aux portes de la ville et à proximité de l'hypermarché, détourne la clientèle qui fréquente le centre de ville pour l'habillement (75 % à 82 % des achats), des biens et services ayant un caractère luxueux ou exceptionnel, depuis le médecin spécialiste jusqu'au disquaire... Les attractions extérieures à la ville restent très faibles chez les ouvriers, un peu moins chez les employés et les classes moyennes qui profitent d'une visite dans une grande métropole ou à Paris pour s'adonner à des achats exceptionnels.

▶ Pour 100 ménages d'un grand ensemble d'habitat collectif (agglomération parisienne exclue) :

– 66 fréquentent deux sites :

                        45 = centre résidentiel et centre de ville
                        21 = centre résidentiel et hypermarché
                        $\leqslant 1\%$ = centre de ville et hypermarché

– 19 fréquentent simultanément le centre local, l'hypermarché et le centre de ville, il s'agit essentiellement de mères de famille ayant des rythmes de fréquentation élevés.

– 15 n'utilisent que le centre local.

Les habitants d'une petite ville pratiquent un espace d'approvisionnement et de service plus large dans la mesure où ils ne se contentent pas des équipement locaux; certains flux de complémentarité peuvent être complexes, la hiérarchie des centres selon les modèles de Christaller et de Lösch ne tenant pas compte de la spécialisation fonctionnelle qui est de moins en moins liée à la hiérarchie démographique. L'exemple du canton de Nocé rejoint celui d'une répartition des fonctions agricoles entre Billom et Issoire dans le Bas Livradois [9].

---

9 Bertrand M. J., « Les rapports entre villes et villages du Bas Livradois » *Annales de Géographie* n° 435; sept. 1970, A. Colin, Paris.

Les rythmes et les lieux

FREQUENTATION PREFERENTIELLE POUR LES SERVICES
DANS LE CANTON DE NOCE (Perche)

pour 100 agriculteurs interrogés	médecin	dentiste	banque	vétérinaire	garage
– Nogent-le-Rotrou sous – Préfecture	15	58	17	23	16
– Nocé, chef lieu de canton	40				35
– Bellême – chef lieu de canton	24	15	40	31	8
– autres centres : Rémalard	10	19	16	13	6
Le Theil	7		12	15	5
Mortagne		6	1		2

(C et G. Badufle, *L'espace vécu des agriculteurs percherons du canton de Nocé*, Université de Caen, 1973).

Dans les cas relativement simples mais rares d'attractions très hiérarchisées, la répartition des achats coïncide avec les degrés d'équipement et de spécialisation, en fonction de l'appartenance sociale et des revenus. Si les ouvriers et les employés se déplacent plus volontiers que les ruraux à longue distance, leurs trajets autour du domicile sont moins diversifiés; ce sont les notables qui échappent le plus à la petite ville où ils trouvent pourtant leur « clientèle » traditionnelle.

FREQUENTATION ET COMPLEMENTARITE DES ACHATS
DES HABITANTS DE VILLES DE MOINS DE 5 000 HABITANTS
(en % des dépenses)

Achats	bourg (résidence)	Hypermarché	ville-centre (relais)	centre-ville métropole	Total
– alimentaire	40	8	52		100
	72	2	26		100
		9,5	18,5		100
– vêtements	16	21	3 à 7	68	100
	31	27 à 30	3 à 12	34	100
– équipement ménager, cadeaux, luxe, loisirs	⩽ 5	68	⩽ 5	22	100
		4 à 9	⩽ 6	81	100
	⩽ 15	4	3 à 9	78	100
		36	3 à 9	40	100

Le Perche (Eure-et-Loir) offre l'exemple d'attractions diversifiées dont l'intensité varie avec la distance : la sous-préfecture locale reste bien individualisée grâce à quelques services spécifiques, mais, dans la partie orientale, l'attraction vers Chartres reste vive, moins pour les hypermarchés que pour des activités très caractérisées du centre de la ville.

Les centres de ville bénéficient de la pluralité des motifs de fréquentation, l'accessibilité reste secondaire même si le quart des usagers déplore les embouteillages, les difficultés de stationnement qui s'ajoutent à des prix jugés chers.

140 *Pratique de la ville*

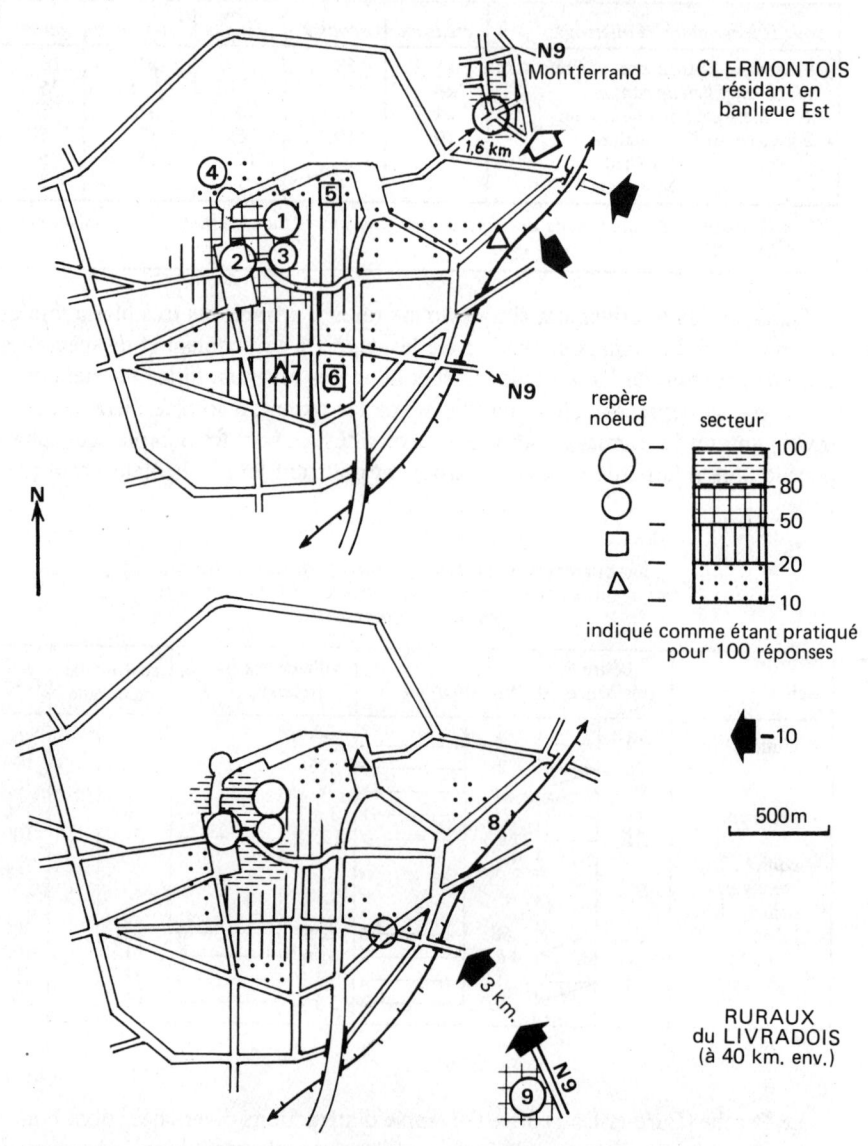

CLERMONTOIS
résidant en
banlieue Est

repère
noeud   secteur

○ — 100
○ — 80
○ — 50
□ — 20
△ — 10

indiqué comme étant pratiqué
pour 100 réponses

⬅ —10

500m

RURAUX
du LIVRADOIS
(à 40 km. env.)

1 : cathédrale, rue des Gras, marché   2 : place de Jaude, grands magasins   3 : préfecture
4 : place Gaillard, commerces, cinémas   5 : N-D. du Port   6 : jardin   7 : vieil hôpital
8 : gare   9 : hypermarché, à Aubière   10 : accès au centre-ville

Fig. 26. — Deux pratiques du centre de ville à Clermont-Ferrand.

Les rythmes et les lieux

RÉPARTITION DES ACHATS DE VETEMENTS PAR LES HABITANTS
DE THIRON-GARDAIS

pour 100 personnes interrogées, des dépenses	*ouvriers*	*employés*	*cadres moyens et supérieurs*
à Thiron-Gardais, chef-lieu de canton	16	7	⩽ 3
à Nogent-le-Rotrou, sous-préfecture	84	55	16
à (Nogent) + Chartres		38	71
compléments à Paris			11

Les rythmes des déplacements déterminent les lieux de dépenses =

% des dépenses a =	– Thiron-Gardais	– Nogent-le-Rotrou	– Chartres	– Paris	Total
Dépenses hebdomadaires, mensuelles	28	51	18	3	100
non alimentaires	15	61,5	21	2,5	100
dépenses alimentaires	43 à 71	52 à 29	5	–	100

Un centre répond à un large éventail de goûts et de possibilités, en présentant peu de déséquilibres structurels. A une clientèle locale qui représente des deux tiers à 80 % de l'ensemble de ceux qui le pratiquent, il ajoute les habitants d'une vaste aire d'attraction, auréole régulière qui s'étend théoriquement dans toutes les directions jusqu'au contact avec les aires concurrentes de même niveau, en bénéficiant de la fidélité de la population non motorisée venue par autocars et train. Les rivalités que peuvent susciter les hypermarchés et les équipements créés par des syndicats intercommunaux réduisent les activités centrales de même type à la clientèle de proximité. La « crise du centre-ville » est moins une désaffection que le résultat d'une nouvelle sélection des pratiques. Le maintien, voire le renforcement de l'attraction centrale dépend avant tout de la réadaptation de l'offre.

Les centres commerciaux régionaux, les magasins de grande surface répondent aux désirs d'une clientèle motorisée soucieuse des difficultés de stationnement et sensible aux gains de temps et d'argent que procurent le groupement des achats et le « discount ».

▶ *Avantages exprimés en faveur des hypermarchés de la périphérie urbaine :* accessibilité = 97 réponses sur 100; groupement des achats = 84; prix avantageux = 62; libre service = 38; choix = 11; ambiance = 8.

La morphologie de l'aire d'attraction traduit ces préférences : sur un axe préférentiel, cette zone est orientée par rapport à la ville, dissymétrique, en irriguant les secteurs accessibles directement par la route sans traversée de l'agglomération ou d'une ville-relais. D'où le dédoublement des hypermarchés sur les marges des banlieues, au bord des voies d'accès rapide : au nord et au sud de Clermont-Ferrand (Montferrand et Aubière), de part et d'autre de la Loire à Orléans.

Les classes moyennes et les employés sont les plus attirés par cette forme de distribution, alors que les ouvriers restent attachés au boutiquier, au petit succursaliste proches du domicile qui acceptent un crédit au jour le jour et sont moins marqués par une image de consommation forcée. Associant étroitement vie sociale et travail, l'espace résidentiel ouvrier est ressenti comme une protection communautaire. Le pouvoir d'achat à même moins d'influence, les doubles salaires renforcent les revenus familiaux sans modifier le comportement de classe. Les professions libérales, les cadres supérieurs restent rétifs, très attachés aux formes traditionnelles d'activités auxquelles ils sont très liés et qui fournissent aux notables une clientèle politiquement influente. Dans les banlieues des grandes agglomérations, l'offre locale ne satisfait pas l'ensemble des goûts des classes aisées, le centre commercial régional peut être le complément qui épargne de se rendre au centre urbain, mais là où on a sa résidence secondaire, le boutiquier du bourg est préféré qui assure aussi un entretien sans soucis.

COMPOSITION DE LA CLIENTELE
DU CENTRE DE VILLE ET DES HYPERMARCHES
(villes de plus de 80 000 habitants)

	centre-ville	hypermarché
employés, cadres moyens	38	31
ouvriers, contremaîtres	13	24
prof. libérales, cadres sup.	10	5
commerçants, industriels	7	6
agriculteurs	4	7
divers	28	21
total	100	100

Les commerçants restent attachés à des achats réciproques entre collègues mais résistent mal aux avantages de cette concurrence pour certains achats, sur des rythmes occasionnels (vêtements pour enfants, quincaillerie, épicerie...)

L'attrait des magasins de grande surface en libre service est diversement apprécié d'un établissement à l'autre, présentant de grands écarts dans les qualités et ayant peu de suite dans l'approvisionnement non courant qui suit des rythmes annuels publicitaires. Les avantages sont reconnus pour les biens banaux à notation rapide – alimentation, boissons, entretien, quincaillerie – quant à l'habillement, le niveau de prix est plus avantageux que la qualité pour les enfants.

PROPORTION DES ACHATS EFFECTUES DANS LES HYPERMARCHES, SELON LE RAYON

- produits d'alimentation	= 40 à 62 % des achats
- entretien ménager	= 19 à 24 %
- quincaillerie	= 11 à 17 %
- vêtements	= 8 à 19 %

Les rythmes et les lieux

Dans la région parisienne, la recherche de complémentarités suscite des flux convergeant d'abord vers les vingt arrondissements pour les communes de proche banlieue, avec deux buts principaux, le travail et les achats. Cette attraction particulièrement forte dans les communes limitrophes, s'affaiblit ensuite d'autant plus rapidement que les dessertes par transports en commun sont médiocres, au profit de villes traditionnelles (Conflans-Ste-Honorine, Pontoise, Saint-Germain-en-Laye, Versailles, Saint-Denis) et des nouveaux centres commerciaux comme Belle-Epine, Créteil, L'Agora d'Evry.

DIRECTION DE L'EVASION COMMERCIALE DANS LA REGION PARISIENNE.
pour 100 ménages effectuant des achats anormaux hors de leur commune de résidence

	vers Paris	vers d'autres communes en banlieue
Charenton	92	8
Maisons-Alfort, Saint-Maurice	73	27
Créteil	81	19
Boulogne-Billancourt	98	2
Versailles	69	31
Vitry-sur-Seine	91	9
Courbevoie	76	4
Nanterre	75	9
Neuilly-sur-Seine	92	2
Puteaux	66	2
SaintGermain en Laye	83	13

La facilité des communications, la proximité dans le temps est le facteur fondamental de la fréquentation des quartiers parisiens. Les sites les plus pratiqués sont proches des gares ou s'échelonnent le long des lignes de métro directes : l'ensemble Chaussée d'Antin-boulevard Haussmann attire 60 à 85 % des clients de la capitale desservis par la gare Saint-Lazare, les grands magasins de la rue de Rivoli n'intervenant que pour 7 à 32 %. Les avenues débouchant sur les portes de Paris (avenue du général Leclerc-Porte d'Orléans, avenue et porte de Saint-Ouen) accroissent leur influence auprès des banlieusards au détriment des arrondissements centraux. Les possibilités de choix individuels sont variés.

REPARTITION DES ACHATS DANS TROIS COMMUNES
DE LA VALLEE DE L'ORGE

en % des dépenses	centre local	magasin gde surface	centre communal	Paris
alimentation - entretien	30 à 60 / 35 à 78	17 à 65 / 12 à 49	5 à 14 / 10 à 21	⩽ 1 / ⩽ 1
ameublement	⩽ 2	2	26 à 55	45 à 74
luxe, cadeaux, loisirs	12	1 à 3	45 à 60	36 à 50
habillement		7 à 23	38 à 70	18 à 48

Les caractéristiques sociales d'un lieu justifient des relations éloignées ou difficiles d'autant plus qu'un ménage trouve un logement en fonction de ses possibilités financières, s'il le peut, en rapport avec l'image de marque qu'il a de son niveau social, dans des secteurs qui abritent les personnes ayant un même niveau de ressources. Les relations comprennent des liens de nature hétérogène : famille, voisins, amis, collègues de travail, relations d'affaires, ou simples connaissances qui tissent un réseau plus ou moins lâche sur l'agglomération.

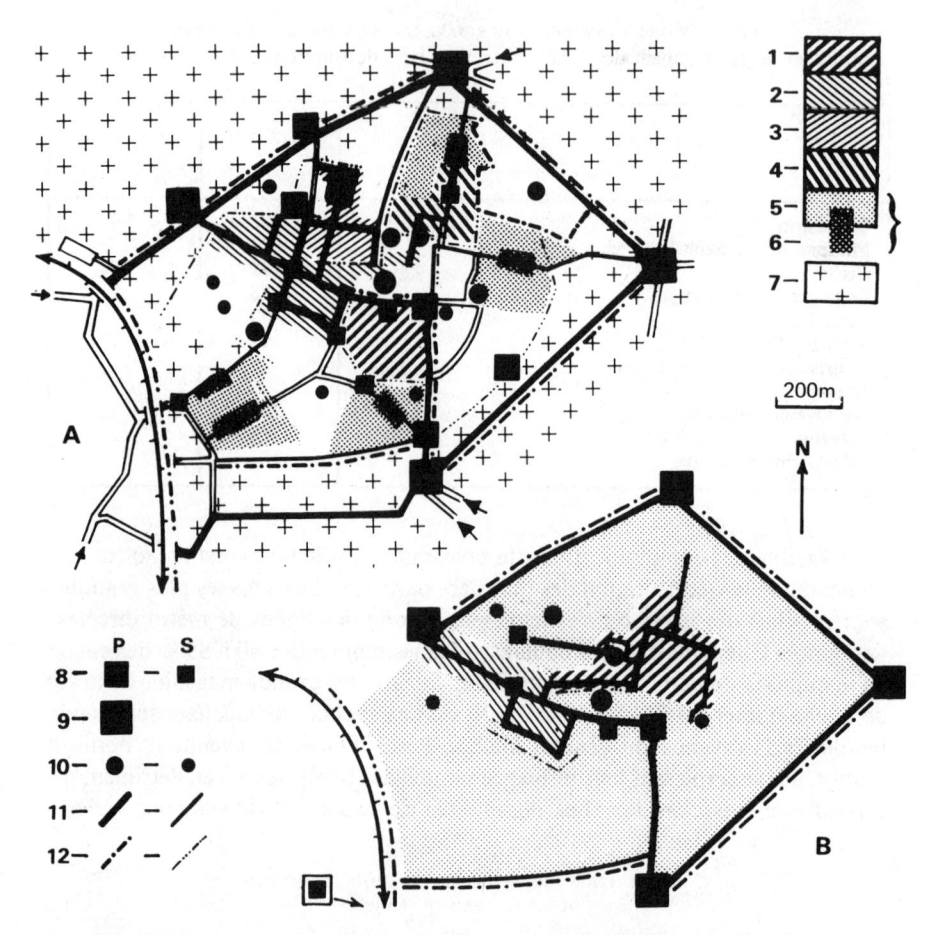

1 : quartier des hôtels aristocratiques, administrations   2 : commerce (surtout luxe et habillement)   3 : halles, restaurants   4 : vieil artisanat, antiquités   5 : anciens "bourgs" résidence autour d'une rue commerçante : 6   7 : urbanisation du XIXe s.

Structures principales : P   secondaire : S   8 : noeud   9 : "porte" de la ville
10 : repère-symbole   11 : circulations   12 : effets de barrière

A : analyse d'un architecte : une organisation fondée sur la physionomie du bâti et son évolution, sur les fonctions urbaines   B : les habitants : une connaissance pratique (accès, commerces) autour de quelques monuments-repères *(d'après Ch. Levy,* ESA 1977)

Fig. 27. — Deux représentations du centre de ville : Dijon.

A l'exception des célibataires, particulièrement des jeunes, les relations dans le secteur de résidence ne sont pas nombreuses, 70 % des personnes interrogées ont peu d'amis dans leur quartier et les rapports suivis sont peu fréquents; ceux-ci deviennent même une contrainte dans les grands ensembles, ils se réduisent toujours aux voisins mitoyens dans le pavillonnaire. L'essentiel des relations se noue hors le quartier mais dépend toujours de la famille ou du statut social et professionnel, se conformant assez strictement au déterminisme de la géographie sociale. D'après le critère démographique, ce sont les célibataires et les jeunes ménages sans enfant, d'après le critère socio-professionnel ce sont les cadres qui établissent les rapports les plus nombreux et les plus diversifiés. Après le mariage, qui marque un seuil, les relations différenciées s'uniformisent par une sélection qui élimine progressivement les amis les moins proches du stéréotype auquel se réfère le jeune ménage.

L'importance du réseau de relations nouées dans le milieu résidentiel dépend directement du temps de présence dont on dispose : plus la durée des migrations quotidiennes s'allonge, plus les relations de voisinage se raréfient. Les 3/4 des femmes au foyer – surtout si elles ont des enfants – parviennent à entretenir de telles relations, contre moins de 30 % pour les femmes exerçant un métier; conséquemment aussi, ce sont les hommes qui considèrent le plus unanimement leur quartier comme une ville-dortoir. Les facteurs sociaux sont identiques qui permettent le détachement vis-à-vis d'un secteur urbain, voire de la ville, grâce à des relations, à des pratiques diverses et géographiquement dispersées (dans les limites toutefois de l'image sociale des lieux), nuançant les opinions et les critiques tout en agréant mieux le site de résidence. Les catégories sociales « captives » du quartier apprécient ses avantages fonctionnels mais souffrent de la pression des relations de seul voisinage sans trouver, à l'extérieur, d'exutoire.

Le rythme des rencontres familiales étroites est très soutenu dans les grandes agglomérations; plus de la moitié des ménages voient un de leurs parents au moins hebdomadairement, ce sont les jeunes qui rendent visite. Cette fréquence diminue en fonction de la distance, surtout si le trajet excède 30 minutes, traduisant soit un désir d'indépendance des couples, soit la difficulté de circuler.

On conclut sur une corrélation : plus le niveau économique s'élève, plus l'aire géographique des relations personnelles s'étend hors le quartier vécu, mais le déterminisme social privilégie les relations en direction des quartiers socialement et politiquement identiques. Les commerçants du viie arrondissement correspondent avec ceux du xve et du viiie, les familles de la place Victor-Hugo avec celles des quartiers résidentiels du xvie et du xviie arrondissement. Le quartier vécu est tout l'univers des classes populaires, cet enracinement accorde la plus grande place aux relations de voisinage qui se retrouvent jusque dans le choix des parrains et marraines de baptême : « Les ménages ouvriers choisissent parrains et marraines plus fréquemment dans leur quartier que toutes les autres catégories socio-professionnelles (31 %, contre 23 % chez les employés). Chez ceux qui résident au même endroit depuis plus de trois ans, les parrains habitant le 13e arrondissement sont presque aussi nombreux que ceux habitant

MOTIFS DE FRÉQUENTATION DE PARIS

Fréquentation de Paris - A : travail; B : achats; C : loisirs; D : relations familiales et électives; E : services administratifs, médicaux, etc.

	Paris Sud						Paris Est						Banlieue Sud-Est						Banlieue Ouest					
	A	B	C	D	E	Total	A	B	C	D	E	Total	A	B	C	D	E	Total	A	B	C	D	E	Total
Champs-Élysées Étoile	53	22	18	4	3	100	21	2	68	9		100	75	7	18			100	59	13	26	1	1	100
Tour Eiffel	19	12	56	11	2	100			98	2		100	8	2	86	3	1	100	6	1	82	8	3	100
Invalides	800	9	3	8		100																		
Trocadéro-Passy	53	19	27	1		100																		
Concorde	100					100																		
Haussmann-Opéra	39	47	13	1		100	31	43	24		2	100	56	18	25	1		100	48	40	12	1		100
Louvre-Vendôme	51	11	34	4		100	48	2	49		1	100	22	24	53	1		100	67	17	14		6	100
Châtelet-Rivoli	51	42		6	1	100	11	53	3	2		100	10	62	26	1	1	100	63	30	14	3		100
Hôtel de Ville																			6	77	13		4	100
Cité	3		92		5	100			30		70	100							1		86		13	100
Bastille-Saint-Antoine							5	56	27	11	1	100	50	31		19		100						
République							6	67	9	18		100												
Nation																								
Montmartre Barbès	2	13	74	11		100	24	47	13	16		100	8	17	71	4		100	6	24	62	8		100
Buttes Chaumont									100			100												
Quartier Latin	27	21	24	23	5	100							14	25	55	6		100	6	30	52	9	3	100
Montparnasse	19	36	34	6	4	100																		
Parc des expositions	1		99			100																		
Bois Boulogne ou Vincennes			100			100	1		99			100												
VI-24							60	12	3	22	3	100	31	46	10	13		100	2	24	67	7		100
XI																								
XII-46						100																		
XIV-55	31	39	11	19		100																		
XV-58	29	11	32	28		100													68	9	7	15	1	100
XVI																			49	25	18	7	1	100
XX-78							31	21	23	23	2	100												

Les rythmes et les lieux   147

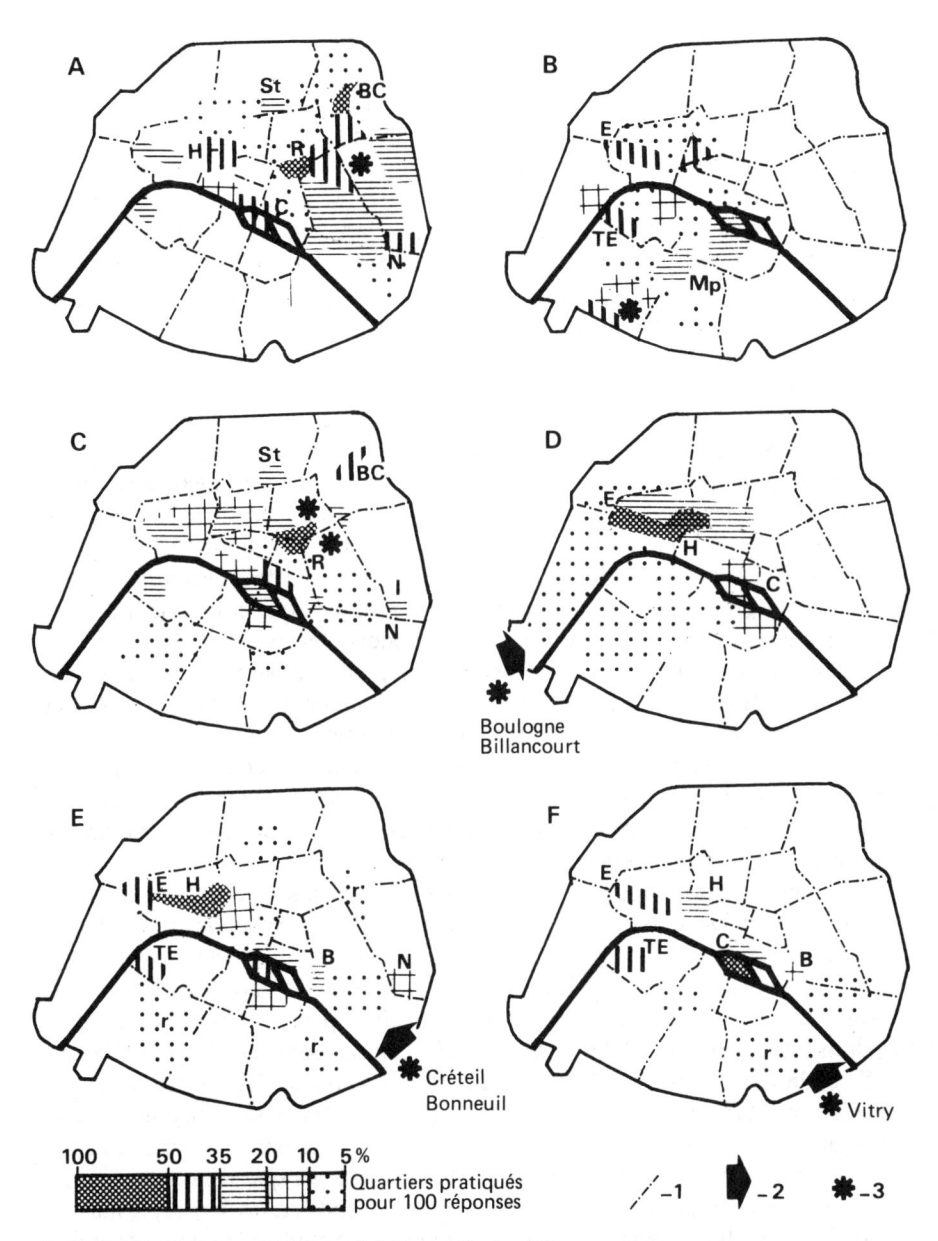

Fig. 28. — **Pratique et centralité dans Paris selon le lieu de domicile.**

100 50 35 20 10 5% Quartiers pratiqués pour 100 réponses

1 : limites d'arrondissement   2 : accès à Paris   3 : domiciles

B : Bastille   BC : Buttes-Chaumont   C : Châtelet   E : Étoile   H : Haussmann-Opéra
Mp : Montparnasse   N : Nation   R : République   r : ilôts de rénovation (résidence antérieure)   St : marché St. Pierre   TE : Tour Eiffel
Employés : cartes D.E.F.   Fonctionnaires : B   Ouvriers : A.C.

le reste de la région parisienne : 33 % contre 40 % chez les ouvriers, mais 28 % contre 55 % chez les employés [10] ».

Six cartes montrent ces comportements géographiques qui rejoignent, par exemple, les résultats des enquêtes « Carte blanche » de la R.A.T.P., en 1967.

L'attraction de Paris croît parallèlement au niveau des revenus en suivant les nuances de la hiérarchie sociale, particulièrement en ce qui concerne la distinction entre ouvriers et employés, même quand les salaires sont comparables. Toutefois, signe d'inadaptation, la fuite vers Paris est très marquée pour les minorités relatives (classes populaires de Neuilly; classes aisées de Maisons-Alfort ou Créteil) qui y trouvent les équipements qui leur font défaut près du domicile. Dans l'ensemble, ce sont les classes moyennes – particulièrement celles employées dans le secteur des services – qui pratiquent le plus les vingt arrondissements où se massent les emplois de bureau.

Ces implications sociales expliquent que ce soit les habitants des arrondissements et des banlieues orientales qui vivent le plus repliés sur leur quartier, ayant une pratique complémentaire limitée aux secteurs de même type proches : Barbès est le lieu le plus connu par les étrangers résidant dans le bas de Belleville. L'image de marque des rues commerçantes et des grands magasins est très forte, elle favorise le marché Saint-Pierre et la rue de Steinkerque (Montmartre), les grands magasins de la place de la République et du cours de Vincennes que le métro relie directement aux arrondissements du nord-est parisien. Les loisirs sont proches du domicile, cinémas, café; le parc des Buttes Chaumont a un attrait exceptionnel dû à sa proximité autant qu'à l'absence d'espaces verts et devient un symbole local pour ces quartiers populaires.

Une plus grande diversité caractérise le comportement des habitants des arrondissements méridionaux aux structures sociales diversifiées : outre les habituelles relations avec le centre des Affaires (travail, achats, loisirs) on observe des liens spécifiques avec le VIIe arrondissement.

Nombre de quartiers déclarés fréquentés et connus, sont effectivement assez bien perçus et localisés quoiqu'ils n'aient pas été le but de déplacements depuis plusieurs semaines, parfois plusieurs mois. La plupart du temps, ces secteurs sont un symbole puissant de Paris et de son mode de vie parce qu'ils matérialisent l'histoire d'une ville qu'on est fier d'habiter, parce qu'ils sont un signal valorisant : pour les habitants de l'est parisien, ce sont les Champs Elysées, l'Ile de la Cité; pour ceux du sud, le Champ de Mars, le Tour Eiffel, Montparnasse avec l'effet visuel de la nouvelle tour, et pour les classes moyennes, aussi le Quartier latin. Les banlieusards se réfèrent de même au centre monumental et touristique qu'on pratique beaucoup moins que les quartiers à dominante commerciale (Rivoli, le XIIe arrt. pour la banlieue sud-est; les Ternes, le marché Saint-Pierre, Haussmann-Chaussée d'Antin pour Neuilly). On aboutit alors à une confusion entre la fréquentation habituelle et la fierté d'une connaissance exceptionnelle.

---

10. Coing H., *Rénovation urbaine et changment social*. Ed. Ouvrières 1966, Paris (p. 70 et 71)

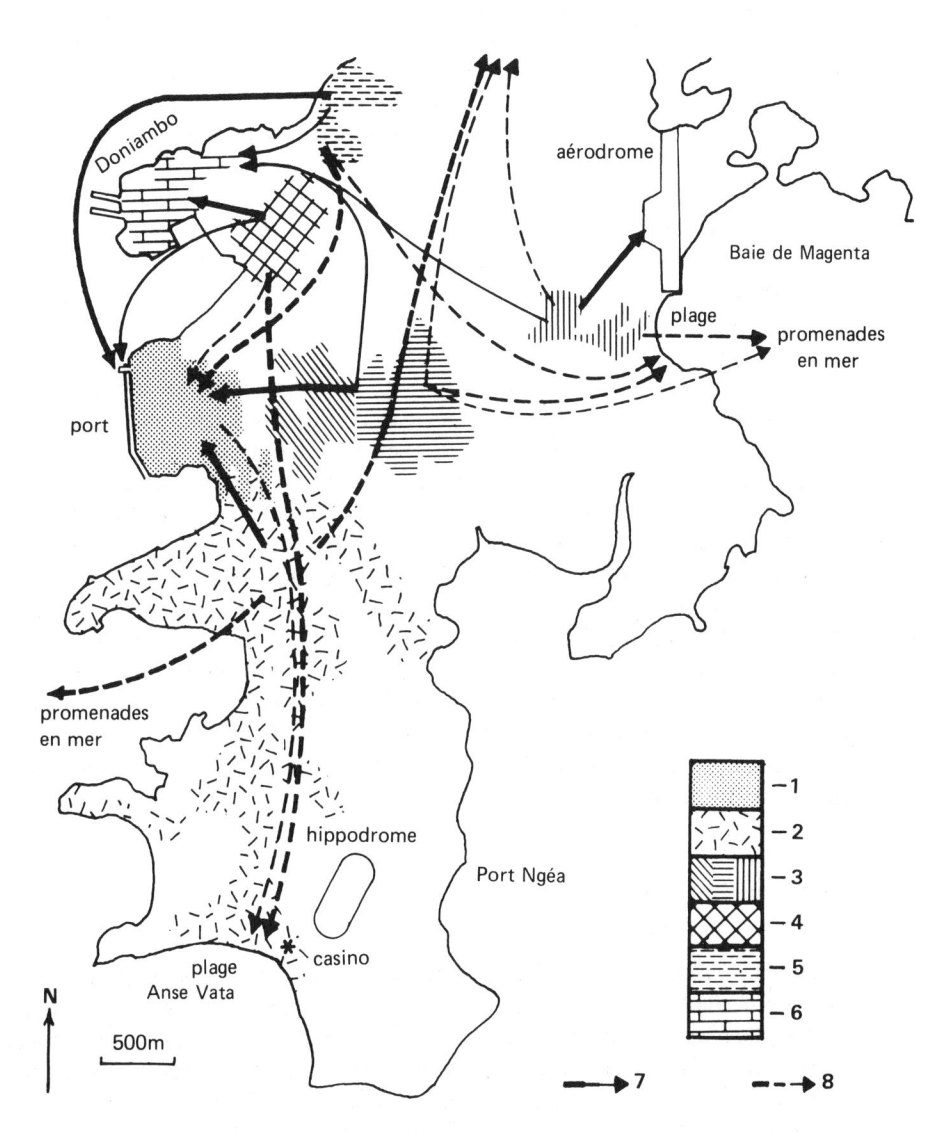

1 : centre de ville (bureaux et commerces) et port   2 : ancien secteur de villégiature, quartiers aisés ou riches, pas de commerces de détail   3 : quartiers diversifiés, vieilles familles calédoniennes, Javanais, Vietnamiens et Malabars; approvisionnement sur place et quelques emplois   4 : Wallisiens et Tahitiens, ouvriers d'usine   5 : Mélanésiens très enserrés par leurs coutumes, employés sur le port   6 : industrie   Pratiques durant la semaine : 7   les fins de semaine : 8

Fig. 29. — Fractionnement ethnique et social : pratiques et rythmes à Nouméa.

Dans la ville fractionnée des pays en voie de développement, les rythmes sur lesquels les classes dominantes utilisent l'espace déterminent plus encore l'usage qu'en font les autres groupes.

Le centre de la ville de Nouméa comme les quartiers de résidence aisée le long de l'anse Vata jusqu'au casino, est abandonné durant les fins de semaines par les blancs qui pratiquent la pêche en mer ou se retrouvent dans les grandes propriétés de l'intérieur de l'ile. Le centre est alors « investi » d'une part par les Wallisiens et Tahitiens, ouvriers d'usine et du port, qui viennent y jouer au billard électrique sans se mêler aux mélanésiens du quartier de Montravel, manœuvres et dockers qui s'adonnent à une ivrognerie bruyante et brutale. L'intégration des premiers au système social de la Nouvelle Calédonie apparaît dans l'habitude des promenades dominicales le long de l'anse Vata quand les mélanésiens vont danser et manger le bougna sur la plage du quartier populaire de Magenta.

Cet exemple mieux que tout autre montre combien la fréquentation est un phénomène complexe de flux dont les caractères sociaux priment les fondements économiques que définissent les aires d'attraction. Une ville, à supposer qu'elle soit homogène et sans contraintes urbanistiques, serait certes pratiquée diversement selon les références socio-culturelles de ses habitants; que les groupes soient mêlés ou nettement séparés ne différencie pas – quant au fond – les réseaux et les rythmes qui restent uniformes et étroitement déterminés par ceux des classes dominantes dont le pouvoir ne découle pas directement du nombre. C'est dans les ambiguïtés de la notion du centre de ville que cette prépondérance sélective est le plus affirmée. « Aucune société n'a jamais construit une ville dont la structure aurait comme finalité essentielle de permettre la destruction de la société existante, de favoriser les relations autres que celles des classes et des hiérarchies établies et d'aboutir enfin à un essai quel qu'il soit, d'une société nouvellement agencée [11] ».

L'espace du travail

Le temps passé à exercer sa profession occupe la plus grande partie de la vie d'un travailleur, qu'il soit ouvrier, employé, commerçant, cadre... Les rythmes annuels n'ont guère diminué malgré l'institution des congés payés car aux jours fériés et chômés constituant des repos brefs mais fréquents se sont substituées des périodes de vacances prolongées mais rares. En un siècle, en France, le nombre de jours de travail a même augmenté : en 1856 l'année de travail moyenne d'un ouvrier est estimée inférieure à la moitié de l'année civile (160 jours), plus d'un siècle après elle est de 230 jours. Les progrès consistent donc dans une redistribution des temps de travail, non dans la diminution de leur durée, cela d'autant moins que la semaine de 40 heures est restée théorique.

---

11. Laborit H., *L'homme et la ville,* Flammarion, 1971.

S'il s'est réduit depuis la fin du XIXe siècle, le temps de travail quotidien varie extrêmement d'une branche d'activité à l'autre sans lien marqué avec la conjoncture économique. Il reste peu compressible pour les commerçants, surtout dans l'alimentation, disponibles douze à quatorze heures durant 5 jours 1/2. Bien qu'en 1966, la loi plafonne à 54 heures le temps de travail hebdomadaire, certaines professions du bâtiment, des travaux publics effectuent jusqu'à 60 heures, 58 % des ouvriers de ce secteur font plus de 48 heures contre 7,9 % en moyenne dans les industries de transformation, horaire que ne dépassent pas les employés de la RATP et de la SNCF. Au sein d'une même entreprise, les écarts peuvent être grands selon la catégorie de l'emploi. Un rythme moyen est peu significatif. Les régions à forte croissance économique imposent des durées plus longues, les rythmes sont moins intenses en milieu rural et dans les petites villes où des travaux agricoles complémentaires, l'entretien d'un jardin, incitent peu à multiplier les heures supplémentaires.

A la présence au poste de travail, il faut ajouter le temps consacré au transport, particulièrement dans les grandes agglomérations. En moyenne, 40 % des hommes et 27 % des femmes habitent à plus de 15 minutes de leur travail, mais dans la région parisienne, pour 40 % des hommes et 20 % des femmes le déplacement est d'au moins une heure (en province, respectivement, 20 et 3,5 %), surtout pour les jeunes en conséquence des conditions de logement. Une constante concentration urbaine allonge le temps passé chaque jour hors le domicile, jusqu'à douze heures pour 70 % des Parisiens. La nécessité de plus en plus impérieuse de recevoir une formation ou un perfectionnement professionnel est un facteur de prolongation au détriment de la vie familiale.

Le lieu de l'emploi occupe une place importante dans la pratique journalière de la ville. Comme pour le quartier vécu au lieu de résidence, les « qualités » du paysage sont fondamentales.

Toutefois le poste de travail reste un lieu public ouvert aux autres et ne qualifiant celui qui est attaché qu'abstraitement, indépendamment de lui à travers sa fonction, son niveau hiérarchique. Il n'est pas un refuge contre les tensions extérieures dans un monde où les occasions de rivalités sont nombreuses entre collègues, générations, sexes... Plus de la moitié, fréquemment plus des trois quarts des employés affirment que l'ambiance dans leur entreprise n'est pas bonne : le formalisme des relations professionnels, le repliement sur soi en « gardant ses distances » permet de maintenir ces conflits dans des limites supportables mais empêche que le lieu de travail, espace d'usage, soit aussi « vécu » (possédé mentalement et individuellement).

En effet, le caractère essentiel de l'appréhension de ce « quartier de travail » est l'utilisation fonctionnelle de l'espace. Si le fait d'exercer une profession près des grands magasins ne signifie pas un lèche-vitrine quotidien, la pratique de cette sorte de quartier, son degré de connaissance et son extension dépendent directement et quasi uniquement de la répartition, de la diversité des équipements et des infrastructures. Il faut y ajouter la permanence de l'emploi créatrice d'habitudes que ne connaissent pas les ouvriers des chantiers temporaires. De l'organisation de la ville découlent les cas extrêmes, l'association des bureaux, des commerces et des loisirs dans les centres de ville stimule une forte pratique inconnue dans les zones industrielles. Les anciens quartiers de manufactures qui, aux limites du centre-ville associent l'artisan et l'habitat populaire à des services variés même de piètre qualité, sont générateurs d'une large familiarité avec l'espace urbain; le faubourg Saint-Antoine à Paris, les abords du canal de Charleroi à Bruxelles, Bankside à Londres.

Dans une conception utilitariste, les éléments fonctionnels seuls sont indiqués avec précision, structurant fortement les perceptions, les réponses présentent une très grande uniformité : plus de 80 % des personnes interrogées sur un site indiquent 75 à 80 % de l'espace mentionné par tous, proportion qui frôle l'unanimité dans les secteurs usiniers. A Paris, le « quartier de travail » dans le centre des Affaires couvre en moyenne 18 hectares à Saint-Lazare-place de l'Europe (VIIIe arrt.), 14 hectares à l'Opéra et à la Bourse (IIe arrt.), mais 11 hectares dans le nouvel ensemble de bureaux du Front de Seine, au pont Mirabeau (XVe arrt.). La Défense présente deux types de connaissance et de familiarité : des quartiers petits et ovoïdes de 3 à 8 hectares n'indiquent que la tour ou aussi ses abords, par exemple les quelques boutiques rassemblées autour d'un patio au pied d'un

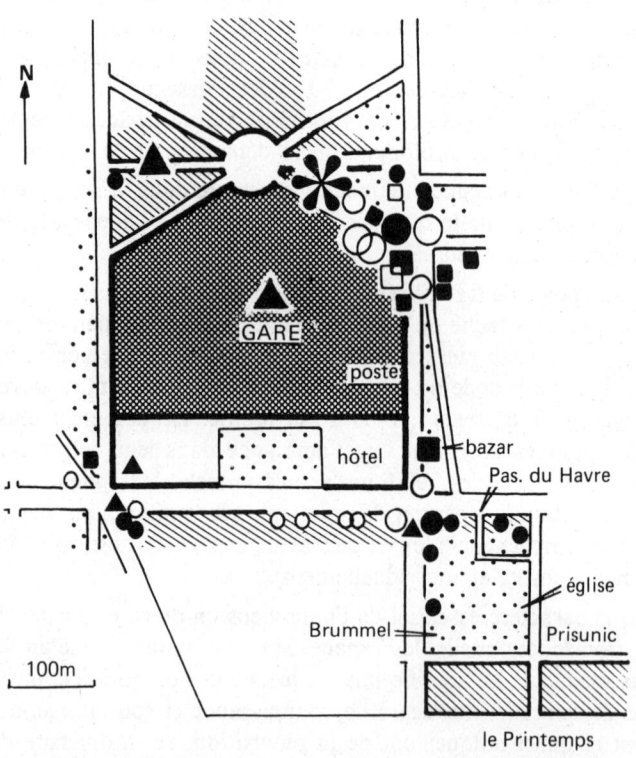

Légende : voir plan suivant.

Fig. 30. — Vécu au lieu de travail, un espace pratique
de la place de l'Europe aux Grands Magasins.

Les rythmes et les lieux 153

groupe d'immeubles; des quartiers de 15 à 40 hectares ne sont qu'un long cheminement à partir du type de représentation précédent, en direction de la station du RER vers l'ouest ou, à l'opposé, par le pont de Neuilly, jusqu'au métro.

Dans les quartiers populaires où dominent l'artisanat et la petite industrie, les surfaces utilisées sont encore de 7 à 12 hectares dans le faubourg Saint-Antoine qui dispose de commerces variés, du grand marché alimentaire d'Aligre, mais dans les arrondissements x et xi, elles ne sont plus que de 1 à 5 hectares en fonction de l'éloignement du métro principalement, d'un café, d'un restaurant ou d'un marchand de plats cuisinés. Lorsqu'il est possible de rentrer déjeuner chez soi, chose assez fréquente en province, la pratique du lieu de travail se contracte totalement sur l'établissement employeur pour le seul rôle de production.

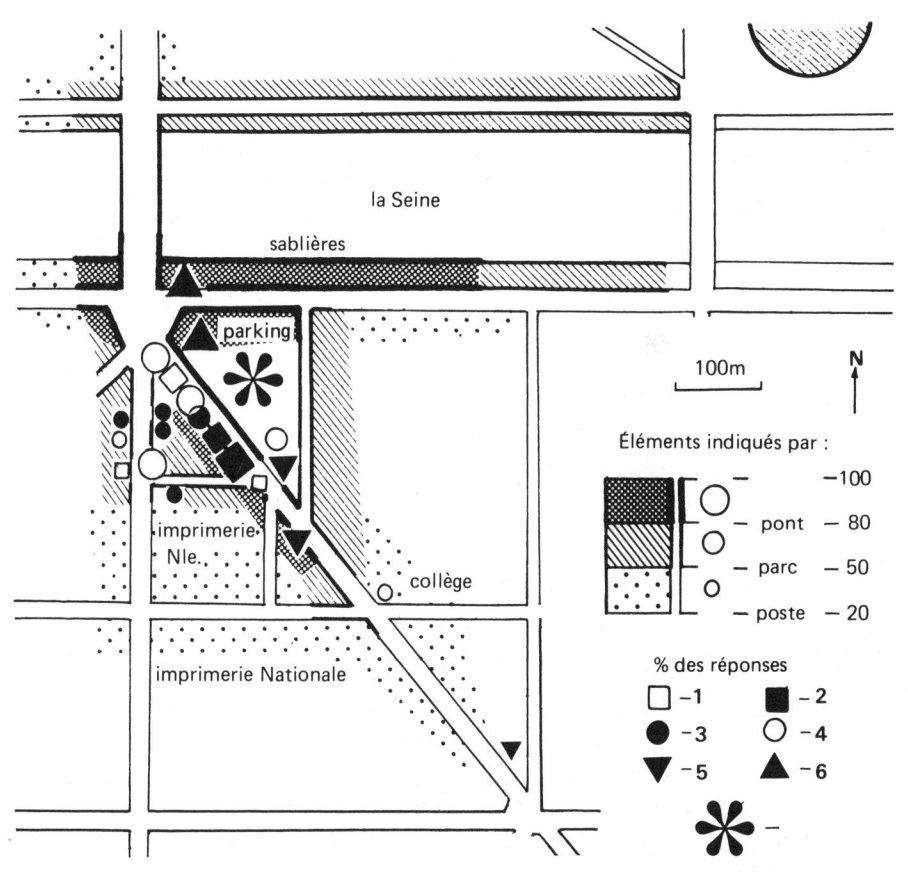

Le plan reproduit les déformations moyennes des déformations individuelles : l'échelle est approximative
Commerces courants d'alimentation : 1   non alimentaires : 2   3 : commerces de luxe
4 : cafés, restaurants   5 : station service, garage   6 : transports publics   7 : lieu de travail

Fig. 31. — **Vécue au lieu de travail, une connaissance fonctionnelle des abords de la tour Mirabeau, Front de Seine (XVe arrondissement)**

Trois thèmes dominent cette pratique : les transports, la restauration, les achats. On relève, dans l'exemple de la Tour Mirabeau, les notations des bouches de métro et de la gare SNCF « Javel » par leurs usagers qui, à l'inverse des automobilistes, ignorent les stations-service.

Le mode d'accès au lieu d'emploi modifie les habitudes des travailleurs. Si on note une corrélation certaine entre les lieux de résidence, d'activité et le réseau des transports en commun, des itinéraires quotidiens sont rendus très pénibles par l'allongement des distances ou le recours, successivement, à plusieurs moyens de transport, principalement quand la gare de transit située dans un arrondissement offrant peu d'emplois est aussi mal desservie par le métro. On peut trouver avantage à travailler dans un quartier périphérique par rapport à la gare : à Paris, le « retour sur ses pas » vers les Batignolles ou les Epinettes depuis la gare Saint-Lazare, vers Picpus ou Bercy depuis la gare de Lyon, permet d'éviter l'entassement dans le métro aux heures de pointe en direction du centre des affaires. La desserte directe sans changement est toujours un facteur déterminant. D'assez longs trajets à pied surtout dans les secteurs offrant un cadre architectural plaisant (le jardin des Tuileries depuis la gare d'Orsay) ou un équipement commercial attrayant (la Chaussée-d'Antin depuis Saint-Lazare) sont regardés comme préférables à plusieurs transbordements.

Les Parisiens bénéficient de la proximité des entreprises de service, mais la composition sociologique des quartiers influe nettement sur les possibilités de courtes navettes pédestres. Nombre d'employés habitant dans les XIVe et XVe arrondissements sont des fonctionnaires des Ministères du VIIe; de même le Quartier Latin n'a qu'une diffusion locale puisque la moitié des actifs ne quittent pas les Ve et VIe arrondissements. Moins un lieu est accessible directement par les transports publics, plus il est délaissé par les salariés, plus l'usage de l'automobile devient prépondérant.

Les banlieusards qui ont leur travail à Paris sont plus sensibles que les autres à l'attrait de ses commerces et des loisirs, surtout concernant les deux conjoints ou la femme seule – dans le cas du mari seul, le phénomène est moins évident –... Dans la mesure où les rues de bureaux des IIe, VIIIe et IXe arrondissements n'ont pas de boutiques, est notée avec précision la proximité des boulevards, des rues animées par les commerces, des cinémas, des théâtres, en justifiant une extension exceptionnelle du secteur connu. Pour les établissements éloignés du centre des Affaires, les bonnes liaisons avec les grands magasins, la Chaussée d'Antin, l'Opéra, ne sont pas qu'un argument de vente pour les promoteurs, les entreprises éprouvant dans le cas contraire, des difficultés à recruter ou à garder leur main d'œuvre féminine. Ce fut le cas par exemple pour les sièges sociaux d'épiciers succursalistes situés sur les quais de la Marne à Charenton, l'isolement et l'absence de liaison compensatoires vers le centre de Paris rendaient difficile le recrutement d'une main-d'œuvre affectée d'un taux de mobilité élevé.

Le critère socio-professionnel caractérise aussi la fuite vers Paris qui est toujours forte chez les classes aisées. Mais les migrations alternantes montrent qu'en fonction de la répartition des emplois dans l'agglomération, les employés et les cadres sont les actifs les plus concernés par le travail dans Paris : pour eux, la bonne connaissance des possibilités renforce l'habitude. Les secteurs connus sont vastes et pratiqués couramment, la diversité est remarquable de la part de personnes qui n'ont qu'une perception très superficielle, partielle, de leur quartier de résidence, le rapport peut être de 1 à 10! D'autre part, la cohésion spatiale d'un secteur de complémentarité montre que chaque site fréquenté est individualisé en fonction des possibilités de déplacement d'un piéton. Le fait d'utiliser un moyen de transport provoque une coupure due au changement de nature et de l'occupation de l'individu, de sa perception (rythme de perception) du milieu : l'espace de transport est bien simultanément une coupure et un lien. Dans les exemples choisis, cela explique la dichotomie constatée à hauteur du boulevard Haussmann, même pour ceux qui viennent à Paris par le réseau de la gare Saint-Lazare.

Les ouvriers sont relativement moins attirés par les vingt arrondissements bien que les lieux de travail industriels en banlieue n'offrent pas une gamme d'équipements attrayante; ils se replient sur leur commune de résidence cadre de vie clos. Les employés qui travaillent dans Paris y reviennent volontiers pour acheter ou se distraire, les autres se contentent de l'offre locale quitte à revendiquer un effort pour des équipements insuffisants. De plus, travailler dans une autre commune de banlieue ne semble pas être un encouragement pour une pratique diversifiée de la périphérie. En effet, hors les cas de femmes employées près de centres animés comme les anciens noyaux villageois, le lieu de travail qui est généralement industriel, correspond à la pratique la plus étroite.

- lieu de résidence	⟶	lieu de travail hors la commune	achats au lieu de travail *
centre ville	⟶	dans un centre de ville	2,8 %
	⟶	hors un centre de ville	⩾1 %
quartier homogène (pavillonnaire ou collectif)	⟶	dans un centre de ville	13,0 %
	⟶	hors un centre de ville	⩾1 %
* en % des achats hebdomadaires (jours ouvrables) de biens courants.			

La centralité d'un lieu dépend donc de la diversité des activités et des niveaux d'attraction, d'un sentiment de densité que n'offrent pas la plupart des « centres » de création récente. A l'échelle de la commune, la pratique se heurte aussi à la méconnaissance des possibilités offertes due aux obstacles culturels et économiques qui favorisent la concurrence parisienne. Exercer un métier est une contrainte qui modèle et uniformise les rythmes en réduisant les choix pour d'autres activités; la mère de famille reste dépendante des enfants dont elle assure l'éducation; elle doit réaliser des prouesses de coordination pour que ses déplacements coïncident avec les horaires scolaires et commerciaux. Le temps de sommeil reste proche de la moyenne (8 heures) et la relation temps de transport-temps de travail ne montre pas d'influence significative de l'un des facteurs sur l'autre.

Par contre, les « horaires libres » et la journée continue ont des effets notables sur les fréquentations en supprimant les interruptions de la mi-journée de midi

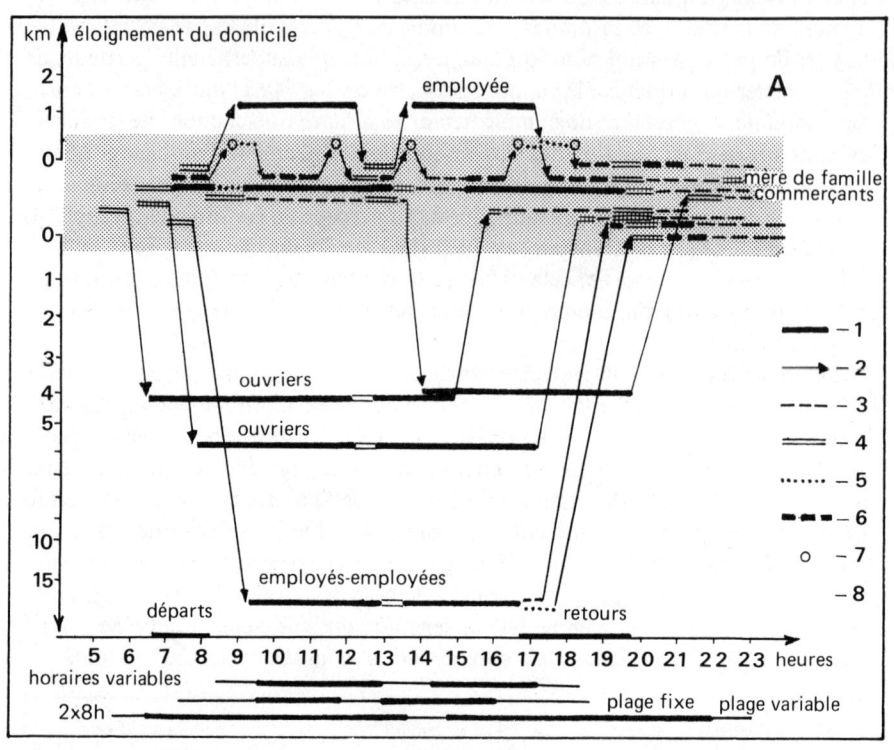

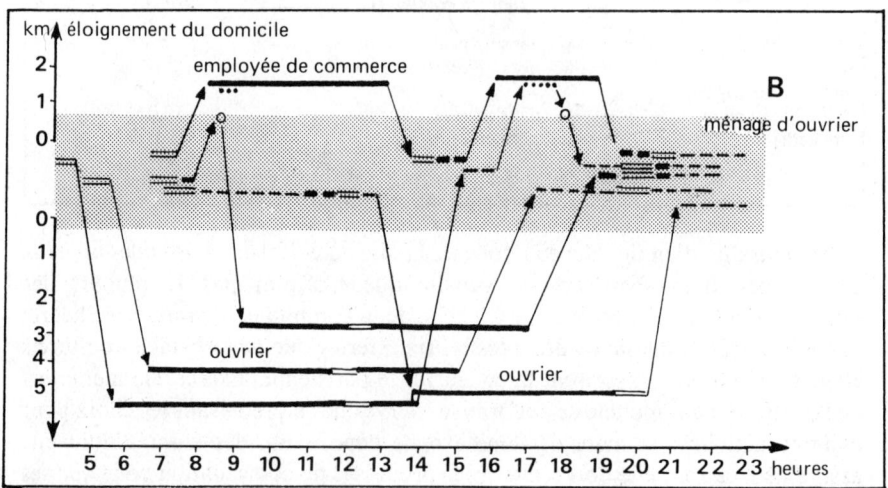

Rythmes (jours ouvrables) dans un ensemble d'habitat collectif : A et dans un quartier pavillonnaire : B de la banlieue lyonnaise 1 : temps de travail 2 : déplacements 3 : temps libre 4 : repas, toilette 5 : approvisionnement 6 : ménage, enfants 7 : école 8 : quartier vécu résidentiel (échelle semi-logarithmiques)

Fig. 32. — Rythmes quotidiens.

à 14 heures. La libération intervient plus tôt le soir qui permet d'effectuer des achats dans la commune de résidence avant l'heure de fermeture des boutiques, ou de se déplacer plus aisément vers les grands magasins et les centres régionaux. De moins en moins on voit, le soir, des femmes voyager avec des cabas pleins de victuailles achetés à midi aux abords du bureau...

La politique d'aménagement des horaires est récente, elle a cependant déjà contribué à modifier certaines structures commerciales, surtout qu'elle coïncide avec le développement du travail pour les femmes qui sont les plus conernées par la relation achats - pause du déjeuner et par la possibilité de s'occuper le soir des enfants et du foyer. Si l'attraction des grands magasins reste forte, ailleurs une récession des activités de commerce banales aux lieux de travail correspond à un regain certain pour les centres commerciaux proches des arrêts des transports en commun, des gares de banlieue. Le rétrécissement de la pratique du quartier près de l'emploi est compensé par une diversification, voire une extension de la pratique au lieu de résidence. Ceci était déjà sensible dans les régions disposant d'un réseau urbain très hiérarchisé, où les employés des villes moyennes et grandes habitent dans des bourgs ou de petites villes dont l'équipement est assez bon pour satisfaire la demande quotidienne si la journée continue permet d'attraper en se dépêchant un train ou un autocar plus tôt.

REPARTITION DES ACHATS
ENTRE LIEUX DE RESIDENCE ET LIEU DE TRAVAIL

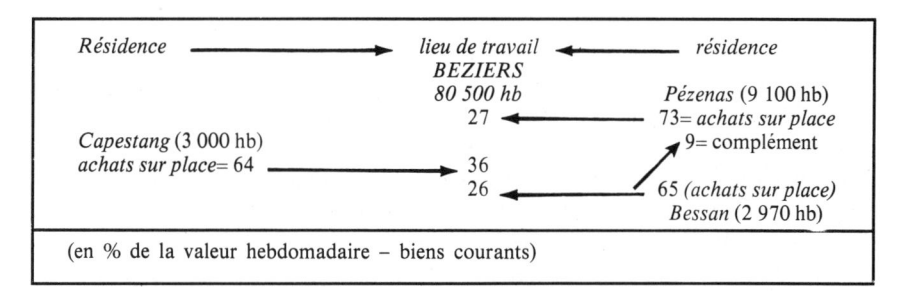

```
Résidence ───────────────► lieu de travail ◄─────── résidence
                            BEZIERS
                            80 500 hb
                               27     ◄─────── 73 = achats sur place
Capestang (3 000 hb)                           Pézenas (9 100 hb)
achats sur place = 64 ─────► 36                9 = complément
                               26     ◄─────── 65 (achats sur place)
                                               Bessan (2 970 hb)

(en % de la valeur hebdomadaire – biens courants)
```

La profession, l'âge, le sexe, le type d'habitat influent les rythmes quotidiens, hebdomadaires, mensuels et annuels, la dispersion étant grande depuis le retraité ou l'étudiant jusqu'au commerçant dont la boutique reste l'univers. Ces moyennes cachent cependant des situations individuelles contrastées dès que l'on sort des espaces résidentiels programmés.

La présence d'un magasin de type hypermarché à proximité du domicile concurrence l'approvisionnement au lieu de travail et accentue un déclin dont souffrent aussi les coopératives d'entreprise; les achats portent sur des gammes de produits identiques et le transport jusqu'à la résidence est une entrave par sa pénibilité. Certes la coopérative garde une place non négligeable à des prix inférieurs souvent aux prix des grossistes, elle procure les produits alimentaires non périssables, les conserves, les produits d'entretien, et exceptionnellement, du linge de maison, du matériel de bricolage, de la confiserie, des vins... Près de 80 % des fonctionnaires de catégorie C et B des ministères parisiens usent des services d'une coopérative; celle du Ministère de l'Education fournit 200 agents journellement. Si 38 % des salariés de Paris y effectuent couramment leurs achats, si 11 % utilisent une coopérative, finalement l'impact économique du travailleur au lieu d'emploi, sauf cas exceptionnel, reste décevant.

On peut suivre la formation d'un quartier de bureaux dans un secteur résidentiel par la transformation des commerces qui s'adaptent à la diminution concomitante des résidents. Coincé entre le quartier d'Affaires des Champs Elysées (VIIIe arrt.) et l'ensemble du Maine-Montparnasse (XIVe arrt.) le VIIe arrondissement de Paris a perdu 29 % de sa population en vingt ans, l'installation de bureaux au sud de la Seine à partir de 1969 est d'abord insidieuse par la transformation d'appartements isolés, rarement d'immeubles entiers : elle ne se remarque pas encore sinon par des éclairages nocturnes au néon. Des commerces marginaux, surtout les boutiques d'alimentation écartées des rues très commerçantes, cèdent peu à peu leur fonds à des activités de service (assurances, immobilier) ou de commerce de gros; seule la multiplication des agences bancaires fut alors remarquée. Pour répondre aux besoins des employés que complètent moins ceux des habitants (aisés) partis chaque fin de semaine dans les résidences secondaires, des commerces d'alimentation, les restaurants, préfèrent fermer le dimanche matin, voir le samedi, mais ouvrent désormais le lundi.

Dans la journée, les rythmes ont quelque peu évolué dans le Gros Caillou, quartier ouest du VIIe arrondissement, pour calquer ceux du faubourg Saint-Germain depuis longtemps occupé par les administrations de l'Etat. L'afflux traditionnel de la clientèle locale, le soir, est supplanté par le déjeuner rapide des employés à qui les charcutiers proposent des plats cuisinés de plus en plus variés (payables en chèques-restaurant) et les cafés leurs sandwiches. Quelques boutiques de mode, avec un inégal succès, se transportent depuis la Chaussée d'Antin parmi les couturiers classiques des rues Saint-Dominique, de Grenelle.

Le commerçant a une pratique de l'espace comparable à celle d'un employé tenu à douze heures de présence, elle est extrêmement réduite surtout s'il ne réside pas sur place. Mais si la boutique et le logement se confondent, elle reste étriquée quelles que soient les caractéristiques du tissu urbain; ce sont des quartiers vécus très bien connus et utilisés, polarisés sur un tronçon de rue capable de satisfaire les besoins usuels. Les relations avec l'extérieur se bornent à celles des clients et des livreurs, à quelques approvisionnements personnels chez les voisins à titre de réciprocité : la vie est rivée à la boutique, même à l'heure du déjeuner, l'éloignement du domicile n'apporterait que fatigue et temps perdu étant donné la longueur de la présence au travail.

La localisation réciproque du domicile et de l'emploi n'est due ni au hasard, ni au libre choix. Fondées sur une répartition dégressive concentrique, les théories de la formation des prix fonciers prennent en compte essentiellement la densité de l'occupation du sol et le coût des transports; la hausse des prix au centre de l'agglomération résulte de la concurrence que se font les utilisateurs sur un site inextensible [12]. La rente de rareté diminuant vers la périphérie s'étend toujours plus loin au fur et à mesure que la densité croît à partir du centre sous la poussée de la croissance économique, du niveau de vie, de la motorisation individuelle.

Toutefois, ni l'habitat, ni les sites ne sont uniformes et l'accès au centre-ville ne reflète que partiellement la réalité pratique. Selon les possibilités économiques, vivre en banlieue peut résulter du prix élevé des terrains et des logements dans le centre comme de la réalisation du désir d'habiter un pavillon dans un cadre agreste. Un monde sépare l'habitant de Boulogne près du bois de celui de Billancourt au milieu des usines, tous deux sont plus proches de Paris que les habitants aisés de la vallée de Sèvres à Versailles. La schématisation en auréoles dégressives est trop théorique, il n'en reste pas moins que les jeunes familles nombreuses sont rejetées vers la périphérie quand les vingt arrondissements parisiens, comme les cités de Westminster et de Londres, s'embourgeoisent ainsi que le montrent les résultats des élections générales depuis une dizaine d'années. Peut-on considérer comme définitive la « dégradation des centres-ville » quand les rénovations accélèrent les ségrégations sociales en chassant les plus démunis au profit d'un habitat amélioré mais plus cher : on assiste aux U.S.A. à cette « reconquête » sociale en même temps qu'ethnique fondée sur un goût nouveau pour les vieilles demeures typiques? Le facteur de l'environnement social n'est pas négligeable dans la mesure où l'uniformité rassure par la concordance des « représentations » [13].

Dans ces conditions souvent contraignantes, on constate le désir d'adapter les localisations du domicile et du travail à travers les nombreuses études cartographiant le lieu de résidence des salariés d'une entreprise. Mais les problèmes économiques et humains que posent les navettes quotidiennes dépendent d'un facteur plus général, celui de la répartition des emplois.

A Paris, les attitudes contradictoires vis-à-vis de la capitale et du « désert » français mènent à substituer aux établissements industriels, des immeubles de bureaux sans résoudre les inégalités provinciales. La question est mal posée sous la forme d'une alternative méconnaissant le rôle dynamique dans l'économie et l'innovation technologique qui tient à la variété de l'agglomération parisienne. Accentuant la séparation des fonctions de direction et d'exécution, décentralisation et desserrement contribuent à élargir les quartiers d'affaires sur une double incitation : valoriser au mieux les terrains du centre ville par les activités qui rapportent le plus, et jouer sur les plus-values en banlieue. Le départ des petites et moyennes entreprises industrielles fait particulièrement que l'emploi est moins diversifié et que s'accentue la séparation géogra-

---

12. Alonso W., *Location and land use*, Harvard University Press, 1964. Granelle J.J., *Espace urbain et prix du sol*, Sirey, 1970, Paris.

13. Goffmann E., *La mise en scène de la vie quotidienne*, Editions de Minuit, 1973, Paris.

phique des lieux d'emploi et de résidence. Petits commerçants, artisans alliés du capital bancaire durant le XIXᵉ siècle se trouvent repoussés avec les classes moyennes vers la périphérie en contradiction avec les plans d'urbanisme qui a posteriori entérinent les processus sans le contrarier. Le plan des transports est caractéristique : si depuis un siècle, les Parisiens subissent les conséquences de la mésentente entre les compagnies de chemin de fer et l'Etat, la ville ayant organisé séparément le réseau de son métro (dont le gabarit interdit le passage des trains) la restructuration proposée vise d'abord à désservir les centres de bureaux en assurant la hiérarchisation spatiale du *zoning*. La structure convergente ignore les liaisons entre banlieues et entre zones d'activités non-tertiaires, suscitant une demande accrue pour les migrations centripètes; l'accroissement des flux anihile rapidement les améliorations apportées à la desserte.

D'autre part, les catégories socio-professionnelles des instituts de statistiques, comme l'INSEE, sont inadéquates, les comportements des ouvriers et des employés, des contremaîtres et des cadres ne dépendent pas seulement de la capacité à l'épargne, de la conscience de classe, ni du niveau des revenus. Chacune des catégories offre des attitudes diversifiées et a des autres, que l'appréciation soit favorable ou hostile, une vue banale, stéréotypée à l'extrême. Une certaine détermination sociale paraît cependant résulter de la place de l'emploi dans la hiérarchie des responsabilités et de l'instruction reçue qui sont les facteurs déterminants des comportements géographiques et des aspirations individuelles (dont la dispersion est moindre). La grande variété des motivations est masquée par l'homogénéité apparente des consommations et la fixité des rythmes et des itinéraires [14].

C'est pour les ouvriers que la coïncidence est plus frappante : la proportion d'entre eux logeant à proximité de l'emploi est plus élevée que celle des employés, elle-même inférieure à celle des cadres pour qui le déterminisme social est moindre. La politique du logement des entreprises accentue les phénomènes de ségrégation et répond aux critères des cadres plus soucieux de l'environnement. Le cas des employés de l'Electricité de France de la centrale nucléaire de Saint-Laurent-des-Eaux est caractéristique : trois lotissements dans des communes différentes sont définis par le rang hiérarchique, ouvriers (logés sur place) techniciens, cadres : monter en grade a pour conséquence de déménager.

En moyenne, pour les villes industrielles de 50.000 habitants, 75 % des ouvriers habitent à moins de 6 kilomètres de l'usine (35 % à moins d'un kilomètre), 6 % entre 6 et 15 km, 11 % entre 15 et 25 km. Pour les cadres les taux sont respectivement de 31 % (4 %) 10 et 29 %. Plus que la distance domicile-travail qui reste assez stable, le temps passé en navettes quotidiennes diminue parallèlement à la taille de la ville, les plus petites se caractérisant par un éparpillement qu'incite, en l'absence de transports en commun, l'usage de l'automobile dont le coût réel est peu pris en considération.

---

14. Crozier M., *Le monde des employés de bureau,* Le Seuil, 1965, Paris (bibliographie).

Les rythmes et les lieux 161

Dans le cas de l'aéroport londonien de Gatwick, 64 % des salariés habitent à moins de 8 kilomètres principalement dans les villes nouvelles de Crawley et d'Horley, contre 23 % à plus de 16 kilomètres; à une distance inférieure à 20 km, la proportion est de plus des 4/5 des salariés pour l'aéroport de Francfort (Allemagne fédérale). Encore faut-il considérer la position du lieu d'emploi dans l'agglomération : lors du choix du site pour l'aéroport japonais d'Osaka, on prévoyait que 88 % des salariés résideraient à proximité pour une localisation dans la ville même, 64 % pour une localisation en banlieue, mais 93 % pour une localisation hors l'agglomération. Un large choix de possibilités de logement, les facilités d'accès, une durée plus courte des trajets, selon cet exemple, rendent les salariés plus indépendants de leur employeur.

L'implantation d'usines à l'extérieur des villes relève de la spéculation foncière; elle incite les moins favorisés à demeurer près de l'établissement dans les cités patronales construites par l'entreprise, palliant ainsi les difficultés de transport. Se créent des milieux clos, uniformes et sclérosants, isolés géographiquement, sans animation, manquant d'équipements et de commerces quand ceux-ci ne sont pas financés aussi par l'entreprise en normalisant les besoins [15].

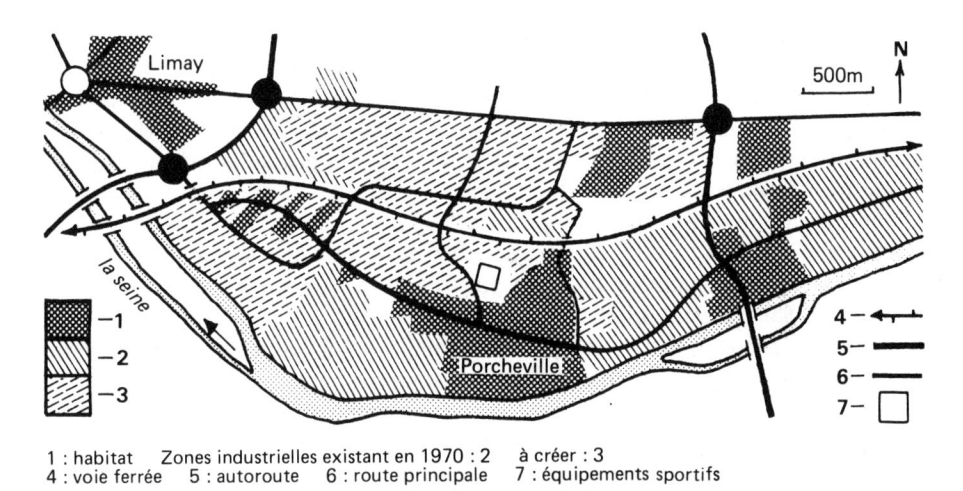

1 : habitat   Zones industrielles existant en 1970 : 2   à créer : 3
4 : voie ferrée   5 : autoroute   6 : route principale   7 : équipements sportifs

Fig. 33. — **Une nouvelle commune industrielle, Porcheville.**

Les habitants ne profitent pas des possibilités offertes par l'agglomération, chacun reste dans son quartier et se soucie peu d'en sortir sinon pour des courses le samedi après-midi, le bal hebdomadaire; la télévision, le bricolage sont les seules distractions...

---

15. Dézert B. *La croissance industrielle et urbaine de la Porte d'Alsace*, Sedes, 1969, Paris.

Figeac illustre les tensions résultant d'un tel écartèlement [16]. La vieille cité du Lot reste le fief politique des notables traditionnels qui orientent le développements de la ville de manière à sauvegarder leurs intérêts. Les nouveaux équipements (lycée, piscine, centre culturel, parkings) installés sur les marges du centre ancien font tampon avec les nouveaux quartiers où logent les salariés de la principale usine de la ville (plus de mille salariés). Pour répondre au règlement d'urbanisme qui interdit toute ouverture de commerce dans les extensions, l'usine située à plusieurs kilomètres à l'ouest de Figeac a ouvert une coopérative qui concurrence l'économie traditionnelle et contribue à scinder en deux la population.

La pratique de l'espace par les groupes d'une population est indissociable de la stratégie urbaine. Les détendeurs du pouvoir désireux de s'assurer une plus grande part des effets de croissance, s'affrontent aux nouveaux arrivants qui menacent leurs intérêts, l'ordre établi. Les créations d'emplois apportent un supplément de ressources pour les collectivités locales et les fournisseurs de services, mais elles signifient aussi l'émergence de mentalités nouvelles, des exigences accrues en matière d'équipements, des revendications de toute nature pour les lieux de résidence, d'emploi de loisirs, d'approvisionnement, etc.

La longueur des migrations alternantes est durement ressentie comme un isolement, elle fige les rythmes de vie en réduisant les temps libres. Mais la proximité du travail vis-à-vis du domicile connaît aussi des limites. Un trajet facile inférieur à une demi-heure est apprécié, mais voir chaque jour hors les heures imposées le lieu de travail paraît une contrainte pénible, autant pour l'enfant que pour l'adulte. Les réponses virulentes sont celles de personnes subissant la présence, jours de repos compris, de leur usine ou de bâtisses semblables évoquant la même fonction. C'est donc dans les communes au paysage usinier envahissant que l'inadaptation est la plus ressentie, comme la plaine d'Ivry, de Vitry, de Saint-Denis, Billancourt où le quartier vécu au lieu de résidence est le plus étriqué et le plus pauvre. Si les conditions économiques des ouvriers se sont améliorées, la qualité de vie s'est souvent détériorée.

Pour les employés, le bureau est moins apparent dans le paysage grâce à une architecture moins typée, plus proche de celle de l'immeuble d'habitation avec lequel elle se confond dans les centres anciens où les bureaux ont envahi les immeubles de rapport du siècle dernier. C'est alors moins le paysage qui est ressenti que les rythmes imposés par l'activité, le vide des fins de semaine. La planification en zones monofonctionnelles est condamnée; la diversité résultant d'un dosage difficile des activités étant appréciée, qui réduit un sentiment de frustration profond exprimé à partir des contraintes visuelles.

De l'appartenance sociale dépend le degré d'ouverture et de revendication sur la ville. Par son mode de vie, dans un cadre bâti qui incite peu à élargir son

---

16. Jalabert G., *Les industries aéronautiques et spatiales en France,* Privat, 1974, Toulouse (pages 458-460).

horizon, l'ouvrier est lié géographiquement à son lieu de travail qui n'offre que très peu de complément au quartier de résidence – et cela quelle que soit la distance qui sépare l'un de l'autre. Alors que l'employé au travail se trouve dans des secteurs associant de multiples activités « centrales ». Si le critère économique des revenus est comparable, c'est par la pratique de la ville que les cols blancs se distinguent des cols bleus, expliquant que pour bon nombre de ces derniers, devenir employé de bureau est regardé comme une promotion même à salaire égal, voir inférieur! Plus le niveau social s'élève, plus on dispose, pour une vie large, de pôles d'attraction variés et mieux équipés.

6. La quête d'une cité idéale

La notion de centre de ville s'est rapidement transformée en Europe à partir de 1960, se détachant d'une définition esthétique et formelle fondée sur la disposition concentrique d'enceintes – ou des boulevards qui les ont remplacées – enserrant les vestiges monumentaux du passé dont la restauration impose de lourds sacrifices. L'apparition des hypermarchés périphériques et des centres commerciaux régionaux accentue une mise en question qui n'est pas parvenue à constituer une problématique cohérente, les opinions restent divergentes quoique reposant sur une constatation unanime des faits.

Des niveaux de centralité

Le centre de ville empêchait l'épanouissement d'un individualisme naturel quand on considérait que l'avenir serait la nébuleuse urbaine : de paisibles quartiers résidentiels, au milieu de bandes de verdure, loin des zones industrielles polluantes. Clairement délimités, les secteurs d'activité seraient reliés par des infrastructures de circulation essentiellement autoroutières permettant au citadin de quadriller sa ville sans effort. La motorisation générale aurait suscité la prise de possession de l'espace, qu'a contredit le repli sur soi dû aussi à l'impossible maîtrise du temps. En fait, le quartier vécu par l'automobiliste est plus petit que celui du piéton, sa connaissance plus vaste de l'agglomération est peu différenciée.

Le dépérissement n'affecte que rarement la totalité d'un centre urbain; trop multiple, la centralité est moins remise radicalement en cause qu'elle ne se fractionne, à la dispersion de certaines activités répond le renforcement d'autres. La définition fonctionnaliste, fondée sur les échanges, fut la plus lourde de conséquences aux U.S.A. où la décentralisation commerciale et la fuite des classes moyennes provoquent des phénomènes cumulatifs de concentration générateurs de déséquilibres très graves tant sur le plan économique que social, dont le plus connu est l'opposition des îlots abandonnés aux classes les plus déshéritées (immigrés, « non-blancs »), juxtaposés à des rénovations de luxe, résidentielles ou de bureaux.

La question de l'accès au centre de ville n'est qu'un élément trop restrictif, une technique d'urbanisme face à la réalité complexe d'un réseau de centres – parmi lesquels le centre historique. La saturation plus que le dépérissement menace en Europe : l'équipement du centre d'agglomération croît plus vite que celui du reste de la ville, mais en se spécialisant, en s'étendant même par la construction d'ensembles architecturaux accolés au quartier traditionnel (la Part-Dieu à Lyon, la Défense à Paris). La multiplication des emplois tertiaires, en se concentrant géographiquement, contribue à dédoubler l'image de la centralité urbaine. Cette croissance dépend des liens privilégiés tissés entre les activités, entre les entreprises : les établissements utilisent des services dérivés ou induits autant pour eux que pour leurs employés et recherchent la convergence et la rapidité de multiples informations et des relations informelles entre entreprises. Le « quartier des affaires » est d'abord un système de liaisons favorable à l'innovation et à la spéculation. A l'intérieur même de ce secteur, on peut constater des regroupements d'activités dont le plus caractérisé est celui de la « cité financière ».

Si la décentralisation est possible pour les services ne demandant pas de contacts spontanés, grâce aux moyens de la téléinformatique par exemple, ou pour les industries produisant des biens standardisés, elle devient difficile pour ceux qui travaillent à la demande ou sur mesure : entreprises vivant du prestige de leur firme ou de la réputation acquise, commerce de gros, professions libérales... Dans le centre de Saint-Etienne sont installés 64 % des médecins spécialistes de l'agglomération, 65 % des avocats, 85 % des huissiers, 90 % des notaires et avoués [1]. Les critères fonctionnels de la centralité sont la rareté de l'activité, des produits pour lesquels le centre seul est accessible par toutes les clientèles possibles, et la diversité des informations qui se créent là où se prennent les décisions, où les pouvoirs s'exercent et se disputent.

La centralité est aussi une donnée acceptée a priori par rapport à une périphérie définie comme « non-ancienne », sans vocation déterminée, où rien n'est irremplaçable. A l'inverse, le centre, lieu de pouvoir fût-il passé, est irremplaçable dès son origine, de par l'ordre initial qui l'a créé et les formes que cet ordre a produites; il rassure par référence à l'histoire, garantie de permanence. En 1970, Saint-Etienne est promue évêché : l'église Saint-Charles entre l'Hôtel de Ville et la Préfecture devient la cathédrale, préférée à l'église Saint-Ennemond qui, desservant un quartier ouvrier, aurait souligné la vocation industrielle de la ville, et à l'église Saint-Pierre, paroisse d'un grand ensemble symbolisant le nouveau visage de la cité. Cette définition historique se fonde sur une monumentalité qui matérialise un mythe de l'héritage et le personnifie.

La perception et la pratique du centre ne sont assurées que si la surabondance détache l'individu du déterminisme des critères sociaux du choix, l'incitant au jeu de la comparaison entre les offres : les fonctions commerciales sont

---

[1]. Vant A., *Le rôle fonctionnel du centre de Saint-Etienne*, Revue géographique de Lyon, n° 4/1971.

toujours mal distinguées de la distraction. Le centre de ville attire moins par ce qu'il offre réellement que par ce qu'il signifie! Il n'est ni une donnée objective, ni un espace homogène, il se modèle à partir d'une image fondée sur l'expérience et la perception, voire l'imaginaire; on attend plus de lui que ce qu'il peut donner et, même sous-équipé, il est en général sur-pratiqué.

Les définitions des citadins sont aussi très diverses. La majorité d'entre eux se réfère au secteur administratif (la mairie) et commercial, donc à l'histoire et au pouvoir en s'appuyant sur une symbolique monumentale à valeur d'usage. La densité de l'occupation du sol, la concentration des transports, l'animation font du centre-ville un point attirant sur des rythmes fréquents. Chacun y est simultanément acteur et spectateur. Le critère de monumentalité se retrouve aussi chez les ruraux, mais limité à un petit nombre d'éléments qui servent de repère (bâtiment, place, célèbres ou visibles de loin). La cathédrale symbolise et situe le centre de Chartres tandis qu'à Clermont-Ferrand comme à Béziers, la définition se dédouble, associant la cathédrale et la place principale (place de Jaude, allées Paul Riquet). A Béziers, particulièrement, la cathédrale n'est centrale que pour les ruraux qui l'associent aux allées et à la place de la Citadelle alors que pour les habitants du centre-ville elle est aussi marginale que la gare ou la place du Champ de Foire, à l'écart d'un noyau structuré entre le marché couvert, le théâtre et les allées.

MONUMENTS CITES COMME CRITERES DU CENTRE VILLE

1. – cathédrale, église : 83	7. – musée : 14
2. – hôtel de ville : 77	8. – poste : 11
3. – place, monuments divers : 55	9. – gare : 9
4. – édifices anciens (habitat) : 33	10. – palais de justice : 5
5. – théâtre : 22	10' – lycée, université : 5
6. – hôpital : 16	10" – jardin public : 5

pour 100 réponses; plusieurs choix possibles.

La conception monumentale du centre suppose une perception symbolique et historique qui valorise, socialement, la tradition, l'ancienneté – la permanence. De la proximité des monuments naît le sentiment de centralité, mais qu'il soit installé depuis longtemps ou récemment arrivé, le citadin prétend s'opposer à la population des banlieues qui paraît ainsi défavorisée et instable.

▶ *Localisation du centre-ville dans la banlieue sud de Paris*

1. à BONNEUIL (ensemble collectif neuf) :   total 100
   a) dans le centre historique communal : 32,6 %
   b) dans le parc du Rancy : 35,2 % (jouxtant le centre historique)
   c) dans les commerces du grand ensemble : 11,7 %
   d) ne sait pas : 20,5 %

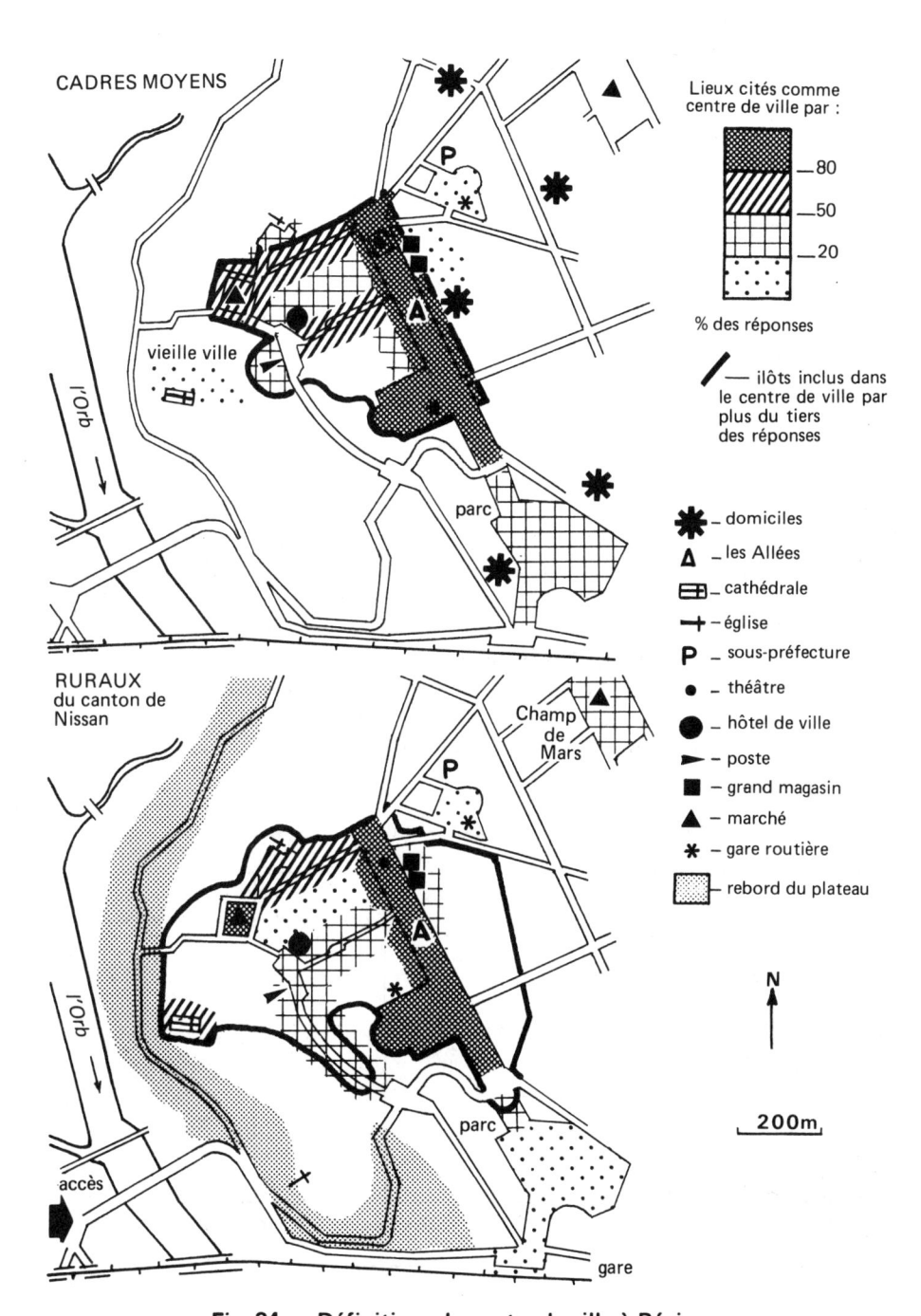

Fig. 34. — Définitions du centre de ville à Béziers.

2. à CRETEIL pour les habitants de la cité du Mont Mesly : total 100
   a) dans le Mont Mesly = 32,3 %
   - centre commercial et place de l'Abbaye : 25,2 %
   - église Saint-Michel : 2,3 %
   - l'école, un terrain de jeux : 4,8 %
   b) hors le Mont Mesly = 52,3 %
   - le vieux Créteil, entre l'église et la mairie : 48,8 %
   - la Préfecture et son centre commercial : 1,2 %
   - la Maison des jeunes : 2,3 %
   c) deux centres-ville : la Préfecture et le vieux Créteil : 4,8 %
   d) trois centres-ville : le vieux Créteil, la nouvelle Préfecture, le Mont Mesly : 7,1 %
   e) ne sait pas : 3,5 %

Les habitants se référant à la définition fonctionnelle sont plus sensibles à l'échelle du quartier, du voisinage, cellule sociale vivante et immédiate. Sans faire de références historiques, ils supposent que tout changement des structures urbaines entraîne le déplacement possible des « centres ». Cette conception utilitariste s'oppose à celle du mythe, son fondement économique permet, pour un moment donné, de classer suivant une hiérarchie (établie à partir des besoins et des niveaux des activités de service) les places centrales d'une région – bien que les données statistiques soient inadéquates – [2].

Paris, centre de l'agglomération, est placé à un autre niveau, sentimental et symbolique, qui relève d'une pratique différente : la concurrence entre les centres commerciaux périphériques et les vingt arrondissements ne serait pas, de

FONCTIONS CITEES COMME CRITERE DU CENTRE DE VILLE

par :	Les Parisiens	banlieusard centre local	banlieusard concernant Paris
1. Fonction commerciale	100	100	98
2. Fonction administrative-politique	94	89	68
3. Fonction bancaire; Affaires	83*	61	58
4. Fonction historique-touristique	55	74	92
5. Fonction résidentielle	27	12	–
6. Animation, échanges	16	21	28
7. Fonction religieuse	14	21	–
8. Convergence, circulation,	12	10	8
9. Fonction culturelle	11	7	7
9'. Fonction loisirs spectacles	11	13	47
9''. Fonctions industrielles	11**	–	–

Pour 100 réponses, plusieurs choix possibles – * référence aussi à l'emploi; ** référence unique à l'emploi.

---

2. Cahiers de l'IAURP, n° 22/1971, Paris.

ce point de vue du moins, un problème. Les trois-quarts des banlieusards interrogés ne font pas spontanément référence à Paris même s'ils le pratiquent habituellement. Perçu à une autre échelle, il valorise par son rayonnement l'ensemble de l'agglomération : c'est dans ce sens qu'il faut interpréter les réponses des résidents de grands ensembles éloignés qui citent comme symbole de leur quartier la tour Eiffel, qu'ils aperçoivent à l'horizon, ne trouvant pas sur place l'élément valorisant assez caractérisé.

Pour le rural, les critères fonctionnels sont de même nature, découlant de la fréquentation. Le centre lui offre ce qu'il ne trouve pas sur place; les activités de référence ne sont donc pas exactement les mêmes que celles qui servent aux banlieusards, expliquant que les fonctions religieuses et culturelles n'aient qu'un impact restreint, même si la cathédrale ou l'église est le principal signal architectural.

FONCTIONS COMMERCIALES CITEES
COMME CRITERE DU CENTRE DE VILLE

pour 100 réponses	A	B		A	B		A	B
vêtements, chaussures	61	91	galeries, antiquaires	22	7	équipement automobile	11	10
cafés, restaurants	56	19	électro-ménager	16	50	coiffure	11	22
librairies, culture	55	48	meubles	16	57	le marché forain	2	31
« commerces de luxe »	54	71	tourisme-voyages	15	3	gde surface, magasins populaires	7	49
grands magasins	38	62	pharmacie	14	2			
loisirs-spectacles	27	19				alimentaire divers	6	22

A = par des hb. de la banlieue parisienne   B = par des ruraux.

La pratique de la ville dépend, certes, de l'éloignement du domicile qui réduit la perception, l'appréciation et la fréquentation en développant parallèlement la référence aux équipements locaux. Toutefois, le critère distance-temps n'agit pas de manière progressive mais sélective, certains individus ou groupes refusent de surmonter cet obstacle. Si y résider, y travailler accentue le plus souvent

APPRECIATIONS DU CENTRE DE VILLE : LE TROUVENT AGREABLE

	pluralité du C.V.	C.V. unique et concentré
réside dans le CV		
– travail dans le CV	85 %	71 %
– travail en banlieue	54 %	64 %
réside en banlieue		
– travail dans le C.V.	56 %	47 %
– travail en banlieue	48 %	39 %

le goût pour le centre-ville, les facteurs essentiels restent les niveaux de ressources et d'instruction ainsi que les références culturelles.

Le centre de ville répond à une culture humaniste. Les groupes défavorisés se sentent unanimement rejetés même s'ils restent fiers de leur cité, ils ne participent ni au rôle ni aux fonctions de la centralité dont les composants sont très typés. Pour eux, la définition mythique prédomine, monumentale elle coïncide avec l'espace touristique dont l'image (externe) se substitue à l'insuffisance de la pratique. Peu mobiles, devant se contenter des équipements locaux, les ouvriers particulièrement restent très enracinés dans leur milieu résidentiel où habitent aussi l'essentiel de leurs amis et de leur famille; celle-ci, pour 30 à 40 % d'entre eux, représente la totalité des relations hors le quartier... L'âge, de faibles ressources économiques et culturelles, le déracinement, écartent de la vie urbaine.

Motifs à l'immobilité des pratiques
– le coût des loisirs = 41 % des réponses
– les enfants = 46 %
– la fatigue = 33 %
– le manque de temps, les horaires de travail = 29 %
– les difficultés de transport = 23 %

Pour des groupes « en rupture de bourgeoisie », aisés, l'ignorance du centre de ville traduit le désir de s'en séparer culturellement en choisissant délibérément de vivre « une ville nouvelle » sans lien avec le passé, en opposition avec les notables traditionalistes. Mais la possibilité d'une large mobilité à l'échelle de l'agglomération permet de suppléer à l'étroitesse de l'espace vécu résidentiel.

L'unanimité des fréquentations concerne peu de lieux, même pour le commerce, à l'exception des places ou rues comprenant les grands magasins à rayons multiples dont la proximité diversifie les clientèles : rue Neuve à Bruxelles, Oxford Street à Londres, la Canebière à Marseille.

ACTIVITES COMMERCIALES CITEES
COMME CRITERE DE CENTRALITE ET LOCALISEES

	ouvriers	*employés cadres moyens*	*commerçants artisans*	*cadres supérieurs*
Grands magasins	13,1	16,8	7,9	9,4
Boutiques indépendantes spécialisées	83,0	82,1	90,8	89,7
Marché forain	3,9	1,1	1,3	0,9
Total	100,0	100,0	100,0	100,0

Si les équipements de loisirs sont, en moyenne, peu fréquentés [3], un secteur groupant plusieurs cinémas, restaurants et cafés, le théâtre est connu pour son animation nocturne, comme le carrefour de la rue Fontgièvre et du boulevard des Etats-Unis, à Clermont-Ferrand. La flânerie pour les habitants du voisinage autant que le symbole qu'il représente à l'échelle de l'agglomération, fait citer le parc public, souvent avec son prolongement en direction du centre commercial : le parc de la Tête d'Or et les quais à Lyon, le Plateau des Poètes et les Allées à Béziers; le Vieux port tient ce rôle à Marseille.

Les pratiquants du centre constituent un groupe hétérogène qui néglige son caractère hiérarchique.

Dédaignant les faubourgs, les groupes traditionalistes issus d'une vieille bourgeoisie de notables sont les plus liés au centre-ville où ils résident; se regardant comme les détenteurs de valeurs garanties par le passé, ils s'opposent aux transformations demandées par une bourgeoisie récente, dynamique, socialement diversifiée, née souvent hors de la ville et bénéficiant d'une promotion sociale. Sensible à la qualité et à l'unité de son cadre de vie, la nouvelle classe de cadres et de professions libérales milite pour une mutation économique tout en désirant s'agréger aux précédents : elle est le plus sensible à l'ambiance culturelle du centre où ses relations familiales et amicales sont nombreuses, même si les adultes jeunes utilisent volontiers toutes les possibilités offertes dans l'agglomération, formant la principale clientèle des théâtres de la banlieue et des boîtes de nuit dispersées dans les villages environnants.

L'attraction centrale est entretenue principalement par les femmes des familles aisées :
– seulement 50 à 56 % des hommes, mais 75 à 80 % des femmes des familles de cadres pratiquent le centre de ville au moins une fois par mois.
– 48 % des femmes de cadres, 30 % des femmes d'employés, 24 % des femmes d'ouvriers y vont une fois par semaine.
– parmi les hommes n'allant jamais ou qu'exceptionnellement dans le centre de ville : 36 % sont des cadres, 41 % des employés, 52 % sont des ouvriers.

L'habitant délimite le centre selon les critères valorisants qu'il oppose aux espaces neutres, indifférenciés, aux marges dont l'image sociologique est défavorable. En banlieue, la qualité des éléments naturels du paysage est particulièrement appréciée mais pour les anciens noyaux paroissiaux, centre-ville locaux, on insiste sur la polyvalence fonctionnelle : de la densité du tissu urbain, de l'animation naît le sentiment d'appartenance à une communauté qui définit chacun de ses membres et que symbolisent les monuments publics. Le reste de la commune est d'autant plus ignoré que les réseaux de relation incitent à chercher des compléments dans les arrondissements parisiens. Ceux qui, sans y résider, travaillent au moins dans les dix premiers arrondissements, connaissent bien ces quartiers, ne serait-ce que partiellement, et y reviennent volontiers pour

---

3. Les deux tiers des habitants des villes de plus de 80.000 habitants disent n'être pas allés au théâtre depuis un an; la moitié des habitants, au restaurant, le quart au cinéma.

leurs achats, leurs loisirs. Plus on s'éloigne, plus faiblit la précision géographique, d'autres attractions dispersent une pratique qui s'oriente par rapport au domicile.

La centralité est perçue à partir d'éléments appris ou imaginés : Notre-Dame, l'île de la Cité qui est le cœur historique enseigné à l'école primaire, sont un repère d'autant plus fort qu'on le fait visiter à la famille, aux amis de province : la Tour Eiffel jouit d'un prestige comparable, même si ce monument est peu pratiqué! La Concorde est peu notée, mais les Champs Elysées associés à l'Etoile, cadre du décorum diplomatique et des revues, sont mentionnés par ceux qui les pratiquent peu ou pas... La localisation du centre-ville devient essentiellement symbolique et tend à se calquer sur l'espace touristique, correspondant avec les sites qui sont le plus souvent le sujet des cartes postales! Cette définition toute théorique se réfère à la chronologie plus qu'à l'espace.

La Seine (cassure aisément repérable même si on la mémorise comme une ligne droite) que double l'axe monumental de l'Hôtel de Ville à l'Etoile, est le repère fondamental qui situe et structure l'organisation de Paris selon la dichotomie rive droite/rive gauche. Les erreurs ne sont que radiales, tout au long du fleuve la progression des écarts est irrégulière, en rapport avec des repères éventuels, ponts, confluence, îles... Toujours la référence historique prédomine : l'île de la Cité reste le pivot majeur, le centre de rayonnement, le point de

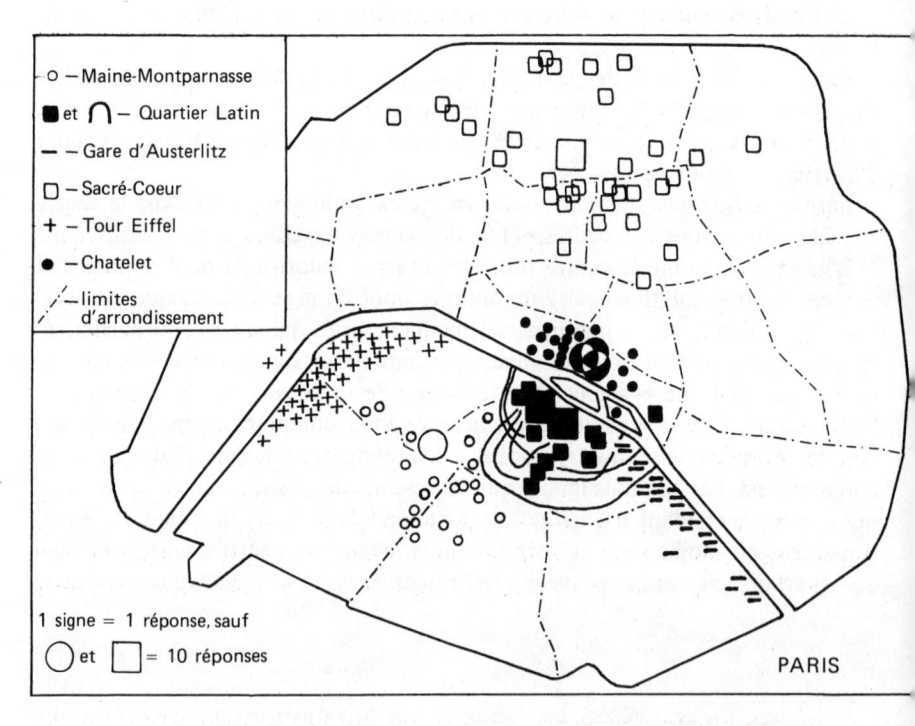

Fig. 35. — Localisation de mémoire de sites remarquables.

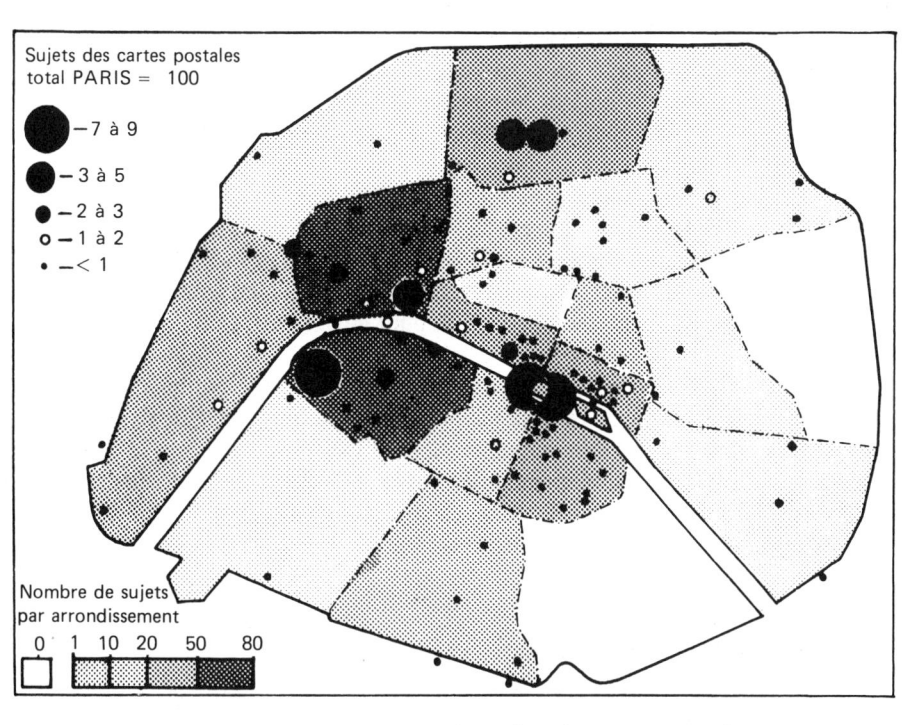

Fig. 36. — Paris vu à travers les sujets des cartes postales.

convergence de la perception radiale des voies de communication et qu'on traverse. Dans le quartier latin et les arrondissements contenus dans la boucle des Grands Boulevards, ces erreurs restent limitées; elles croissent dans les deux dimensions du plan au fur et à mesure qu'on s'éloigne du Châtelet ou de la place Saint-Michel, selon une progression géométrique de raison 3 (à noter que les limites administratives ne constituent pas un système de repérage). La Tamise à Londres, à Rome le Corso plus que le Tibre ont ce rôle structurant.

Plus on s'éloigne du centre, plus on s'éloigne de la ville, plus la centralité intéresse une surface grande tandis que la vision généralise l'espace en devenant extérieure. Vu de loin, le centre s'uniformise même si la diversité sociale suppose une certaine variété des pratiques. La forme du centre perçu est modelée par la localisation du domicile et l'orientation de l'accès à la ville : les habitants des quartiers et des banlieues de l'est méconnaissent et excluent la partie ouest de Paris dont ils fréquentent d'ailleurs peu les grands magasins. Définir le centre de ville est donc, selon les personnes, retenir plus ou moins la pratique et le mythe. Les groupes qui ne le fréquentent pas ne citent que quelques monuments, construisant un espace appris ou imaginé, topographiquement et historiquement peu différencié.

Lieu d'animation et de rencontre, le centre urbain appartiendrait à tous dans l'idéologie égalitaire, mais sa portée étant morale, il ne justifie que le pouvoir qui l'a investi. Pour l'habitant, il représente la conscience d'une relation sans intermédiaire, on préfère habiter ailleurs, le jugement dépendant de critères différents, d'une autre nature que ceux des quartiers résidentiels. En moyenne : « aimerait le centre pour y habiter » = 13 %, aime le centre pour le visiter = 53 %, n'aime pas le centre = 32 % des non-résidents.

La symbolique du centre de ville est une alternance de points forts et d'espaces larges : ceux-ci sont peu cités, souvent mal connus alors que les points forts sont toujours indiqués, fût-ce pour être rejetés. Acceptation ou rejet sont relatifs : la rive gauche est préférée par rapport à la rive droite, l'est de Paris à l'ouest. A la comparaison s'ajoute un système de relations qualitatives sur lesquelles s'appuient les appréciations. Le quartier latin est ainsi mis en relation avec le centre historique et les commerces de l'Hôtel de Ville, le Marais, ou avec l'axe monumental des quais de la Seine, de Notre Dame à la Concorde, marquant une progression de la centralité au-delà de laquelle il n'y a plus que des espaces « sans intérêt ».

La qualification des quartiers

Les différents critères d'un secteur urbain se fixent dans quelques symboles parmi lesquels prédominent le nom du quartier et ses monuments. Un nom s'attache d'ailleurs d'autant plus aux maisons qu'il définit aussi les habitants, qu'il sert à les désigner par les gens de l'extérieur et qu'il est une référence interne à la communauté. Les comportements sont influencés par ces appellations qui prétendent faire des « résidents » une caste privilégiée d'aristocrates, surtout si ce sentiment repose sur les inspirations mercantiles glorifiant un cadre soi-disant exceptionnel digne de l'élite.

Le nom est d'abord celui d'un lieu dit ancien ou du village de l'époque rurale pré-urbaine : Charonne, Montmartre, Grenelle, le Gros Caillou, le Marais. L'aire définie est généralement assez vaste, le nom bien connu voire célèbre étant repris par les circonscriptions administratives (arrondissements, quartiers, secteurs des pompiers, des perceptions, des commissariats de police, paroisses...). De grands travaux peuvent en faire disparaître les constructions d'origine que le nom d'une rue ou d'une station de métro perpétuera : le Ville l'Evêque près de la Madeleine, les Porcherons plus au nord, les Sablons à Neuilly et dans le XVIIe arrondissement. La puissance de référence peut s'atténuer : à Javel célèbre pour ses industries chimiques et mécaniques on essaie de substituer un prestigieux Front de Seine, mais l'inverse peut se produire au gré des modes. Les dénominations de lotissements anciens ont la même valeur topographique et sociale : les Épinettes, les Batignolles, la Goutte d'Or ont acquis une réalité dans le tissu urbain de Paris.

L'appellation caractérise d'abord le contenu social du quartier même quand elle repose sur l'activité économique, comme le quartier des Halles, le quartier

Plus un groupe d'habitations est isolé et son contenu social homogène, plus il peut donner naissance à un « quartier-unité résidentielle » particularisé délimitant, à l'intérieur, l'extension des quartiers vécus.

L'action psychologique de la publicité soutient fréquemment la notion de quartier urbain en insistant sur les facteurs historiques et sociaux. Les promoteurs baptisent leurs lotissements et les bâtiments de noms destinés à allécher latin à Paris, les quartiers de la gare, de la cathédrale, de l'hôtel de ville en banlieue ou en province. Elle subsiste encore quand cette activité disparaît ou se transforme, désignant un autre contenu social qui peut se prévaloir de certains aspects historiques.

Le « relèvement » social accompagné d'une montée des prix chasse peu à peu les anciens habitants et stimule les restaurations à but spéculatif souvent fantaisistes, qui ne manquent pas d'ambition et, parfois, de goût. Aussi aujourd'hui est-il de bon ton d'habiter le Marais qui déborde quelque peu vers l'Hôtel de Ville, en direction des marchands du Temple, et parmi les industries du boulevard Richard Lenoir; dans les années 1950, les habitants connaissaient cette dénomination mais leur référence était plus précise : les quartiers Saint-Paul (au sud de la rue St-Antoine), de la place des Vosges, de Béarn, des Francs Bourgeois, même la Bastille, ont perdu de leur actualité devant ce qui est devenu un drapeau commercial. Acquérant une valeur marchande, l'appellation privilégiée d'un lieu globalise ses caractéristiques, détruit les originalités diverses et, finalement, appauvrit le contenu de sa culture.

L'intensité de la dénomination est d'autant plus forte qu'elle s'appuie sur une matérialisation géographique; une rue, comme l'ancienne grand'rue du village, permet de concrétiser un sentiment abstrait – rue de Belleville, rue Mouffetard. L'isolement des immeubles séparés du reste de la cité par des terrains vagues, des emprises ferroviaires, un cours d'eau, une autoroute, incite à créer une certaine autonomie administrative qui singularise ceux qui en bénéficient. Henri Elhaï a montré pour les 6000 habitants du groupe de 27 Habitations Bon Marché de la porte d'Aubervilliers une telle individualisation par le fait que les communions solennelles étaient célébrées un dimanche distinct de celui du reste de la paroisse de Saint-Denys de la Chapelle (« Les HBM de la Porte d'Aubervilliers », in *Études sur la banlieue de Paris*. Armand Colin, 1950 – p. 147-176). On trouve la même attitude chez un habitant d'un lotissement du Pré-Saint-Gervais qui n'a emménagé pourtant que quatre mois auparavant : – « Mon quartier, c'est un groupe de villas, presque un petit village. Nous sommes tout à fait à part de la commune. Nous avons notre comité et nuls travaux ne peuvent être entrepris par la mairie sans que le comité en ait été avisé. Nous avons nos lois intérieures, c'est assez drôle d'ailleurs. Nous sommes indépendants en quelque sorte. Comme dans tous les « villages », il faut faire attention car les nouvelles voyagent vite, en se déformant surtout. Les habitants tiennent pour l'étranger ceux qui n'habitent pas la Villa... Je n'aime pas les voyous de l'avenue René Fonck. Ils sont obligés à chaque entrée et sortie des écoles de traverser la Villa du Pré, c'est plus court mais ça nous prive à chaque fois d'une heure de tranquillité, sans compter les mauvais coups » (Avenue des Acacias, Villa du Pré, le Pré-Saint-Gervais, 17 ans).

le client qui sera persuadé d'avoir fait une bonne transaction (le « placement-pierre »), d'avoir acquis un nouveau mode de vie (la promotion sociale), de se trouver dans une communauté d'amis à laquelle il n'aurait pu accéder dans son ancien habitat (reconstitution du clan).

Le titre prestigieux d'un lieu-dit à consonance ou à réminiscence historiques efface le préjugé défavorable à l'architecture moderne, voire compense une moindre qualité de la construction, surtout lorsqu'une bâtisse chargée d'histoire ajoute sa présence flatteuse – hôtel noble, abbaye – même si le lotisseur a endommagé le site et fait procéder à des « restaurations » contestables : « la Plaine du Couvent » à Limoges, le « Domaine de Grande Romaine » à Lésigny, le « Domaine de Santeny », le « Parc » à Egly, le « Parc de Villeroy » à Mennecy, la « Commanderie des Templiers » à Elancourt, et même à Paris, la « Résidence des Petites Ecuries » dans la rue du même nom (X^e arrondissement). Un nom de grande famille ou de lieu chargé d'affectivité, s'il est célèbre, satisfait cette vanité archéologique : l'habitant se meublera en faisant les antiquaires et brocanteurs voisins. Les XVIIe et XVIIIe siècles sont particulièrement prisés : après « Versailles-Grand Siècle », le « Hameau Maintenon » à Evry. Le grand nom n'est souvent que celui de la rue où se construit l'immeuble : Breteuil, Villars dans le VIIe arrondissement, Gobelins, Cordelières dans le XIIIe arrondissement.

Le souvenir d'une tuilerie, d'une ferme ou d'un grand domaine est très apprécié : le « Clos de Fauqueux » près de Marly, « Le Verger des Marottes » à Andrésy. L'évocation d'anciens villages a réanimé Auteuil, Passy, Chaillot, le Faubourg Saint-Germain, les Ternes, même Belleville et Charonne à Paris, et a créé des « hameaux » en banlieue : le « Hameau du Morin » à Montry, « Vert-Village » à Othis, les « Hameaux du Prieuré » à Sailly...

Dans les arrondissements dépréciés de l'est parisien, on tente de revaloriser l'emplacement en lui accordant une valeur symbolique nouvelle, parfaitement arbitraire tirée du parti architural des façades (les « Orgues de Flandre », XIXe arrt), de la disposition des bâtiments (« L'Atrium » à la Villette), ou de la topographie avec une préférence pour les positions dominantes : La « Résidence des Faîtes » et les « Hauts de Belleville », les « Hauts de Chennevières », les « Hauts de Lancy » à Montargis, les « Hauts Champs de Bouffemont ». Lorsque la commune offre peu d'attraits, on se réfère à des éléments plus ou moins lointains parmi lesquels le centre de ville, voire en banlieue le nom même de la capitale : dans la commune industrielle de Gennevilliers, la « Porte de Paris »; au Chesnay, « Paris II » a dû changer son nom en « Parly II ». A l'extrême, n'importe quel symbole suffit pourvu que le nom soit ronflant, qu'il « fasse moderne » et que l'acheteur aie l'impression de réaliser une bonne affaire et de se valoriser soi-même : « Galaxie » place d'Italie, « Etendard 12 » près de la Nation avec « Nation 2000 », « les Olympiades », le « Parnassium », « Metropolis » à Maisons Alfort, « Europa II »... Un nom tiré de la fonction économique du quartier peut flatter socialement les habitants des « Diplomates » dans le quartier des Ministères.

L'administration et les services publics qui, pour les besoins techniques comme le codage en vue du traitement automatique des données, tendent à remplacer les appellations traditionnelles par des chiffres (le code postal, par exemple), lorsqu'ils ont besoin du consensus des clients ou des administrés, redonnent temporairement vie aux vieilles dénominations, parallèlement à ces codes. Pour faire mieux accepter certains travaux gênants, de modernisation mal comprise donc mal acceptée, les services commerciaux, de relations publiques mettent en parallèle, dans des publications illustrées, des aspects de la vie traditionnelle et les conséquences bénéfiques de la rénovation. Pour la substitution du gaz naturel au gaz manufacturé, le service « Conversion » du Gaz de France, « affecte à chaque périmètre une désignation alphanumérique, c'est-à-dire une lettre suivie d'un chiffre... Mais des noms de baptême, raccrochés au quartier, humanisent cette désignation par trop impersonnelle. C'est ainsi que la conversion garde à Paris sa couleur locale. Ses couleurs locales. Paris n'est-il pas un prisme aux milliers de facettes changeantes... Tous les Parisiens sont sans doute Parisiens de Paris mais ils tiennent à leur Montmartre ou à leur Montparnasse, à leur Auteuil ou à leur Faubourg-St-Antoine, à leurs Invalides ou à leur Trocadéro, à leur quartier Latin ou à leur Palais Royal, à leur Marais ou à leurs Champs Elysées, comme un paysan tient à son village. Il ne faudrait pas pour autant que l'arbre cache la forêt ». (Paris et le Gaz naturel, Gaz de France Information n. 280/1972-p. 22).

La désignation d'un quartier repose aussi sur un repère topographique connu du résident et des interlocuteurs. On s'aperçoit que le vieil habitant a deux repères : le nom d'usage de son quartier ou de son unité résidentielle, et un élément architectural précis, souvent proche du domicile qui localise le quartier vécu.

Si qualifier l'espace est se qualifier soi-même, les éléments favorisant la matérialisation d'une symbolique doivent rendre compte d'attitudes psychologiques auxquelles la sociologie a peu prêté attention, du moins à grande échelle, et qui expliqueraient certaines attitudes extrêmes vis-à-vis du quartier! L'image de la ville est un des mécanismes d'adaptation ou d'inadaptation au cadre de vie, puisque son évocation se fait sur deux plans, soi / les autres. On remarquera cependant la place prédominante dans ce symbolisme, des sites aménagés et, là où ils marquent le paysage, des monuments qui font la renommée touristique de la ville. Bien que peu de résidents rattachent le monument à des événements de leur propre existence, celui-ci manifeste la personnalité culturelle d'une communauté, même si la référence est très pauvre, limitée à la seule notion approximative d'ancienneté presque folklorique.

Comme les éléments fonctionnels qui sont appréciés en tant que tels mais sans allusion au cadre ni à la localisation, les bâtiments récents sont trop liés au prestige des techniques. Ils symbolisent d'abord celui qui les a construits et contribuent, semble-t-il, à dépersonnaliser la ville intrinsèquement. La Tour Eiffel, monument public, est acceptée de nos jours alors que la tour Montparnasse, immeuble de bureaux privés, est regardée comme une appropriation abusive de l'espace, du « ciel » parisien : la manière de concevoir l'urbanisme par systèmes fonctionnels juxtaposés n'aide pas à l'assimilation. Que le sigle choisi

BATIMENTS ET SITES SYMBOLISANT LE QUARTIER

	Habitat ancien						Habitat récent					
	Paris XVIIIe	Paris XIXe	Ermont	Créteil	Maisons-Alfort	Nanterre	Paris XVIIIe	Paris XIXe	Ermont	Créteil Mt Mesly	Maisons-Alfort	Nanterre
Aucun	12,9	14,0				18,1			6,8	11,6		18,0
1. Site international	12,9	1,4						2,7				
Topographie					100	100				100		20,0
Espace vert		69,6						33,3				
Grands équipements		30,4						66,7				80,0
Commerces												
2. Agglomération	100 \ —	100 \ 27,1	100 \ 2,5	100 \ 60,0	100 \ 2,9	100 \ 3,2	100 \ 10,0	100 \ 32,4		100 \ 2,6		100 \ 7,1
Place, espace vert	26,5	5,7		100	20,0	34,7		40,0		56,7	28,6	20,0
Mairie - Eglise	44,8	25,7	50,0	66,6			100	20,0	50,0	4,7		20,0
Equipements publics	14,2	28,5			73,3	21,7		20,0	50,0	8,1	64,7	30,0
Commerces	6,4	34,4			6,7	8,9		20,0		29,7		20,0
Etablissements industriels	1,7	2,1	50,0	33,4		21,7						5,0
Monuments divers						13,0				0,8	6,7	
Transports publics	6,4	3,6										5,0
3. Echelle locale	100 \ 23,8	100 \ 16,9	100 \ 97,5	100 \ 40,0	100 \ 41,6	100 \ 34,8	100 \ 90,0	100 \ 13,5	100 \ 2,1	100 \ 53,8	100 \ 50,0	100 \ 27,7
Commerces résidentiels	21,9	19,2	13,7	100	50,0	37,9	11,2	21,0	24,7		42,8	20,5
Type d'habitat	2,8	9,6	3,7			17,2		5,2	3,3			11,7
Date de construction	19,0	34,9	70,1		25,0	6,8	44,4	5,2	54,8	75,0	28,6	20,5
Habitat de l'intéressé	40,9	12,0			10,0	20,6	44,4	42,4		20,4		26,4
Equipements de loisirs	2,8	14,4	12,5		5,0	10,7		21,0	17,2	4,6		14,7
Ecole	12,6	9,9			10,0	6,8		5,2		28,6		6,2
4. Convenances personnelles	100 \ 50,4	100 \ 40,6		100	100 \ 55,5	100 \ 43,9		100 \ 51,4	100 \ 91,1	100 \ 32,0	100 \ 50,0	100 \ 47,2
Total général	100	100	100	100	100	100	100	100	100	100	100	100
Nombre de réponses	208	206	82	6	36	66	10	37	102	275	14	72

Arrondissements	VII	X	XI	XV	XX
Aucun	4,2	9,4	6,9	7,5	21,9
1. Site international	86,6	2,8		7,2	
Topographie					
Parc, place, espace vert		12,9	8,4		
Grands équipements	100,0	85,3	91,6	100,0	100,0
Commerces		1,8			
2. Agglomération	100,0	100,0	100,0	100,0	100,0
	2,6	31,4	42,8	18,3	2,8
Place, espace vert	38,4	26,0	50,0	15,8	5,8
Mairie, église	30,8	26,0	37,6	44,9	72,4
Equipements publics	23,2	32,6	6,2	13,5	4,5
Commerces				1,1	17,3
Etablissements industriels		4,1		4,5	
Monuments divers		11,3		2,2	
Transports en commun	7,6		6,2	17,9	
3. Echelle locale	100,0	100,0	100,0	100,0	100,0
	5,8	43,2	28,6	39,8	39,7
Commerces résidentiels		30,4	27,3	21,4	26,9
Type d'habitat					
Date de construction	50,0	28,2	54,5	49,2	46,2
Habitat de l'intéressé	50,0	6,6		3,2	14,1
Equipement de loisirs				9,8	
Ecole		34,8	18,2	16,4	12,8
4. Convenances personnelles	100,0	100,0	100,0	100,0	100,0
	0,8	13,2	19,7	27,2	35,6
Total général	100	100	100	100	100
Nombre de réponses	224	348	58	224	219

Pour chaque arrondissement la colonne de gauche donne des % par thèmes propres à chacun des 4 niveaux (le premier n'en possède pas de particulier). La colonne de droite ventile l'ensemble des réponses entre les divers niveaux.

pour l'opération de prestige du Maine-Montparnasse soit le plan de la tour est assez symptomatique d'attitudes qui font fi des relations existentielles des citadins.

Les « éléments » symbolisant le quartier résidentiel ont été classés en quatre niveaux selon leur renom et l'étendue de leur attraction : international, agglomération, communal, convenances personnelles, les thèmes sont variés et nombreux. Le niveau des convenances personnelles correspond à une vision différenciée selon les classes d'âge mais il compose aussi la majeure partie des réponses des habitants des immeubles récents, recoupant la constatation que la pratique quotidienne du logement et de ses abords est le premier facteur d'adaptation au cadre de vie; il est toujours plus important en banlieue que dans Paris. Inversement, dans la capitale, les niveaux supérieurs à l'échelle locale obtiennent plus du quart des réponses contre 2 % en banlieue.

Le site de renommée internationale est favorisé à Paris grâce au VIIe arrondissement (plus de 80 % des réponses pour ce niveau) où sont cités la Tour Eiffel, les Invalides qu'on retrouve, d'ailleurs, parmi les monuments reconnus par les habitants des XVe et XIXe arrondissements pour qui il s'agit de l'espace approprié dans un panorama. A ce niveau, le monument est nettement extérieur au quartier vécu! Le Sacré Cœur de Montmartre cité dans le XVIIIe arrondissement est à plus de 600 mètres du boulevard Barbès qu'aucun quartier résidentiel vécu de la Goutte d'Or ne franchit; autour de l'hôpital Saint Louis et à Belleville, la Basilique est l'unique référence du niveau supérieur parce qu'on la voit, dominant les toits, depuis les bords du canal Saint-Martin ou dans l'axe des rues dévalant le coteau. La Tour Eiffel, qui est un repère exceptionnel pour les habitants du Gros Caillou, est fréquemment exclue de leurs « quartiers », la fréquence du Champ de Mars évite une zone poussiéreuse, bruyante, où, à la bousculade de la foule s'ajoute une circulation automobile anarchique et abusive, exemple de la dégradation d'un site par le tourisme lui-même.

Le monument de renommée internationale écrase la ville et le quartier. Pau s'identifie à son château comme Issoire à sa cathédrale. A la limite, on peut voir là un appauvrissement de la perception du cadre de vie à la vision touristique.

▶ *Bâtiments et sites symbolisant le secteur Champ de Mars – avenue Rapp (VIIe arrt).*
– Ecole Militaire seule : 2,4 %, avec la Tour Eiffel : 2,4 %
– Tour Eiffel seule : 80,3 %
– Tour Eiffel avec le Champ de Mars : 6,9 %
– Champ de Mars seul : 3,4 %
– Ex-entrepôts du Louvre (rue Monttessuy) : 1,1 %;
– Fontaine de Mars, rue St Dominique : 2,4 %;
– Eglise Saint-Pierre du Gros Caillou : 1,1 % (Total 100 %)

La conception mercantile du tourisme de masse et d'affaires réduit la ville à un « essentiel » arbitraire, sclérosant sa connaissance : le Paris touristique

La quête d'une cité idéale 181

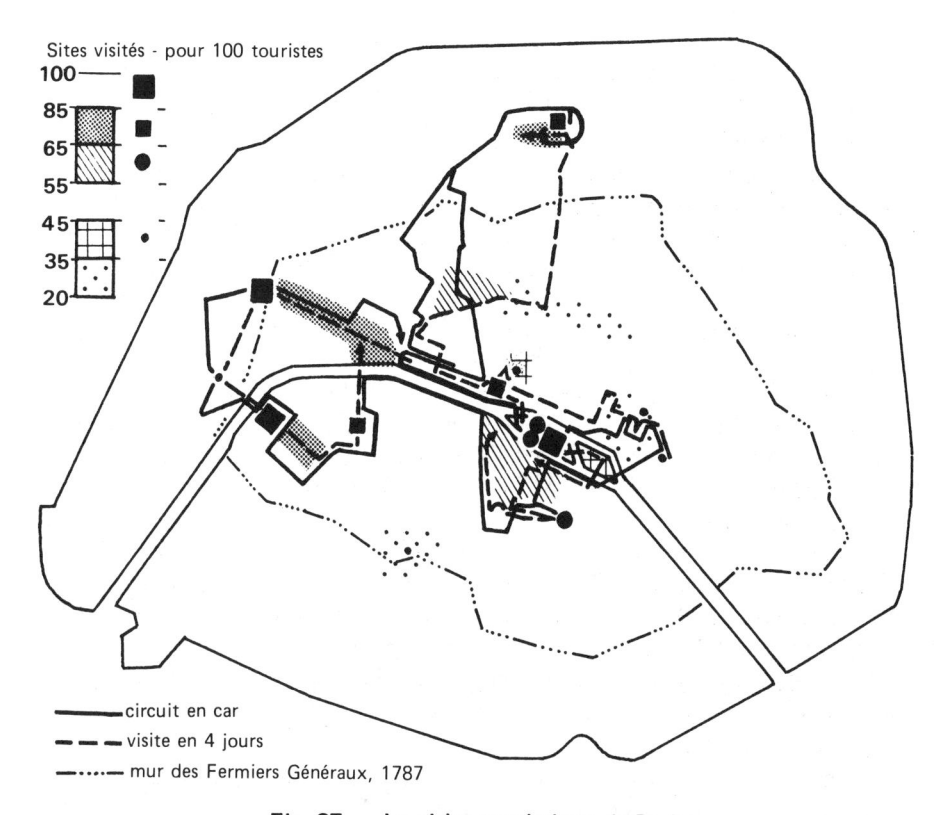

Sites visités - pour 100 touristes
100
85
65
55
45
35
20

───── circuit en car
─ ─ ─ visite en 4 jours
─·····─ mur des Fermiers Généraux, 1787

Fig. 37. — La visite touristique de Paris.

s'est rétracté en 50 ans sur quelques « monstres sacrés » si on en croit les sujets des cartes postales avant 1914 et après 1970 par exemple.

Le niveau agglomération est favorisé dans le XIXe arrondissement par le parc des Buttes Chaumont, puis par le siège du Parti Communiste; les studios de l'O.R.T.F. pourtant dominés par une haute antenne ne font l'objet que de trois réponses, les abattoirs de la Villette d'une seule!

C'est en banlieue que le niveau local prend son importance : 3,4 % des réponses. En première place vient, pour l'habitat récent, le centre commercial (précédé au Mont Mesly, par la place de l'Abbaye); les autres thèmes ayant une place variable selon les conditions locales. Certains éléments sont retenus pour leur valeur architecturale ou leur pittoresque : le moulin à vent attire à Nanterre autant que le toboggan franchissant la place de la Boule, en pleine zone bâtie, celui-ci symbolise le renouveau de cette vieille commune plus que ne le fait le quartier de l'EPAD, excentrique et encore inachevé... D'autres éléments frappent par la place qu'ils tiennent dans le paysage; le cimetière à Ermont ou dans le XXe arrondissement; le carrefour fleuri du pont de Charenton. Si certains allient la recherche architecturale à l'attrait des fonctions qui y sont remplies, comme l'église ou la salle des fêtes, l'école vétérinaire n'est qu'un long mur bordant les rues de Maisons-Alfort mais pour les habitants, les enfants surtout, c'est là que sont sauvés leurs animaux familiers; la bâtisse s'efface derrière son rôle sécurisant de guérir, ce qui rejoint les nombreuses mentions, dans les descriptions de quartiers, d'hôpitaux proches du domicile.

Le commerce est important à l'échelle des convenances personnelles : les enfants, les adolescents, quelques adultes sont attirés par une boutique, les gâteaux, les bonbons, l'odeur du pain font la célébrité du boulanger, puis on s'intéressera au marchand de disques, au libraire, au chemisier-tailleur, au fleuriste; curieusement aucun café-bar n'apparaît. Les thèmes « Type d'habitat » prédominent dans les ensembles neufs puisqu'on relève 85 % des réponses pour ce niveau 4 au Mont Mesly, 55 % à Ermont, 47 % à Nanterre, 89 % et 47 % dans les arrondissements XVIIe et XIXe. Cela rejoint ce qui a été dit sur le repliement de l'habitant dans son logement neuf. Dans les zones d'habitat individuel ancien, à Nanterre, la part de ces thèmes représente 38 %; (43 % à Paris dans les immeubles de la Goutte d'Or). Par rapport aux proportions de chaque niveau dans le total général, un certain parallélisme apparaît, le niveau des convenances personnelles étant de 90 % pour l'habitat récent du XVIIIe arrondissement, de 91 % pour l'habitat récent à Ermont et de 97,5 % pour l'habitat ancien : certains lieux n'offrent aucun attrait à l'habitant qui se cantonne dans son domicile, réduisant ses relations sociales au voisinage de l'escalier.

Quelques thèmes moins précisément localisables sont utilisés fréquemment parce qu'ils sont assez attractifs pour symboliser et définir le quartier, renforcer ses qualités ou les affaiblir.

L'importance des espaces libres et des panoramas est primordiale, en tant que facteur du bien-être urbain et attraction, les Buttes Chaumont, la place de l'Abbaye sont décrits en opposition avec l'entassement réel ou ressenti des bâtiments alentour et toujours sont situés les lieux d'où on découvre un point de vue sur le reste de la ville (le Temple des Buttes Chaumont, la pente de la Habette au Mont Mesly). Les espaces verts et les étendues d'eau sont particulièrement attrayants; il a été remarqué que les voyageurs des gares d'Orsay et des Invalides, du métro, allongent leur trajet à pied pour se rendre à leur travail s'ils traversent des promenades comme le Champ de Mars, le Cours la Reine, les Champs Elysées. Il faut rappeler aussi que dans les descriptions de quartier, les noms des rues frappent les habitants quand ils ont une résonance historique ou qu'ils rappellent le passé rural : la Route de Saint-Leu à Taverny et à Ermont, la rue de l'Abreuvoir à Montmartre; dans le Marais, les rues des Arquebusiers, du Pas de la Mule.

La vie politique est peu intégrée à la symbolique, surtout dans Paris : dans le VIIe arrondissement le Palais Bourbon, les Ministères ne sont pas cités. Les Hôtels aristocratiques sont connus en tant que tels dans le Marais, dans le Faubourg St Germain, sans référence à l'administration ou à l'entreprise qui l'occupe actuellement. Ceci témoigne de la perception passéiste de la ville, alors que dans le quartier des Affaires, ignorant généralement qu'il s'agit d'un ancien hôtel noble, un immeuble est d'abord une banque, une société qui ont transformé fondamentalement les structures locales.

Les quartiers possédant le plus de facteurs d'attraction sont les plus aimés, les résidents y supportant le mieux les inconvénients des grandes villes. Point fort pour une vaste zone, le « monument », espace organisé et construit, facilite les relations sans que cela signifie que l'architecture doive rester traditionaliste.

La *mesure* de l'espace est le second thème de la symbolique qui repose principalement sur des notions de rapports – échelle et proportions – espace clos ou ouvert...

La représentation mentale du quartier a pour plus petite unité l'immeuble. L'espace, pour les habitants, se partage en deux milieux distincts dans lesquels sont reconnus au moins deux intensités d'appropriation : l'espace *clos* délimité par les murs de l'immeuble se compose de communautés d'escalier, de palier et de la cellule familiale dans le logement. Il n'intervient jamais dans le concept de « quartier ». Celui-ci naît hors de l'immeuble dans l'espace *ouvert;* l'intervention des facteurs architecturaux ne s'effectue que par les aspects externes comme la taille des bâtiments, la manière dont ils sont entretenus, leur disposition sur la parcelle... La vie intérieure n'est mentionnée que lorsqu'elle a ses effets hors le bâtiment : les gens épient, « les fenêtres sont hostiles », les fenêtres guettent. Un seul plan de quartier incluait, pour un jeune d'une cité neuve du XIXe arrondissement, la cave dans cet espace ouvert; cette absence, qui est symptomatique, vu la part que prennent les jeux et les réunions de bandes dans les sous-sols, permet de bien délimiter la rupture, architecturale, entre les deux milieux. Le dedans et le dehors n'ont pas la même valeur vécue et chacun connaît des degrés selon l'intensité de la connaissance et de la possession des lieux, intensité qui croît depuis l'extérieur du quartier jusqu'au noyau central qu'est le logement.

L'habitant est aussi sensible à l'échelle qu'aux proportions entre les constituants de son espace. Des réponses obtenues, il ressort que les hauts immeubles rideaux et les tours bâtis actuellement sont mieux acceptés lorsqu'ils sont exclusifs dans le paysage sans qu'il puisse être fait référence à d'autres bâtiments d'habitation plus bas, pavillons ou vieux immeubles parisiens dans les limites des normes des gabarits. Dans ce cas, habiter la tour la plus haute, découvrir un vaste panorama est un facteur valorisant l'individu qui domine les autres. La hauteur n'est plus ressentie comme l'effet d'un entassement spéculatif mais il lui est conféré une fonction de prestige. Ainsi dans la ville médiévale, la masse de la cathédrale ou le beffroi étaient-ils admirés parce qu'ils symbolisaient ce que les citadins pouvaient produire de meilleur. En revanche, sur les marges des grands ensembles comme au Mont Mesly ou à Ermont, et dans les milieux variés à Paris, à Nanterre, l'immeuble haut est considéré comme un intrus par les habitants du reste de la commune et suscite une gêne sociale chez ses résidents : nombre de dessins d'adolescents joints à leur description représentaient de ces cas d'opposition entre deux types d'habitat.

Ceci découle logiquement de la définition de l'échelle et de la proportion : celle-là suppose la mesure d'un édifice (ou d'une partie d'édifice), par report à un élément extérieur à lui-même, elle est souvent à base anthropomorphique; la proportion est la mesure qui se fait par report d'un élément d'un espace à un autre élément de même espace, en système clos (les proportions d'une boîte d'allumettes ne permettent pas de connaître la taille de la boîte). L'échelle est donc la règle de passage d'un espace réel à un espace virtuel. Le gigantisme ne naît pas par anthropomorphisme mais par les grandes distorsions de taille entre les divers éléments de l'architecture permettant des perceptions différenciées.

L'échelle est un instrument de mesure relatif, « élastique ». Du nombre plus ou moins élevé des niveaux de perception dépend la richesse de lecture de l'environnement architectural. Par économie on appauvrit l'espace et, lorsque l'échelle croît, les proportions ne gagnent pas en « confort » par rapport à celles utilisées pour les normes traditionnelles humanistes. Particulièrement, la répartition des immeubles sur le terrain ne bénéficie aucunement de l'allègement de l'emprise au sol que permettait l'accroissement en hauteur, d'où la sensation d'entassement des constructions sans cesse exprimée, même dans des lotissements de luxe. Plus il y a de variété dans les échelles, moins les extrêmes sont ressentis comme pénibles, le contraste brutal seul est traumatisant. On se tourne alors vers la variété des vieux quartiers malgré leurs inconvénients; les rythmes alternés des places, des canaux et des ruelles à Venise illustre une telle diversité.

La recherche d'une cité idéale s'oriente-t-elle vers celle d'une nouvelle « ville radieuse » réalisant une harmonie quantitative et qualitative des fonctions dans un cadre esthétiquement recherché? La coupure avec le monde rural est totale par la construction d'un milieu artificiel, reconstitué et isolé. « Au milieu d'hectares de cages de verre, d'acier étincelant, de béton et d'espaces verts sont réunis boutiques, restaurants, jets d'eau romantiques, services, centres de loisirs et de culture – ensemble conçu pour satisfaire les désirs des occupants des appartements voisins ou des employés travaillant dans les tours réservées aux bureaux. Fini l'asservissement à l'automobile maudite avide d'énergie et qui dort, oubliée, dans les profondeurs des sous-sols. Voilà enfin que vient de naître la ville tout-en-un, la ville pour piétons, élément fondamental et symbole du rêve contemporain » ([4]). Century City à Los Angelès, Renaissance Center à Detroit, Houston Center : la civilisation machiniste peut réaliser ses phantasmes, mais construire la Ville flottante qu'imaginait Jule Verne, est-ce repenser l'urbanisme?

---

4. Morgan J., *La banlieue dans la ville,* Informations et documents n° 369, nov. 1976 (page 30), services américains d'information, Paris.

7. L'Urbanisation régionale :
Les espaces et le temps

La vie du citadin dépasse largement les limites de sa ville. Tissant un réseau complexe d'inter-relations entre les lieux, les fonctions, les personnes dont les rapports ne sont pas durablement fixés, la fluidité des pratiques et des flux se transmet à l'organisation des espaces : la notion de région se transforme au rythme des modifications entre les déséquilibres, de l'émiettement des particularismes locaux ou de l'uniformisation. Répandant au loin ses modes de vie, puisant de nouvelles ressources et déversant à la fois ses informations, son pouvoir, ses déchets (nuisances et pollutions), la ville impose à tous une culture de plus en plus indépendante des milieux biologiques, une civilisation unique de forme impérialiste. Ses moyens matériels et financiers disposent de l'espace et du temps, objets de consommation programmés et dénaturés. Propagatrice des flux économiques, elle organise un cadre de vie comprenant ville et campagne qui participe à ses modes de production et les reproduit. La durée a désormais moins d'importance que le renouvellement des profits, la mode devient le décor journalier de pratiques uniformes. Cette banalité agressive se veut le futur valorisant d'une civilisation de la « fuite en avant » qui sollicite intensément le quotidien en imposant ses modèles mercantiles dont l'exemple le plus caractérisitique est sans doute « le droit au tourisme », fondé sur la vitesse et la précarité.

L'*habitat de loisirs* – résidence secondaire, tourisme cyclique – est un produit de consommation avant d'être la réponse à un besoin. Les modes d'implantation, la transformation des structures locales qu'il suscite sont de même nature que ceux produits par la résidence en milieu agricole des travailleurs de la ville voisine. Justifiant leur amalgame, dans tous les cas on assiste à une urbanisation plus ou moins diffuse par l'intrusion d'un mode de vie citadin qui ne voit dans la campagne qu'un jardin entretenu par l'agriculteur. Ce mode de vie prétend récupérer en bonheur le prix d'une consommation très stéréotypée.

L'espace proposé est un résumé de traits significatifs, triés. L'itinéraire touristique intangible est fondé sur un paradoxe : proposant un dépaysement qui repose sur la perception de différences – le pittoresque – il créerait l'inquiétude traumatisante de sortir des habitudes s'il ne s'ingéniait simultanément à redonner confiance par la garantie d'un encadrement protecteur. D'après la publicité des agences de voyage, la Martinique est présentée aux Européens comme une île « méditerranéenne » rassurante tout en offrant un exotisme créole de bon aloi, cependant que le touriste nord-américain y trouvera l'avantage d'associer à la qualité de l'accueil français, le pittoresque coloré d'un artisanat et d'un folklore « africains »!... Le restaurant self-service du lieu de travail, contrainte d'ingurgiter un rapide déjeuner, devient le symbole de la libéralisation des vacances autant que peut l'être l'embouteillage des villes de la Côte d'Azur par rapport aux encombrements des autoroutes parisiennes matin et soir!

Masqué par un exotisme de pacotille, le décor touristique répand des formes architecturales interchangeables. La sélection des sites de vacances ou d'habitat rural repose sur une échelle de valeurs qui s'impose pour garantir la conformité à l'image que le touriste prétend avoir de soi-même, sans possibilité d'échapper au programme, sans imprévu. Au panorama, au point de vue dominant répond le culte du héros selon une conception aristocratique, romantique et anecdotique : l'humanité disparaît derrière le monumental [1]. Tout ce qui pourrait indisposer les habitants est gommé, comme tout ce qui pourrait choquer le visiteur : cachant les contingences du présent, l'histoire et la géographie sont oubliées pour l'anecdote journalistique, passéiste et rassurante qui pousse à la consommation d'espaces fortement institutionnalisés mais vidés de leur substance. Le marchand de vacances, le promoteur immobilier ignorent la croissance de la ville, les paysages, les problèmes de développement, les fonctions (qui rappelleraient le travail), l'histoire et l'économie politique, la démographie, la société locale... Le voyage des vacances ou des fins de semaine devient un amusement mentalement primaire, un record d'accumulation qui commence avec le grand jeu du départ.

Les facteurs d'inégalités sont prépondérants à tous les niveaux.

La région d'accueil subit des effets qui sont ceux des pays sous-développés, soumis à un pouvoir extérieur. Ces inégalités sont un facteur d'attrait pour ceux qui se veulent, ne serait-ce que quelques jours par an, les privilégiés du temps libre. Considéré comme un droit, le tourisme permet toutes les exagérations créatrices d'antagonismes virulents; le folklore pour les uns n'est bien souvent que la misère des autres, jamais on n'a tant parlé depuis que sa côte s'urbanise, du sous-développement du Languedoc offert en gage de pittoresque au même titre que les taudis flottants de Hong-Kong. En Bretagne, en Auvergne, dans les Vosges, le touriste pénètre chez les habitants pour vérifier les cadres de vie typiques que lui signale son guide, les paysannes en costume régional sont photographiées comme des bêtes rares, certains villages du Valais déplacent leurs fêtes religieuses et profanes en dehors de la période estivale.

Fuir la ville est l'exploitation de symboles, se libérer du temps, retourner à une nature vierge et vivifiante. Mais le citadin emmène sa ville avec lui, il prétend éviter les désagréments (considérés par certains comme intolérables) d'autres modes de vie qu'il comprend mal, s'opposant aux ruraux à qui s'imposent

---

1. Lerivray B., *Guides bleus et lunettes roses,* Éd. du Cerf, 1971, Paris.

les nécessités de l'exploitation agricole. Les comptes rendus de procès fourmillent de tels sotisiers : le sulfatage des vignes est une pollution, insupportables sont le bruit des tracteurs, des bestiaux, les cloches de l'église, la clôture des prés... Signifiant permanence, la notion de progrès du citadin est incompatible avec celle de l'agriculteur pour qui elle est transformation. A celui qui se comporte en pays conquis, le rural dénie tout droit d'usage et doit s'opposer à la destruction de son travail et des moyens de production produite par l'irruption massive de gens incompétents; la foule transforme en catastrophe ce qui n'était qu'accident : vol d'animaux, saleté des forêts, piétinement des récoltes, pillages des cueillettes et des chasses. La suburbanisation rurale répond aux aspirations des nouveaux habitants que leur origine campagnarde incite à s'installer dans un cadre agreste où la pression fiscale reste faible, inférieure de la moitié, voire des deux tiers à celle de la ville voisine. Le processus est sélectif, touchant les secteurs où des structures agraires morcellées facilitent le « mitage » du paysage agricole en l'absence de plans d'occupation des sols, et les maires sensibles à une croissance dont ils perçoivent mal les conséquences, poussés par les propriétaires terriens, répugnent à refuser le permis de construire.

L'impact urbain sur les campagnes se fait de plus en plus pesant. Un ouvrage comme celui de M. G. BAUER et J. M. ROUX, la rurbanisation (le Seuil 1976, Paris) est symptomatique d'une mutation encore insuffisamment étudiée. Celle-ci est encouragée par les maires qui y voient le moyen de combattre le dépeuplement, d'accroître leurs ressources [2]. L'urbanisation se fait sans souci des structures locales, qu'il s'agisse des citadins s'éloignant de la ville ou d'enfants d'agriculteurs résidant à proximité de leurs parents. Les activités traditionnelles disparaissent, la culture est abandonnée au profit du boisement quand les querelles de voisinage interdisent de confier les terres qu'on hérite à un voisin. Le réseau routier se transforme, privilégiant les chemins reliant les lotissements spontanés ou planifiés à la route qui permet d'atteindre au plus vite la ville voisine : le village n'est qu'un épiphénomène que ne pratiquent pas les familles, motorisées, n'y trouvant pas les biens et les services correspondant à l'idée urbaine qu'elles se font de la vie.

La terre, bien de production, devient bien de consommation, les ruraux sont pris à leur propre piège. Sur l'ensemble des maires d'un département rural, 10 à 20 % exercent une profession à la ville voisine et viennent chaque fin de semaine dans la commune, dont ils sont originaires, où ils possèdent une maison de famille, exercer leur charge. La dépendance de l'administration locale est particulièrement caractérisée dans le cas des élus-résidents secondaires (5 à 15 %) dont l'absentéisme doit être compensé par le dévouement d'un adjoint.

---

2. Le taux de croissance annuel du nombre des résidences secondaires dans le Languedoc est + 9 % entre 1968 et 1975 (+ 5 % de 1962 à 1968). Dans un village du Livradois (40 km de Clermont-Ferrand, 18 km d'Issoire) comptant 151 habitations en 1962, le nombre des permis de construire pour des résidences secondaires ou permanentes de non-agriculteurs est de 6 à 9 par an depuis 1969.

188 *Pratique de la ville*

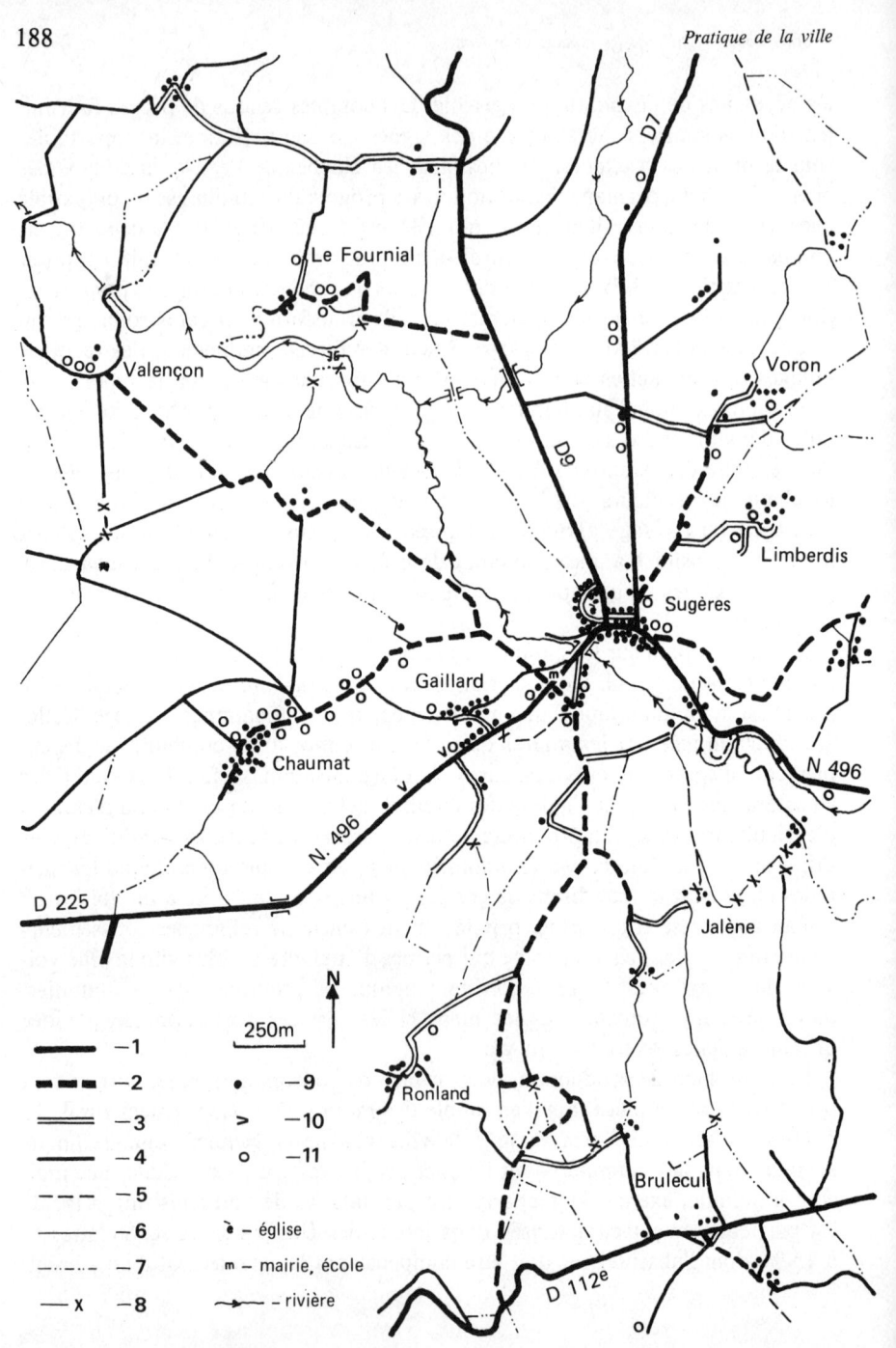

1 : route   2 : chemin communal asphalté ou   3 : empierré   4 : desserte agricole, non carrossable
5 : sentier   6 : chemin impraticable (repéré sur photographies aériennes)   7 : tracé disparu
8 : chemin barré   9 : habitat traditionnel   10 : villa construite avant 1940 et   11 : depuis 1965
(voir figure suivante)

Fig. 38. — Habitat et circulation dans une commune du Livradois.

La part des maires et des conseillers généraux domicilés hors leur circonscription rurale et n'exerçant pas un métier agricole, croît, surtout autour des grandes villes : c'est dans les communes les moins importantes que les ruraux – déjà très peu nombreux dans les conseils généraux – se maintiennent encore au pouvoir. Ils cèdent progressivement la place aux cadres des secteurs industriel et tertiaire, aux membres de la Fonction publique et des professions libérales (médecins, notaires pour la plupart) qui cherchent hors leur ville, en se soustrayant à l'emprise des notables traditionnels, à acquérir un titre, jouer un rôle en exerçant une charge honorifique qui participe à l'image de l'habitat de loisir.

La campagne devient un espace de conquête où l'idéologie citadine impose sa conception de la gestion et de l'aménagement profondément différente de celle des résidents, imposant des goûts, des besoins qui ne coïncident pas forcément avec les impératifs agricoles. Là encore le paradoxe est manifeste entre le désir d'un paysage strictement qualifié, décor immuable, et sa transformation par l'implantation de nouvelles infrastructures, de nouvelles constructions sans lien avec les formes traditionnelles qui étaient le facteur pittoresque donnant l'essor au développement touristique.

Les retombées locales sont faibles. L'apport d'argent stimule la disparition de l'auto-consommation mais les capitaux intéressent plus les entreprises urbaines, voire extra-régionales. Les achats les plus banaux s'effectuent moins chez les commerçants locaux qu'à la ville proche, l'impact sur place qu'on croyait très élevé vers 1955 s'est avéré un leurre. Occupants des « villages-vacances », résidents secondaires ou permanents choisissent les formes commerciales auxquelles ils sont habitués, poussés à cela par la flambée des prix, l'anarchie que provoquent les nouveaux arrivants. D'une année à l'autre, les écarts des prix croissent plus vite que l'inflation (de + 5 à + 10 %) et, pour les mêmes articles la variation entre une station touristique et la ville voisine atteint de 20 à 60 %.

Prix moyen des denrées alimentaires dans des stations touristiques, l'été :
1971, base 100; 1972 = 109; 1974 = 133; 1975 = 150; 1976 = 163

Que ce soit sur la Côte d'Azur, la Costa del Sol, le petit village auvergnat ou breton, l'inflation est un réflexe du commerçant dès le mois de juillet et la tentation est forte de ne pas baisser les prix en automne pour s'assurer le surplus de revenus facilement obtenu des citadins. Dans les départements dépendant de l'agglomération parisienne, la tendance est à préférer les achats au village, ce qui correspond à la mode pour une image de vie « écologique », en étant sensible aux relations individuelles avec les commerçants. Les non-ruraux résidents permanents trouvent une grande part de leur approvisionnement dans les fermes familiales ou amies, le reste des achats se fait à la ville, au supermarché.

Les populations locales, non plus, ne bénéficient guère de la création d'emplois de plus en plus qualifiés dans des activités organisées depuis les zones de résidence de la clientèle ou les principales villes, centres économiques. Le personnel de l'hôtellerie, des villages de vacances, des services et commerces suit le rythme des saisons : ne sont recrutés sur place que des personnels d'appoint.

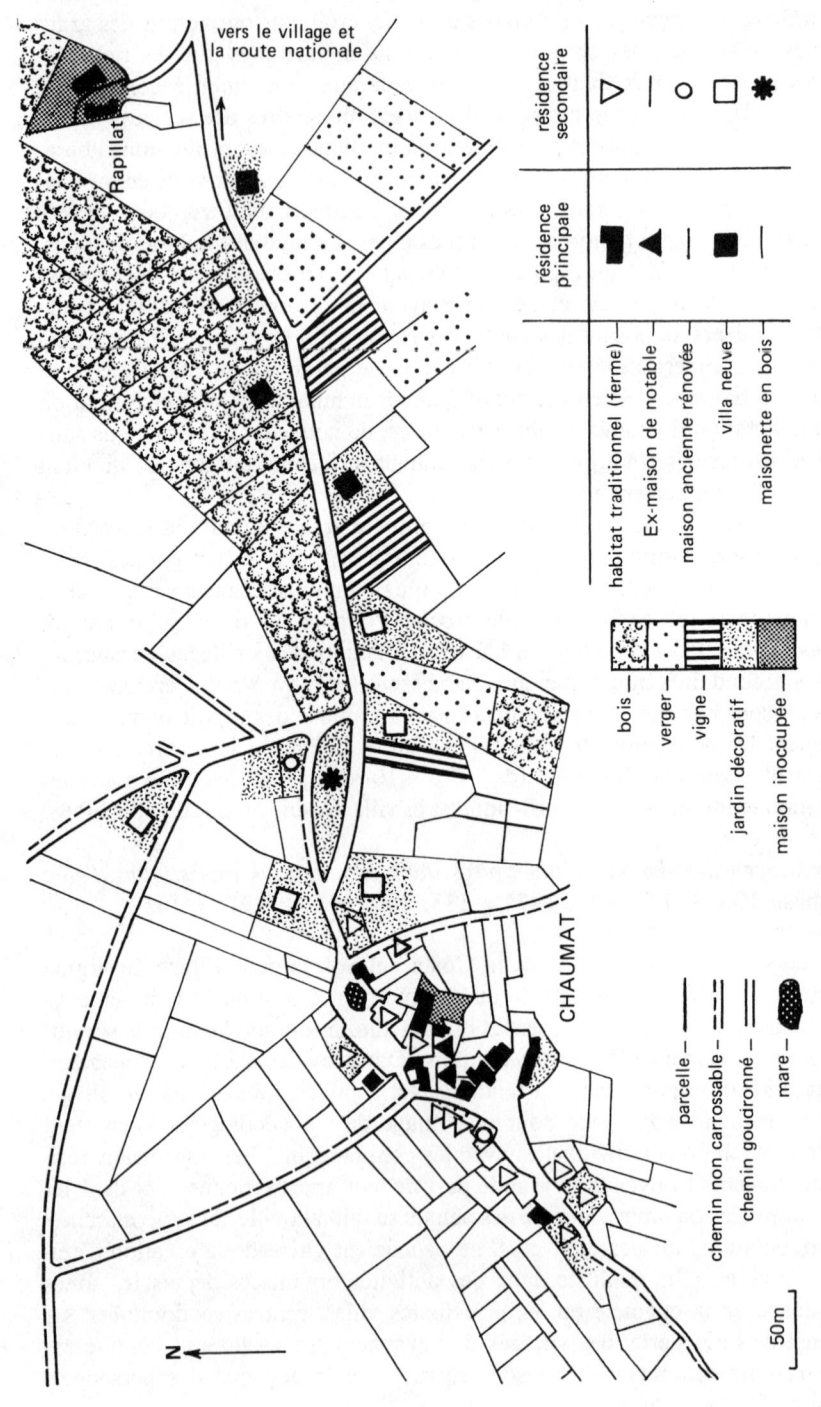

Fig. 39. — L'urbanisation d'un hameau rural. D'un habitat serré autour de places, à l'alignement de villas posées au milieu d'une grande parcelle.

ORIGINE DES SALARIES DE VAL-D'ISERE (Savoie)
PAR AGES ET STATUT FAMILIAL

	Savoyards			non-savoyards		
	Total	≤ 25 ans	≥ 25 ans	Total	≤ 25 ans	≥ 25 ans
– célibataires	13	9	4	48	33	15
– mariés, sans enfant	7	1	6	8	4	4
– mariés, avec enfant	6	1	5	18	1	17
– % total	26	11	15	74	38	36

La population locale se trouve évincée, ne profitant ni des emplois ni des dépenses, elle subit une aculturation qui dissocie les structures sociales et écartèle l'espace régional.

L'intérêt à court terme pour les propriétaires fonciers est stimulé par la pression de la demande, le prix de la terre monte d'autant plus que nombre de régions au sol peu productif, touchées par un exode rural irréversible, bénéficiant d'une mode répandue au-delà des frontières nationales, par la publicité : Cévennes, Dordogne, Pré-Alpes du Sud, provinces d'Alicante, Murcie ou Malaga. La collectivité pâtit des intérêts individuels dans la mesure où les revenus communaux ne peuvent faire face à la croissance des besoins en services et infrastructures. Pour 180 propriétés bâties dans un village du Queyras, 61 résidences secondaires – le tiers – ne procurent que 4 % du budget de la municipalité. Cependant que la montée des prix fonciers rend difficile le maintien de l'agriculture qui, dans le cas de régions fragiles, côtes ou montagnes, résiste mal à une densification démographique brutale même si elle n'est que temporaire [3].

Entre les principes des missions gouvernementales d'aménagement et les pratiques, la contradiction est flagrante.

En auraient-elles la volonté, les communes maîtriseraient difficilement leur urbanisation, les divergences d'opinion entre les habitants, les ententes ou collusions entre les pouvoirs locaux et les pressions externes entretiennent et accélèrent les processus [4]. Toute création de parc naturel, tout classement de site est un appel à la construction immobilière qui submerge les plans les plus généreux et aboutit à un renoncement de facto. A la décision de réanimer un centre de ville, de revitaliser ou de protéger une région, l'exécution oppose la rentabilisation maximum de l'opération par la stricte programmation de la clientèle, par l'introduction dans les programmes des éléments de luxe justifiant une élévation des prix. Tout « développement » dans ce cas, rapporte plus aux régions capables de fournir les moyens matériels, financiers, et la clientèle. Les engagements

---

3. Michaud J.-L., *Manifeste pour le littoral,* Berger-Levrault, 1976, Paris.
4. Granelle J.-J., *Espace urbain et prix du sol,* Sirey 1970, Paris; Jalabert G., « Spéculation foncière et urbanisation dans la banlieue de Toulouse, *Revue géographique des Pyrénées et du Sud-Ouest,* n° IV/1971, I/1977, Toulouse; Wolkowitsch M., *Aix-en-Provence.* N. et E.D. n° 4108, sept. 1974, *La Documentation française,* Paris.

sont pris sans aucune garantie de ressources et de retombées économiques en faveur de la population, sans que les communes en mesurent exactement la portée et les limites, à partir du moment où dès le premier contrat, le groupe privé est chargé de l'exclusivité de la conception et de la gestion future de la réalisation. Dépossédée d'une partie de son territoire, de ses ressources en eau, de ses droits sur l'environnement, la commune assurera la construction des infrastructures, des routes d'accès, des équipements publics...

Équipement de la Vallée de l'Arc (Savoie)

– Origine des associés de la Société pour l'Équipement de la vallée de l'Arc, 1960-1964 : agglomération parisienne = 8, Courchevel = 1
– Origine des propriétaires d'action de la SOREVA (après 1964) :
● Agglomération Paris : 66,6 % des propriétaires détiennent 78,3 % des actions
● Allier : 9,6 % des propriétaires détiennent 4,1 % des actions
● *Courchevel* 4,7 % des propriétaires détiennent 7,1 % des actions
● Eure et Loir 4,7 % des propriétaires détiennent 1,1 % des actions
● Divers 14,2 % des propriétaires détiennent 9,4 % des actions.

L'espace touristique est commercial bien plus que culturel : ses formes sociales restent marginales et ne résistent pas à la nécessité de rentabiliser au maximum les installations ni aux effets de masse sur une surface inextensible. Il semble paradoxal de constater la dégradation des espaces verts urbains et péri-urbains à une époque qui prend conscience du besoin qu'ils représentent : cette reconnaissance s'accompagne de la revendication du libre accès incontrôlé au nom de la spontanéité des comportements qui découlerait de la spontanéité de la nature elle-même. Terre battue, taillis asphyxiés, pelouses foulées prouvent que l'espace vert est un « équipement » qui doit être entretenu; même s'il est respecté par chacun, 6 200 heures de travail sont nécessaires chaque année pour un hectare de parc urbain, 35 000 heures pour un square. Au voisinage des villes, la régénération ne s'effectue plus d'elle même mais par plantation. Aussi propose-t-on d'enrayer la dégradation des secteurs fragiles (forêts, dunes littorales) en fixant des seuils de fréquentation progressifs pour les parcs récréatifs, d'attraction ouverts à tous et formant écran vis-à-vis de « zones naturelles » ou « de silence » dont l'accès rationné suppose une sélection.

Les rythmes sont commandés par l'urbanisation régionale à laquelle contribuent toutes les formes « d'habitat extra-urbain », qui détermine des aires fonctionnelles à la fois cohérentes et discontinues, organisées par rapport à une ville d'origine, selon le réseau des communications : Toulouse et Lyon pour le littoral languedocien, Milan et Turin pour les Apennins et la côte ligure. Mer et montagne bénéficient de l'allongement des migrations alors que la campagne reçoit plutôt une clientèle d'habitués en fonction des origines familiales et de la proximité. Les aires des résidences et des promenades de fin de semaine sont naturellement moins étendues que celles des vacances annuelles d'été ou d'hiver. Elles dépendent de la distance et du temps de déplacement, couvrant environ 20 km de rayon autour des petites villes, 50 à 60 km autour des villes moyennes jusqu'à 100 000 habitants, 100 km autour des grandes agglomérations (et douze départements du bassin parisien pour la capitale).

LES VACANCES D'ETE DES FRANÇAIS (INSEE)

	1965	1975
Mer	39,0	46,5 %
Montagne	19,5	17,8 %
Campagne	34,5	28,0 %
Ville	4,5	3,9 %
Circuit	2,5 (total = 100)	3,8 (total = 100)

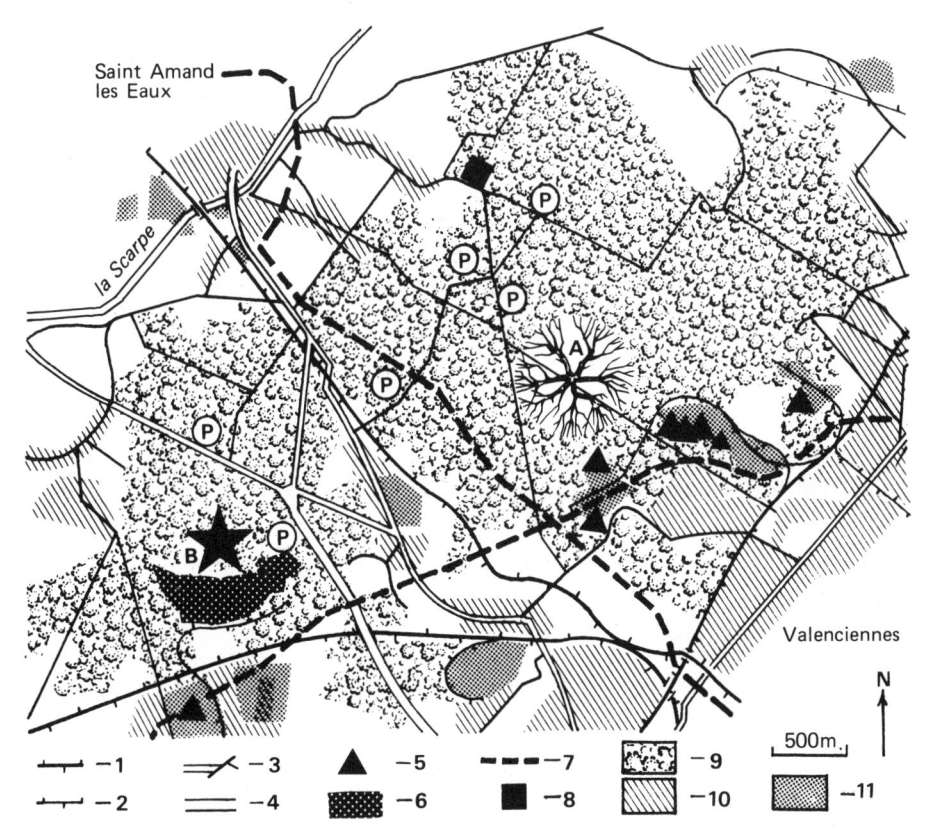

A : réserve cynégétique   B : réserve ornithologique   Voies ferrées doubles : 1
simple et embranchements : 2   3 : route   4 : voie rapide   5 : terrils
6 : effondrement minier (étang)   7 : couloirs des lignes électriques   8 : établissement thermal
9 : forêt   10 : habitat   11 : industries, mines   P : stationnement des automobiles

Fig. 40. — Dans le Bassin houiller, les forêts domaniales de St Amand, Raismes et Wallers : une "nature urbanisée".

L'exemple de la thalassothérapie montre que l'origine des curistes est stable et assez localisée bien que l'aire de recrutement s'étende avec la renommée de la station et puisse dépendre des causes aléatoires contradictoires comme la publicité de la part d'un malade satisfait des soins prodigués, la publication des taux de pollution marine [51] :

Origine de la clientèle en thermalisme et thalassothérapie :
Vichy (Allier) = Ile de France : 28,6 %; Midi-Cote d'Azur : 14,7 %; Rhône-Alpes : 10,4 % Est : 7,9 %; Centre de la France : 7,3 %
Pornichet (Loire atlantique) = Loire Atlantique : 51 %; Ile de France : 23 %; Maine et Loire : 5 %
Tréboul (Finistère) = Finistère : 54 %; Ile de France : 14 %...

L'impact de Paris est prédominant pour toutes les activités de tourisme et de récréation, ce qui coïncide à la fois avec un mode de vie et avec la présence en grand nombre de hauts salaires. La part des Parisiens dans la clientèle des stations de thalassothérapie de l'Ouest représente : 73 % à Deauville, 70 % à Trouville, 49 % à Quiberon, 44 % à Roscoff-Rockroum, 39 % à la Baule et Granville, 35 % à Paramé. Les influences de plusieurs villes peuvent se recouvrir partiellement, mais la densité des pratiques s'élève sur les limites des aires de loisirs, au plus loin du cadre urbain jusqu'à ce qu'ils fassent l'objet de récupérations spéculatives, comme l'arrière pays de la Côte d'Azur [6]. La diversité des sites proposés reproduit celle des quartiers de la ville et les inégalités sociales : l'écart est aussi grand entre la plage privée et le rissoloir concentrationnaire qu'entre Mayfair et l'East End, qu'entre Neuilly et Aubervilliers.

Les vacances, les résidences secondaires et permanentes en milieu rural restent un phénomène urbain, mais les grandes agglomérations n'en ont plus l'exclusivité. La corrélation entre les revenus familiaux et les types de ville et d'habitation est nette; d'autres facteurs, nombreux, interviennent aussi qu'on dissocierait difficilement (âge, composition de la famille, instruction, possession d'un véhicule) chacun d'eux n'est pas obligatoirement explicatif, certains étant plus des causes que des conséquences [7].

Les familles ayant des ressources importantes partent volontiers à l'étranger et fractionnent de plus en plus leurs congés en deux périodes au moins pour profiter aussi des sports d'hiver.

---

5. Escourrou P., *Les stations de thalassothérapie en Bretagne et Normandie,* Université de Paris VIII – 1973, et Centre des Hautes Etudes touristiques, Cahier A/22, 1977, Aix-en-Provence.
6. Cribier F., *La grande migration d'été des citadins en France,* CNRS, 1969, Paris.
7. Prennent des vacances estivales. Habitants des communes rurales = 16,3; des villes ⩽ 20 000 hb = 39,2; des villes de 20 000 hb à 100 000 hb = 48,7; des villes ⩾ 100 000 hb = 54,9; de l'agglomération parisienne = 73,5 (total = 100)
Possèdent une résidence secondaire = 24,0 % des cadres supérieurs; 11,7 % des cadres moyens; 9,2 % des employés; 4,6 % des ouvriers; 2,8 % des agriculteurs. En France, d'après M. F. Cribier et l'Insee.

QUI PART EN VACANCES ?

	France	Allemagne	Belgique
Cadres supérieurs, prof. libérales	82,5	51 à 69	84
Cadres moyens	75,8	53	60
Employés	62,2	–	50
Indépendants	41,8	38	35 à 65
Ouvriers	40,2	26 à 34	18 à 36
Agriculteurs	5,9	7,0	4,9

(taux nets de départ en % – d'après N. Vanhove, *Structure des vacances et dépenses touristiques de la population belge*, WES. 1969 – Bruges)

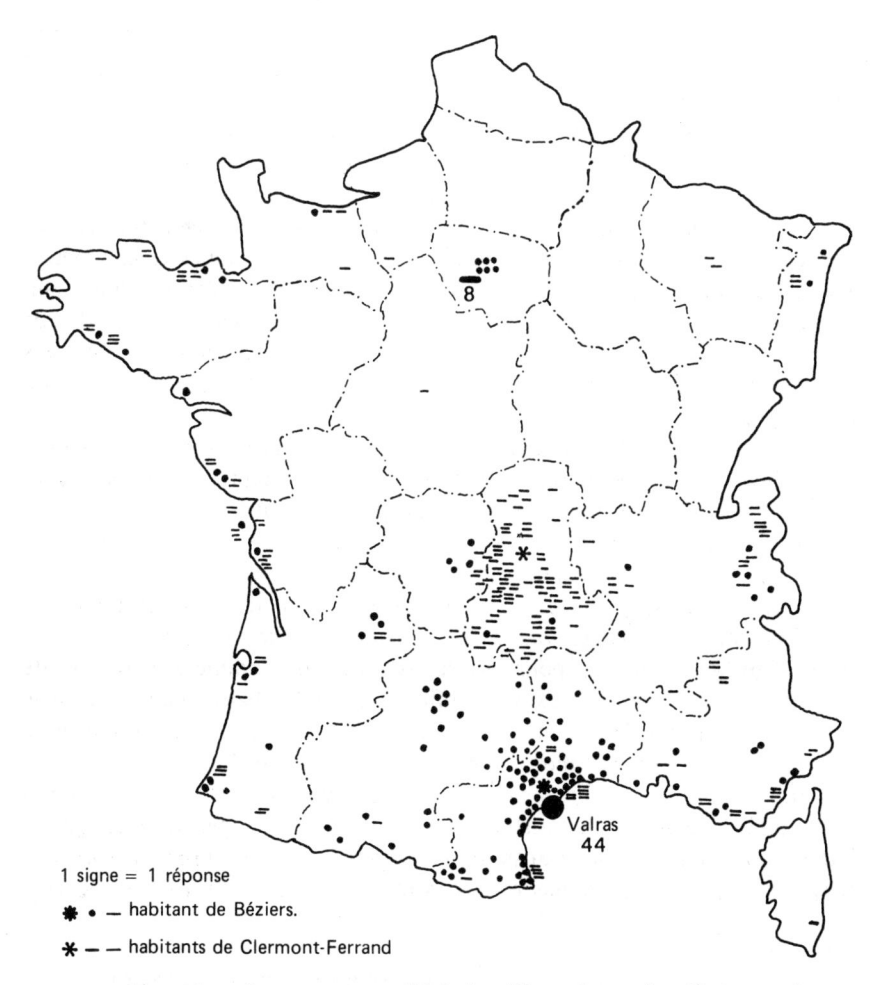

Fig. 41. – **Les vacances d'été des Biterrois et des Clermontois.**

1 signe = 1 réponse
✸ • ▬ habitant de Béziers.
✱ ▬ ▬ habitants de Clermont-Ferrand

De l'intimité avec la région d'accueil, grâce à la pratique de la langue notamment, dépend le choix du lieu de vacances : de Belgique, les Wallons viennent facilement en France quand les Flamands préfèrent l'Allemagne et les Pays Bas. L'exemple belge montre un certain déterminisme social qui lie les familles les moins aisées aux régions proches leur offrant un hébergement familial [8] :

	littoral belge	*Ardennes belges*
– durée du séjour	32 % des vacanciers séjournent 12 à 15 jours	34 % des vacanciers séjournent 4 à 7 jours.
– hébergement, hôtel camping location famille, amis autres	19,5 % 10,2 % 52,2 % 6,3 % 11,8 %	19,0 % 25,9 % 11,4 % 23,5 % 20,1 %
(d'après N. Vanhove)		

Les rythmes sont exagérés dans les pays où les fins de semaine et les vacances vident les villes, envahissent brutalement les zones d'habitat de loisirs – comme en France. Hebdomadaires l'été, les promenades deviennent mensuelles l'hiver en se limitant surtout à des visites familiales. Deux jours par semaine, quelques semaines par an, le gaspillage est double. Alors que les grandes villes végètent laissant sous-utilisés les équipements indispensables à la population et imposant un sous-service (l'insuffisance des dessertes est elle-même instigatrice de départs), stations de tourisme et campagnes accueillent un surcroît d'habitants dont les besoins dépassent les possibilités ou nécessitent l'installation et l'entretien d'équipements inutiles le reste du temps.

Les vacances estivales marquent particulièrement la vie politique française. « Les échéances de septembre, les revendications de la rentrée » correspondent à ce que 88 % des journées de congé sont prises en juillet et en août – (ceux qui partent l'hiver partant aussi l'été). Les groupes de pression usent de cet impact par la menace de grèves des transports, de barrages de route et de manifestations très mal acceptées par le vacancier sourcilleux de son droit. La libération d'un viticulteur arrêté lors de manifestations, par exemple, procède de mesures gouvernementales pour assurer la circulation routière d'août. Cette concentration estivale des flux sera difficilement contrebattue dans l'industrie qui devrait malgré « l'échelonnement » des congés, maintenir ses rythmes de production et s'approvisionner... Ainsi qu'en témoignent de nombreux indicateurs la ville s'endort, ce qui peut être bénéfique dans le cas de la distribution d'eau potable, incapable de satisfaire une forte demande en période d'étiage des rivières, mais qui, pour les transports en commun pose des problèmes de surcharge du trafic, des matériels et des installations aux limites de la sécurité,

---

8. 40 % des Belges ayant de hauts revenus restent en Belgique durant leurs vacances contre 69 % de ceux ayant des revenus faibles.

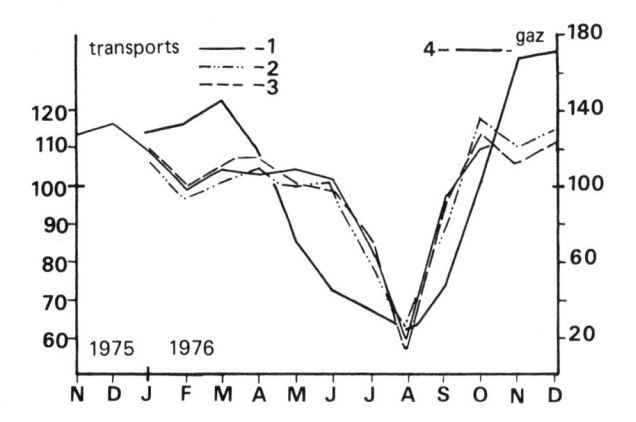

L'Urbanisation régionale : les espaces et le temps. 197

Fig. 42a. — **Effets des vacances d'été en région parisienne.**
(Gaz de France, R.A.T.P., S.N.C.F.)

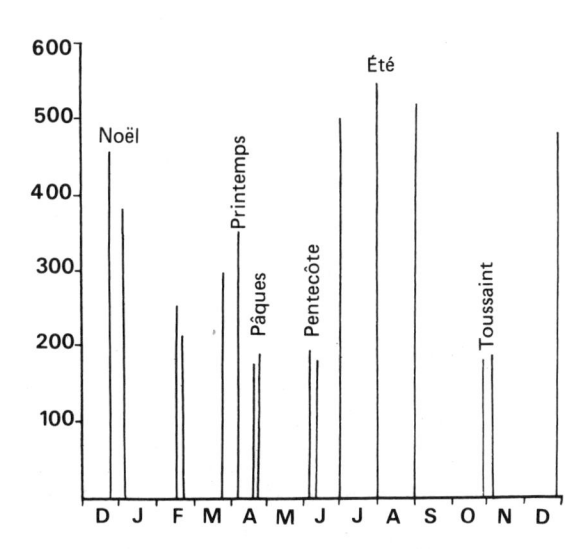

1 : nombre de voyageurs SNCF banlieue   2 : nombre de voyages, autobus de banlieue, et
3 : métro urbain   4 : fourniture de gaz par GdF   Indice 100 = moyenne mensuelle en 1976

Fig. 42b. — **Nombre de trains supplémentaires dans les gares parisiennes.**
(1976, S.N.C.F.).

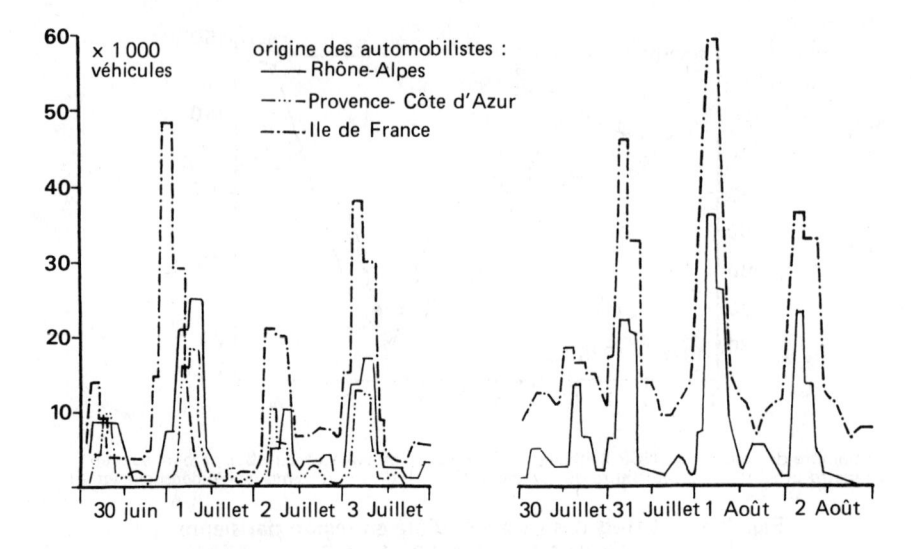

Fig. 42c. — Départs en vacances estivales par la route.
Nombre de voitures en circulation par période de 3 heures, prévisions de la Don. des Routes, 1976

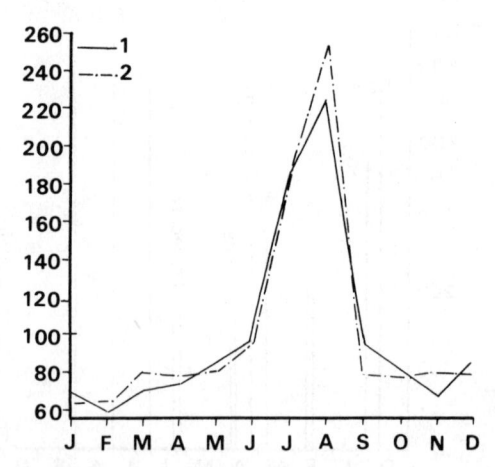

1 : nombre de clients d'une boulangerie   2 : chiffre d'affaires d'une alimentation générale   Indice 100 = moyenne mensuelle en 1976 (Puy de Dôme)

Fig. 43. — Impact des vacances sur le petit commerce rural.

et, pour la circulation routière, ceux de l'entassement de conducteurs insouciants au volant de véhicules surchargés... La seule animation citadine est celle des visiteurs dans les quartiers touristiques (le musée du Louvre : 280 000 entrées en août, 30 000 en janvier).

La circulation routière est le phénomène le plus spectaculaire qui devient sous les noms rassurants d'opération Bison futé, Primevère, Atlantique, le jeu périodique des itinéraires fléchés, préparés, minutés, encadrés par la presse, la radio, la police, l'armée; dans le style des grandes manœuvres, elle donne à chacun une sensation de puissance et de prise en considération des cas personnels. L'indépendance d'horaires et de parcours qui expliquait le succès social du véhicule individuel devient un leurre passé un seuil de saturation atteint quotidiennement dans les villes. Les récriminations les plus virulentes pour le droit à l'automobile proviennent des citadins qui en ont le plus l'usage par leurs revenus, les cadres que leur emploi lie à la ville et les empêche de se détacher de ses rythmes [9].

Les infrastructures de transport ne sont pas extensibles sans limites : l'exemple de Los Angeles est célèbre qui aboutit à la destruction de l'espace qui était le but des flux. Une autoroute à quatre voies a une capacité huit fois plus faible qu'une voie ferrée mais occupe une surface quatre fois plus grande. Par la multiplication des emprises, des communes sont anihilées. Tout accroissement de la capacité est une incitation à un surplus encore supérieur de la demande : les transports demandent moins une solution technique que politique définissant le rôle de chaque moyen et son coût social. La construction des emprises transforme radicalement le milieu, érode les reliefs, obstrue les vallées, « consomme » les terres agricoles et perturbe l'écoulement des eaux, les nappes phréatiques, les équilibres biogéographiques. La parcellisation du territoire détruit des organisations humaines, isolées, sclérosées.

A l'insuffisance des études techniques préalables s'ajoute le refus de prendre en compte les coûts sociaux, négligence systématique qui n'a rien de fortuit : insécurité, perturbation, limitation et isolement font qu'après l'espace écartelé, le temps devient un objet de profit par la pénurie. Par les abus de la facilité de circuler, la vie quotidienne s'est repliée socialement comme l'espace est uniformisé par la standardisation des codes de circulation et l'ignorance des secteurs non accessibles d'après ces codes. A ceux qui après Marx, Engels voyaient dans la désurbanisation « le signe d'une vraie démocratisation » [10] la croissance sans conscience a répondu par l'urbanisation régionale, la « rurbanisation ». La fusion de la ville et de la campagne sert le transfert continuel des matières, des informations, des pouvoirs urbains.

A l'image de celui de la ville, l'espace social villageois s'est parcellisé. La vie communautaire ne s'appuie plus sur des lieux de rencontre, l'église, le mou-

---

9. Les détenteurs de capitaux se détachent du milieu urbain et s'assurent des cadres de vie extérieurs, ou changent fréquemment de résidence à contre courant des rythmes collectifs.
10. Ragon M., *Les erreurs monumentales*, Hachette, 1971; Engels F. *Anti-Dühring*, Éd. Sociales, 1963; – Goldsmith, Allen, Allaby, *Changer ou disparaître*, Fayard, 1972, Paris.

lin, le four. Chaque paysan vend sa production individuellement à des courtiers et, depuis 1925 environ en Auvergne, on achète le pain au boulanger qui maintenant vient de la ville voisine... Les artisanats ont disparu à moins qu'ils n'offrent aux passants un produit standard, « fait main » sans doute, mais dont l'esprit de création se borne à une recherche décorative dévoyée de ses origines utilitaires.

Grâce à la voiture et à la télévision, chaque famille se suffit pour ses loisirs, les enfants s'ingéniant à répéter dans leurs jeux leurs émissions préférées. L'espace rural est dangereux : la circulation intense des fins de semaine ne permet plus de laisser les enfants vagabonder ou faire du vélo sur les routes. Dans le village comme en ville, on est captif des rythmes de vie spécialisés, institutionnalisés sur des lieux spécifiques imposant une discipline croissante aux codes collectifs programmés pour le travail, le repos, les repas, les loisirs... Riches ou sans moyens, chaque groupe est refermé sur lui-même en microcosmes organisés et jaloux, réduisant ses relations au proche voisinage.

Les réunions des soirs d'été ne sont plus le fait que des citadins vacanciers; dans des campagnes jusqu'en 1955, on pouvait définir des groupements de « quartier » devant l'école, la mairie, sur la place, devant chez le forgeron. Seul le café subsiste. Les citadins se réunissent par ville d'origine, les Parisiens, les Lyonnais, les Clermontois, les Lillois... traduisant un antagonisme larvé qui revivifie l'opposition à l'étranger. Les difficultés à communiquer se renforcent du phénomène des loisirs urbains, repos pour les uns au moment des travaux des champs; sauf, pour les viticulteurs, les rythmes de travail sont inversés durant l'année. La médisance, le commérage sont le principal lien social permanent [11], surtout dans les milieux de petite propriété en polyculture, expliquant de nombreux reboisements lorsque les enfants, héritant des terres agricoles, ne veulent ni les exploiter, ni les confier à un voisin. Peu à peu, au fur et à mesure qu'ils deviennent plus nombreux, les vacanciers des autres villes sont amalgamés au Parisien, type caricatural comme Pipelet l'est pour les concierges. « Les Parisiens se croient d'une race au-dessus des autres... Ça craint la pluie, la boue, le soleil, la chaleur. Les après-midi qu'il fait chaud, ça n'est bien qu'à l'ombre, éveulé sur l'herbe d'un coudert. » « Il semble que ce soit tous les jours dimanche avec les Parisiens... [12] » Ce n'est guère que dans cet ostracisme que les résidents ruraux ou non trouvent une identité.

La « Jeunesse » languedocienne, les « Conscrits » auvergnats n'organisent plus les fêtes du saint patron, de Pâques ou du 14 juillet quand l'âge du permis de conduire a plus d'importance que celui du droit de vote. Les distractions sont le café et son jeu de boules, la chasse ou la pêche, la télévision et la partie de cartes l'hiver.

---

11. L'analogie est remarquable avec les pratiques constatées dans les grands ensembles d'habitat collectif des banlieues.
12. Gachon L., *L'Auvergne et le Velay*, Maisonneuve et Larose, 1975, Paris, (p. 43. 44).

FRÉQUENTATION ET RYTHME DES LOISIRS EN FRANCE

		Revenus bas	Revenus élevés	Communes rurales	Villes ≤ 20 000 hb	Villes 20 000 à 100 000 hb	Villes ≥ 100 000 hb	Agglom. Paris	Agriculteurs	Cadres sup. Prof. libérales	Cadres moyens Employés	Ouvriers
Cinéma	1	5,5	25,1	10,3	14,8	18,0	23,9	27,6	9,5	23,5	21,4	19,5
	2	79,3	36,9	61,3	55,8	41,2	45,1	37,3	61,2	32,5	35,7	49,9
Théâtre	1	0,2	5,8	0,7	0,4	1,0	3,6	7,6	1,3	4,9	3,6	1,2
	2	93,7	61,1	88,9	77,9	74,2	58,7	90,8	54,2	64,8	64,8	87,8
Variétés	1	0,2	1,0	0,0	0,8	0,0	0,2	1,7	0,5	1,0	1,0	0,2
	2	93,0	70,7	85,7	76,5	78,8	76,5	72,1	81,3	71,3	69,2	80,4
Spectacles	1	3,6	11,4	9,7	12,3	12,7	11,1	4,3	8,6	11,1	12,9	11,5
	2	89,1	66,7	71,1	67,0	68,2	68,3	78,8	75,7	66,5	63,3	66,4
Sortie le soir	3	7,9	22,2	14,0	16,5	14,2	21,7	19,8	10,1	24,3	20,5	18,0
	2	77,4	39,5	54,7	53,5	52,2	49,5	47,8	57,3	34,6	40,4	51,1
Visite monument	4	5,1	22,8	20,3	25,5	30,8	34,8	47,3	18,3	52,2	46,0	25,9
	5	41,8	32,7	28,7	25,9	12,7	15,3	6,6	38,2	4,4	6,7	21,6
Visite musée	4	5,5	31,8	8,6	12,3	18,8	21,5	35,0	6,9	37,6	29,6	12,5
	5	53,3	18,9	48,7	39,6	22,0	24,2	14,6	57,7	12,7	11,6	36,9
Café	3	11,8	26,3	23,6	22,8	18,7	23,6	31,2	20,8	27,0	24,7	29,0
	2	78,4	56,2	57,0	63,5	67,4	52,2	55,5	51,9	52,5	59,4	55,6
Restaurant	3	0,4	3,8	0,9	0,5	2,0	2,9	4,4	0,4	44,5	12,2	0,9
	2	88,2	44,5	78,6	71,9	65,6	55,7	44,3	80,0	38,4	46,9	69,6

1 = au moins une fois par mois; 2 = exceptionnellement ou jamais; 3 = au moins une fois par semaine; 4 = au moins une fois par an; 5 = jamais.
source : INSEE

Si les concepts de citadin et de sub-urbain ne sont pas exclusifs, les comportements quotidiens restent liés à l'appartenance sociale et à l'âge, dans les mêmes proportions qui séparent les rythmes ruraux et citadins. A l'unanimité des cadences variant quotidiennement et annuellement en fonction des nécessités agricoles, surtout pour l'élevage, la ville oppose la diversité des séquences chronologiques répétées chaque jour, chaque semaine indifféremment : cinq jours ouvrables coupés par deux jours de repos troublés par les activités imposant une présence continue. Ces rythmes atteignent le village et se superposent à ceux du paysans dans la mesure où y résident de plus en plus nombreux, les travailleurs citadins.

Les pratiques de chaque temps de la vie contribuent à construire une conscience régionale, espace vécu associant campagnes et villes-centre où se nouent les relations familiales et amicales. Le choix du conjoint (parmi d'autres, comme celui des parrains et marraines) est un bon critère social qui montre combien le cadre de vie moderne reste soumis à la tradition; les liens avec le milieu rural, par les parents, sont serrés même pour le citadin qui y trouve le but de ses promenades, le site de sa résidence secondaire, une source d'approvisionnement facile.

L'ESPACE DE RECHERCHE CONJUGALE

– distance entre les domiciles des futurs époux (pour 100 couples) :					
	même commune	⩽ 15 km	15-30 km	⩾ 30 km	total
• l'un des 2 habitait en ville	11	56	19	14	100
• les deux habitaient la campagne	23	41	17	19	100
– occasions de rencontre entre les futurs époux (pour 100 couples) :					
			résidaient .	ville	village
• fête familiale, mariage d'amis, bal.				35	49
• relations de voisinage				11	18
• relations de travail				32	14
• divers				22	19
			Total...	100	100

(Relations de voisinage, amis d'enfance et lieu de travail sont des causes qui se confondent en milieu rural mais sont nettement distinctes en ville).

Pour être fréquent le changement de domicile après les noces, pour plus de la moitié des jeunes couples, ne dépasse pas les limites du département d'origine. Depuis un quart de siècle, une évolution se dessine pourtant qui permet de caractériser les régions : si le nombre des enfants demeurant à proximité des parents se maintient stable, celui de ceux migrant hors la région vers une ville-métropole ou Paris croît dans le Perche où le lieu de rencontre des futurs époux se diversifie alors que les attractions locales suffisent dans la région Rhône-Alpes et dans certains massifs d'Auvergne.

Les acceptions de la région sont variées : cadre administratif, vieille province, espace vécu, ses limites sont très différemment perçues. Le *degré de connaissance des distances* permet de déterminer des « niveaux de conscience » dont l'étendue varie selon les critères sociaux de la fréquentation, en moyenne plus réduite chez les paysans, plus large chez les cadres citadins.

Les critères de la distance et du temps se conjuguent dans le repérage de l'aire bien connue de la promenade, des navettes de travail, des relations et de l'approvisionnement : vision assez diversifiée dont les rapports topologiques faiblissent brutalement dès qu'on atteint les limites de l'espace utilisé. Au-delà, le repérage lointain est à base égocentrique, fondé par exemple sur les indications habituellement lues sur les panneaux de circulation routière, villes et points forts – particulièrement Paris – entre lesquels les estimations sont fausses ou impossibles; il est exact pour des distances inférieures à une centaine de kilomètres au-delà desquelles il devient de plus en plus imprécis. A l'espace pratiqué s'ajoute l'espace appris. Les acquis scolaires permettent de retrouver les distances extrêmes du pays, Lille-Perpignan ou Brest-Strasbourg, proches de 1 000 km; si les relations radiales sont en général sur-estimées, on sous-estime plutôt les distances transversales.

Seuls ceux qui sont le mieux touchés par les moyens d'informations spécialisés ou qui ont à faire avec les organismes administratifs possèdent une juste connaissance des cadres institutionnalisés comme les régions-programme. Les limites administratives au-delà du département sont mal connues comparativement à la référence provinciale dont le Perche est un exemple extrême, partagé qu'il est entre trois régions, Basse Normandie, Centre et Pays de la Loire : de ce découpage se désintéresse la majorité des habitants, il influe très peu sur leur comportement. La régionalisation restant incomplète, parfois incohérente, écartèle un « pays » entre plusieurs villes centres plus ou moins lointaines. Si le sentiment d'appartenir à de grandes entités traditionnelles est ravivé par la mode des particularismes [13] la région est un espace d'abord vécu ainsi que l'a défini M. A. Fremont [14]. Les appellations témoignent de l'identité : L'Ile de France, la Franche-Comté, l'Alsace sont une réalité sans conteste qui manque aux régions Rhône-Alpes ou Centre. Le découpage artificiel parce que de conception abstraite ne peut créer un consensus de solidarité établi par la référence à la personnalité des vieux pays. Dans la vallée du Rhône au sud de Lyon, jusque vers 1940, les paysans entre eux distinguaient « ceux du Royaume » habitant sur la rive droite du fleuve de « ceux de l'Empire » vivant sur sa rive gauche, remémorant ainsi la frontière politique d'autrefois.

---

13. Parfois sans référence sérieuse au passé. La Bretagne a-t-elle jamais été autre que la réunion politique de peuples très différents par la langue et l'ethnie?
14. Frémont A., *La région espace vécu,* Puf, 1976.

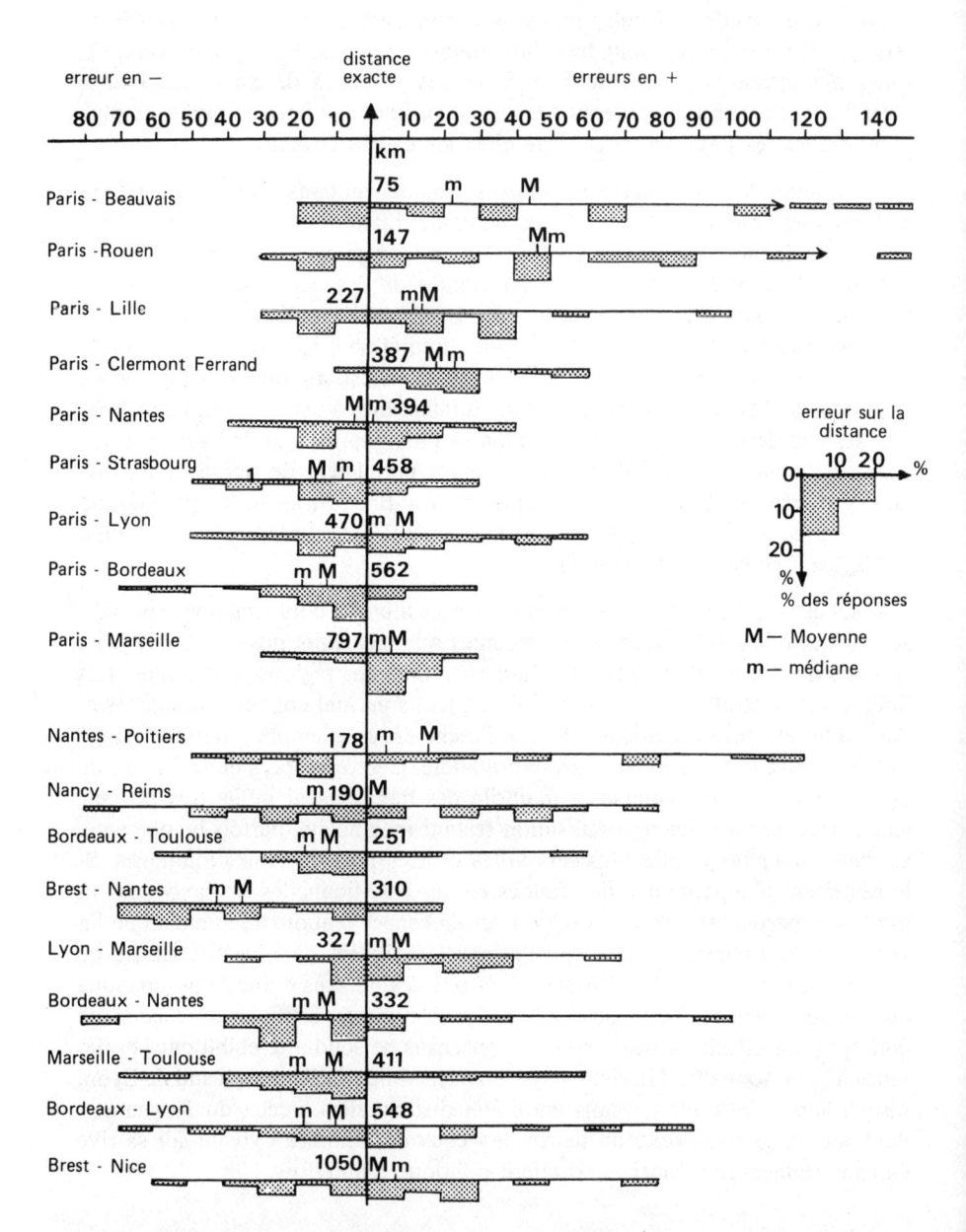

Fig. 44. — **Évaluations des distances.** (évaluer de mémoire la distance entre deux villes).

Pour l'agriculteur du Puy-de-Dôme, l'Auvergne, c'est son département puis le Cantal, voire la Haute-Loire auxquels ne s'ajoutent qu'aléatoirement la Corrèze et la Lozère : l'Allier est exclue, composant le Bourbonnais dont l'individualité est unanimement reconnue. Aussi bien par les Languedociens que par les Auvergnats, la Lozère est agrégée au Massif central plutôt qu'au Languedoc littoral. Dans ces deux cas, les « montagnards » s'opposent à « ceux de la plaine »... Périgourdins d'abord, les habitants de la Dordogne se sentent plus proches des Charentais ou des Poitevins que de la région Aquitaine avec laquelle les attaches sont ramenées à des relations avec les villes, Bordeaux, Agen, Toulouse, équivalant Limoges en Limousin, grâce aux réseaux routiers et ferrés.

DEPARTEMENTS COMPOSANT LA REGION AUVERGNE

- Puy de Dôme (résidence)   = 100 %   des réponses
- Cantal (Auvergne)   = 80 %   des réponses citant
                                      d'autres départements
- Haute Loire (Auvergne)   = 60 %
- Allier (Auvergne)   = 18 %
- Corrèze (Limousin)   = 17 %
- Lozère (Landuedoc)   = 9 %

LA DORDOGNE EST RATTACHEE

- à la région Aquitaine = 21 % des réponses
- à la région Poitou-Charente = 19 %   (influence d'Angoulême)
- à Limoges = 9 %
- ne savent pas = 51 %

Dans l'ensemble, 61 % des personnes interrogées dans douze régions sont incapables de citer le nom et les limites de leur région-programme administrative mais se situent par rapport à des villes.

Les limites administratives au-delà du département sont mal connues, on se réfère à une idée de province vécue. D'autant plus que malgré la théorie, la régionalisation reste incomplète et parfois incohérente, écartelant les pratiques entre plusieurs villes, centres plus ou moins éloignés [15].

On retrouve curieusement la permanence de stéréotypes anciens sur les groupes nationaux qu'a divulgué durant le XIXe siècle la géographie administrative. Le mépris ou l'envie se perpétuent qui opposaient les Caussenards aux Ségalis dans le Rouergue : « fromental » significatif de richesse, le causse calcaire paraissait fertile grâce à son blé qui pouvait être commercialisé, mangeurs de pain, ses habitants étaient enviés par ceux des pauvres régions métamorphiques

---

15. Bertrand M.-J., « Les Préfectures, une fonction administrative et l'espace régional français ». *Revue Française d'Administration publique,* n° 2, 1977, Institut International d'Administration publique, Paris.

de l'Aveyron, disposant seulement de galettes, de bouillies, de châtaignes. Ces images restent vivantes telles que les exprimaient Th. Lavallée, Jules Verne, ou Adolphe Jouanne : au montagnard vindicatif et arriéré, souvent indépendant, s'oppose le paysan des plaines laborieux et économe; au Français du Nord travailleur et industrieux, le Méditerranéen sympathique mais hâbleur et paresseux, etc...

– « La région des Montagnes Noires est occupée par une race casanière, arriérée, demi-sauvage, que le désir du bien-être touche médiocrement ».

– « Le caractère des Berruyers est généralement doux et sociable, leurs mœurs sont pures, leurs manières affables, leur religion éclairée et tolérante et si leur esprit n'est pas riche en saillies, si l'imagination ne les entraîne pas, du moins leur bon sens est droit, leur jugement sûr... »

– « Les habitants des Bouches-du-Rhône sont généralement de taille moyenne et alertes de corps; leur physionomie est mobile leur caractère inflammable; ils sont sensuels et cependant facilement sobres, ardents aux gains, joueurs, amateurs de la danse et des exercices violents. L'imagination chez eux est la faculté dominante [16] »

De multiples manières, la ville organise la région. Aires d'attraction, de fréquentation, emprises économiques ou logistiques s'ajoutent au pouvoir politique de maires élus simultanément députés ou sénateurs donnant priorité aux besoins des citadins. A l'institution s'oppose progressivement le vécu qu'illustre la contestation des découpages administratifs à partir de critères autres que ceux que retinrent les constituants. La question n'est pas d'effacer les provinces de l'Ancien Régime : chaque circonscription doit avoir une identité résultant de l'adéquation des tâches effectuées au niveau hiérarchique et à l'échelle géographique. La limite administrative reste une frontière linéaire, elle sera toujours imparfaite pour des faits humains dont les marges, transitions, diffèrent selon chaque critère.

« Le département dessiné en unité arithmétique pour favoriser le déplacement journalier des administrés jusqu'au chef-lieu ne correspond plus au rythme de la vie moderne. Au temps de l'avion, un tel critère n'a plus aucune valeur [17] ». Le refus du département parce qu'issu de jacobinisme parisien se réfère à un symbolisme politique, non à une connaissance des pratiques, des rythmes et des moyens de circulation. Bien des études comparatives ont été menées, des propositions élaborées; de grands départements, de petites régions : pour quoi faire? La référence à une « échelle humaine » abstraite serait la justification des particularismes, des égoïsmes de clocher aux visées électorales. Il conviendrait de définir les niveaux pratiques et géographiques de chaque fonction (de chaque

---

16. Verne J., *Géographie illustrée de la France,* Hetzel, Paris, entre 1868 et 1870 (citations pages 83, 147 et 104)
17. Lafont R., *La révolution régionaliste,* Gallimard, 1967, Paris (p. 212)

service) avant de définir le cadre d'application adéquat. Que la France soit partagée entre neuf ou quinze ou vingt et une régions a sa justification, obéit à une logique qui ne pré-suppose pas la suppression des autres niveaux.

La nécessaire homogénéité économique, ethnique, culturelle est une idée aussi faussée. Sauf s'il s'agit de concentrer les pouvoirs dans un chef-lieu et de conforter une hiérarchie pyramidale stricte des places centrales et des aires de fréquentation, la richesse ne provient pas de la simplification de l'espace et des structures mais de leur diversité, comme les quartiers les plus animés et les plus vivants sont ceux où cohabitent des groupes aux occupations variées. L'homogénéité est encore plus traumatisante si les habitants dépendent d'un petit nombre d'entreprises, voire d'une seule : Michelin à Clermont-Ferrand, Peugeot à Sochaux, qui fournissent les logements dans des cités de l'entreprise, ont leurs écoles, leurs dispensaires, leurs centres commerciaux. « Aux Fougères et aux Bois, 75 % de la population active est employée par la société Anonyme Peugeot de Sochaux. Au Grand Griboulon, 78 %. Les trois quarts de la population vivent aux usines Peugeot. Aux Fougères, 55,1 % des hommes sont ouvriers spécialisés ou ouvriers professionnels. La population est à 70 % ouvrière. Les employés et techniciens forment 20 % de la population active. On trouve très peu de cadres moyens (5 %) et aucun cadre supérieur. Ces derniers vivent dans des lotissements qui leur sont réservés à proximité de Montbéliard, spécialement sur le plateau des Grands jardins ». (Bernard Dézert, « *La croissance industrielle et urbaine de la Porte d'Alsace*, SEDES 1970, Paris).

Les liens et les rivalités professionnels se cumulent aux liens et rivalités sociaux, l'horizon de vie se borne au travail.

L'uniformité fonctionnelle est particulièrement sclérosante dans les cités dortoirs : le jour, seuls l'habitent les femmes et les enfants en bas âge, la vie y est réglée par les migrations alternantes sur des rythmes pendulaires sommaires. Rien ne diversifie le rythme quotidien de l'existence qu'un sentiment d'abandon, de vide envahit progressivement. La spécialisation fonctionnelle du quartier affaiblit sa personnalité, ou désindividualise une ville comme un quartier en les spécialisant, « la hiérarchie fonctionnelle disparaît en même temps que la multifonctionnalité des quartiers » (Raymond Ledrut, *Sociologie urbaine* », P.U.F., 1968, p. 151). Ce phénomène de division résulte d'un processus de rationnalisation analytique aboutissant à des simplifications sommaires de la part des urbanistes, des économistes et des responsables politiques. Sauf pour des impératifs de fonctionnement, le même bâtiment-hangar fournit les messes, l'alimentation, l'instruction, les soins, les formulaires administratifs... Plus les complémentarités suscitent échanges et confrontations, plus une communauté est vivante et capable d'affirmer son identité.

L'aménagement est caractérisé par un cloisonnement sectoriel et géographique contradictoire avec ses buts mêmes. Les organismes, leurs décisions appliquées à une région, à un problème, s'additionnent sans se conjuguer; la constante confusion entre le quantitatif et le qualitatif, la dimension et le rôle ne produit que de nouveaux déséquilibres sans corriger les précédents. Les prévisions ne portent que sur des volumes et se contredisent en écartant toute idée de répartition et d'évolution, de changement, la transformation est ignorée comme le sont l'espace et le temps. Pour quoi faire plus de loisirs, plus d'équipements, plus de biens de consommation, plus d'énergie?... La société évoluera-t-elle ou fera-t-on la même chose qu'aujourd'hui en restant un mois de plus en vacances, en mangeant deux fois plus, en bricolant deux fois plus, en circulant deux fois plus dans deux fois plus d'automobiles deux fois plus embouteillées sur deux fois plus d'autoroute? Il est peut-être sécurisant pour le politique d'imaginer la pérennité des attitudes et des structures. Cependant la ville se transforme vite, ainsi que la campagne et la vie rurale. La définition des villes doit s'adapter à la nouvelle réalité depuis la cité de jadis, l'agglomération, jusqu'aux zones de peuplement industriel ou urbain, aux bassins de main-d'œuvre, aux aires d'attraction...

Le problème parisien n'est-il que celui d'une capitale dominatrice dont il suffirait de ralentir la croissance, voire d'en renverser l'évolution? Le traitement négatif et passif n'apporte aucune solution si n'est pas proposée corrélativement une dynamique de développement pour les autres régions et les rapports villes-campagnes. La prévision quantitative globale, abstraite, si elle permet l'élaboration de modèles n'est enrichie d'aucune vue prospective, ce schéma est d'une pauvreté gratuite; excessivement centralisateur et polarisé, il alimente les forces centrifuges. Les interactions à diverses échelles ne sont pas confrontées à un espace qui reste fractionné et fonctionnalisé à outrance, accentuant les effets de dépendance. L'aménagement, l'urbanisme en particulier, est un art, une invention permanente autant qu'un système technique et scientifique. L'architecte, le premier, a voulu se dégager d'une école énumérative deshumanisée qui bloque toujours l'urbaniste, le géographe, l'économiste. La vie doit être aussi une fête, la ville un décor.

L'étude des comportements et des sociétés n'est pas une fin en soit et ne peut prétendre a être séparée des autres sciences. Le cloisonnement méthodologique est une entrave à la connaissance mais la continuité n'implique ni uniformité ni permanence puisqu'elle dépend de la compétition des individus et des groupes sur des territoires en se situant dans un site et une chronologie. Un système urbain vit parce que les actions réciproques entre ses éléments le font évoluer sans cesse; des changements en un lieu agissent sur l'ensemble, l'habitant ne peut être isolé de son cadre de vie, de son milieu dont il est un des composants.

Le sentiment le plus couramment exprimé est celui de l'uniformité quand s'affirment les régionalismes et les aspirations à l'individualité. La consommation de l'espace et du temps, géométrie universelle, définit un produit garanti, sans surprise; conflits et inadaptations surgissent du décalage entre l'usage des habitants et le vécu mythique des fabricants (dont les effets dépassent le produit en justifiant et imposant des pratiques stéréotypées). Cette vente de la vie quotidienne n'est nulle part plus manifeste que dans la disparition (au moment où s'organisent les « bases de loisirs ») de la fête chassée du domaine public de rencontre spontanée, de la rue pour se retrouver enfermée dans des terrains payants isolés physiquement du reste de la ville et vouée à des moments de distraction étroitement programmés. A Paris, par contamination fonctionnelle ont été déportées et encloses, les foires du Trône, à la ferraille, aux jambons, les fêtes foraines; l'esplanade des Invalides occupée par des parcs des stationnement repousse sur un Champ de Mars déjà meurtri, ses cirques et ses manèges; l'animation, les lumières ne servent que de réclame sans autre impact sur la vie locale que la réduction des espaces libres et la multiplication des barrières et des interdits.

Le citadin se sent frustré de ses droits sur sa ville, sclérose dont les manifestations ont été maintes fois décrites : « ...Quant au commerce, il s'installe en marchés-type, rayons de série, publicité autoritaire. Le logement de chacun est un alvéole quelconque dans un ensemble indifférent. C'est une foule grise et anonyme que déplacent les transports en commun et nul ne roule ni ne marche sur une route ou dans une rue sans s'y trouver encastré dans des files et commandé par des signaux. Les loisirs même sont, à présent, collectifs et réglementés : repas rationnellement distribués dans des cantines; acclamations à l'unisson dans les enceintes des stades sportifs; congés qui se passent sur des sites encombrés parmi des visiteurs, campeurs, baigneurs, alignés; détente du jour et la nuit, chronométrée pour les familles dans d'homothétiques appartements où, toutes, avant de s'endormir, voient et entendent simultanément les mêmes émissions des mêmes ondes [1]. »

Evoquée lors d'un colloque des Communautés européennes, en 1970, proposée par la société Loockheed en 1976 pour la conquête spatiale, la « ville-ruche », close ne sera que l'entassement de cellules individuelles. Déchargé des enfants élevés communautairement, chacun vivra dans un volume d'espace nor-

---

1. De Gaulle Ch., *Mémoires d'espoir* (tome 2, chapitre 2, pages 116 et 117) Plon 1971, Paris.

malisé sans déplacement, assurant la production grâce à la télé-informatique qui le reliera aux organes centraux d'exécution automatisés, recevant automatiquement à heure dite, par distribution collective sa ration de calories indispensables. Télévision, vidéo-cassettes, radio, lecture, bricolage (se substituant aux artisans), achats sur catalogue par téléphone, suffiront pour les loisirs. Ce monde enterré à l'abri du milieu naturel insaisissable, donc dangereux, éclairé en lumière artificielle rythmée par des gradateurs, bénéficiera de l'air aseptisé et conditionné par la diffusion d'euphorisants puis de tranquillisants... Une minorité peut être encore « ira travailler » pour assurer un minimum de maintenance, la surveillance et quelques services d'ailleurs automatisés.

Cité en exemple par l'OTAN comme par les revues d'urbanisme, Disneyland, le pays des enfants, devient le modèle du monde des adultes dont la responsabilité, faute des moyens de critique de l'information, se borne au respect des plans de consommation.

La survie en milieu hostile des 17.000 canadiens de Radisson, ville de la baie James dans le nord du Québec dépend de la maintenance de la production d'énergie et de la prévention de toute forme de déviance psychosociologique. Une planification stricte de la ville suppose la surveillance policière permanente des équipements et des habitants; l'interruption même brève des conditions de fonctionnement implique la mort de la communauté comme l'éloignement de la ville, celle des individus [2]. Si les prévisions de la catastrophe écologique terrestre se confirmaient, l'être humain devrait construire des milieux artificiels isolés, donc vulnérables à toute défaillance : germe du futur peut-être, cette technologie et cette société de l'efficacité et d'un certain confort sont aussi celles de l'artifice, donc du plus grand risque et du plus grand confinement.

L'assistance justifie tout renforcement des pressions sur le citoyen, indissociable de la surveillance permanente; d'une part elle rassure, d'autre part elle garantie que le consensus ne sera pas mis en doute [3]. Déjà figé, désigné, codifié, le cadre de vie s'applique à une société malléable et standardisée. Dépersonnalisé, l'espace est perçu comme étant uniforme, lisse, sans limites. La Nature elle-même a désormais un rôle sanitaire et social en devenant un élément du fonctionnalisme, qualification définitive de l'espace et de l'habitant qui réduit le vécu à ses séquences mineures, celles qui sont seulement *utiles*.

---

2. Les thèmes de la fiction futuriste ne sont-ils pas ceux de la catastrophe par le dérèglement des lois ou des équipements vitaux, évitée de justesse grâce au héros, l'angoisse résultant d'un hiatus entre les perfectionnements de la technologie communautaire et les instincts impondérables de l'individu? Durant la construction de Radisson, en mars 1974, au cours d'un mouvement revendicatif, la destruction de la génératrice d'électricité imposa l'évacuation immédiate de tous les habitants.

3. Virilio P., *L'insécurité du territoire,* Stock, 1976, Paris.

TABLE DES ILLUSTRATIONS

Fig. 1	Les représentations individuelles de « quartiers vécus »	33
Fig. 2	Une représentation descriptive sur un itinéraire quotidien	34
Fig. 3	Représentation collective du vécu dans le secteur pavillonnaire au Raincy	35
Fig. 4	Un grand quartier dans le VIIe arrondissement	40
Fig. 5	L'appréciation du quartier selon le statut du résident dans trois grands ensembles de la banlieue parisienne	57
Fig. 6	Exemple de repérage dans deux types de paysage	65
Fig. 7	Les aires de perception de la tour Eiffel et du dôme des Invalides dans le VIIe arrondissement	71
Fig. 8	Effets de barrière sur le tissu urbain et deux quartiers	73
Fig. 9	Grandes emprises et nuisances sur le plateau d'Orly	80
Fig. 10	Le centre de Brazzaville	84
Fig. 11	Tanger	86
Fig. 12	Affinités schématiques des équipements urbains	92
Fig. 13	Localisation de cinq services urbains	93
Fig. 14	Position des principaux équipements et services publics par rapport au centre de ville	94
Fig. 15	Le centre d'Orléans	95
Fig. 16	Une ville saisonnière : Châtel-Guyon	98
Fig. 17	Commerce et centralité à Grasse	100
Fig. 18	Les déformations de l'espace d'après deux quartiers vécus à Boulogne-Billancourt	102
Fig. 19	Déplacement des flux de circulation et des activités commerciales : l'exemple de deux passages couverts parisiens	104
Fig. 20	Types d'attraction commerciale dans Paris	109
Fig. 21	L'équipement prévu d'un grand ensemble, la Grande Borne à Grigny	114
Fig. 22	Effets de sectorisation dans le faubourg Saint-Germain	118
Fig. 23	Réseau type de services quotidiens dans Paris	120
Fig. 24	Le jardin du Luxembourg. La pluralité d'un espace intensifie ses rythmes de fréquentation	123
Fig. 26	Deux pratiques du centre de ville à Clermont-Ferrand	140
Fig. 27	Deux représentations du centre de ville : Dijon	144
Fig. 28	Pratique et centralité dans Paris selon le lieu de domicile	147
Fig. 29	Fractionnement ethnique et social : pratiques et rythmes à Nouméa	149
Fig. 30	Vécu au lieu de travail, un espace pratique de la place de l'Europe aux Grands Magasins	152

Fig. 31	Vécue au lieu de travail, une connaissance fonctionnelle des abords de la tour Mirabeau, Front de Seine (xve arrondissement)	153
Fig. 32	Rythmes quotidiens	156
Fig. 33	Une nouvelle commune industrielle, Porcheville	161
Fig. 34	Définitions du centre de ville à Béziers	167
Fig. 35	Localisation de mémoire de sites remarquables	172
Fig. 36	Paris vu à travers les sujets des cartes postales	173
Fig. 37	La visite touristique de Paris	181
Fig. 38	Habitat et circulation dans une commune du Livradois	188
Fig. 39	L'urbanisation d'un hameau rural. D'un habitat serré autour de places, à l'alignement de villas posées au milieu d'une grande parcelle	190
Fig. 40	Dans le Bassin houiller, les forêts domaniales de St-Amand, Raismes et Wallers : une « nature urbanisée »	193
Fig. 41	Les vacances d'été des Biterrois et des Clermontois	195
Fig. 42 a	Effets des vacances d'été en région parisienne	197
Fig. 42 b	Nombre de trains supplémentaires dans les gares parisiennes	197
Fig. 42 c	Départs en vacances estivales par la route	198
Fig. 43	Impact des vacances sur le petit commerce rural	198
Fig. 44	Evaluation des distances	204

Achevé d'imprimer en novembre 1977
sur les presses de l'imprimerie MAURY
45330 Malesherbes
Dépôt légal : 4ᵉ trimestre 1977.